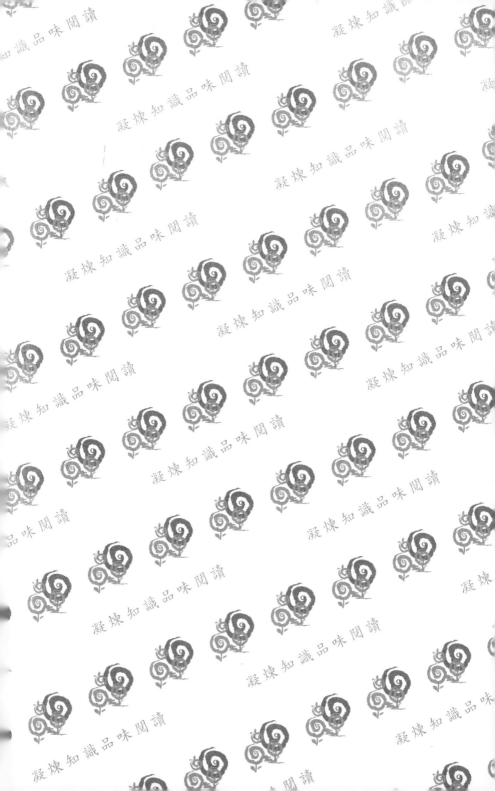

# 物理之後
## ——形上學的發展

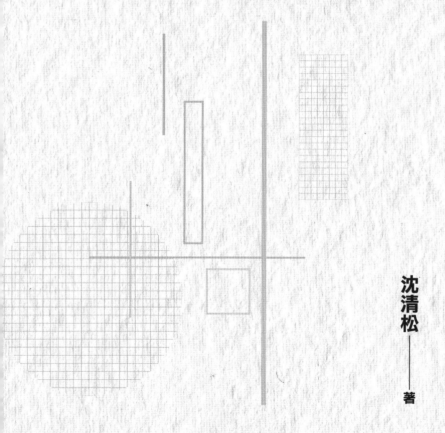

沈清松——

著

五南圖書出版公司 印行

# 序

　　中國自近代以來，備受西方文化與思想的衝擊，歷經挫折、抗拒、調適……等種種反應的階段，如今已開始想定下心來，冷靜地從根源上認識西方文化，並藉此重新辨識自家文化的本來面目。一種從根本來認識對手和自我的欲望逐漸興起。哲學，尤其是形上學，正是根本所在。如果我們採用德國大哲海德格的比喻，我們不但要認清西方文化與科學之根，還要用思想為它挖掘基礎，鬆鬆土地。為此，過去把形上學家稱為玄學鬼的時代已過去了，如今該是正本清源地去正確看待並學習形上學的時候了。

　　西方文化自希臘哲學開始，奠立基礎，歷經中世紀千年的涵養，到了近代開始外顯、擴張，直到今日可謂已經縱橫全球，不可一世，在科技上、學術上、文化上，占盡優勢。然而，在根源上，這些表面的成功皆預設了西方文化對於全體存在、對人、對自然、甚至對神的看法，做為其終極性的預設。如果不明白西方的形上學，就無法明白西方的哲學，更談不上了解西方的文化，及其耀眼炫目的成功與效率。

　　西方形上學是物理之後，並以物理之後為骨幹，兼及於倫理之後、美感之後等等其它途徑。本書用「物理之後」為名，已明白地標示出其所論者以西方的形上學為主。中國傳統哲學亦有其形上思想，且較為偏重倫理之後和美感之後的思路，但其體系性隱而不顯，概念隱晦難明，若欲化隱為顯，祛暗顯理，首先須對之加以爬梳整理，這恐需花上長時間的研究，耗去許多人的精力，纔能有可靠的成果。因此，本書對此除了一般性、比較性的敘述之外，尚未能進入細節，詳加品評。謹將此一工作，銘記在心，勿助勿忘，希望爾後對於中國形上思想化隱為顯的工作，亦能略盡棉薄之力。

　　哲學是百學之母，形上學則是哲學的冠冕，是人類理性至為徹底的努力，試圖為人類思想所關懷的終極性問題，加以探索，並提出解答。本書主要區分為兩部分：前五章為第一部分，較為系統地勾勒出形上學的意義、方法、對象以及困難，並且刻意地扣緊現代的脈絡來予以申論。第六章以後為第二部分，用本人所謂動態對比的方法，鋪陳西方形上學的發展，自古希臘的亞里斯多德，中世紀的聖多瑪斯，歷經近代的康德、黑格爾，到當代的懷德海和海德格，重構各家形上學的系統要義，並指陳其彼此的傳承性和創新性，相互距離和共同隸屬，以便顯豁出西方哲學的根本脈絡。

　　本書名為「形上學的發展」，誠實說來，作者心裏還計畫著另寫一部「形上學的體系」。但後者能否實現，端視作者在今後的研究中，能否兼融中西優長，而後對形上學的問題提出體系性的陳述和解答而定。但是，任何一種發展的歷程皆只是在「走向體系」，尚未「走到體系」。形上學的發展亦如是。

　　形上學在國內外各大學哲學系皆屬必修課程。但是國內已出版的有關形上學的教本卻少之又少，即使有之，亦僅限於處理某一種體系。本書嘗試較為全面地提供各種主要的形上體系，並將之納入一個歷史的辯證歷程之中，並且以不離形下的方式來展述形上義理。中國人主張道器不離，體用不二，西方人亦重視形上不離形下。我個人認為今日學術與文化的發展，亦需重新重視此種道器不二、體用相即的精神。若欲社會與文化的發展不盲目，則須依體致用，依道成器，依形上統形下；但是，若欲哲學思想的研究不空洞，則須用上見體，器上顯道，扣就形下來落實形上。

　　這本書大部分的內容已在政大、東吳的形上學課程裏講授了六年多之久，在台大亦曾講授過一年。我特別要感謝這些年來上過此一課程的學生們，因為正是在面對他們而思想的歷程當中，使我真正地體會到「教學相長」的意義。上過我課的學生都知道，我每一

次上課，從不照本宣科，卻每一次皆重新進入思想內在，重新體會問題形成與求解的歷程。形上學與其說是一門科學，不如說是一個歷程。一旦成為文字，形成體系，皆難免粗略，失去思想歷程的直接性和豐富性。因此，本書難免亦有疏忽或錯誤之處，盼望方家不吝指正。

沈清松

1986 年 12 月 5 日序於

指南山麓

# 閱讀形上學

## ——《物理之後》再版代序

　　20世紀90年代到千禧年，我在東吳大學哲學系任教「形上學」這門二年級的必修課，當時用的教科書，除了 Richard Taylor（1919-2003）或 Peter van Inwagen 寫的形上學入門的英文書之外，主要的教本便是沈清松（1949-2018）寫的這本《物理之後——形上學的發展》。不同於 Taylor 和 van Inwagen 侷限於對形上學中的某些議題作思辨性的提問，《物理之後》不僅闡釋形上學作為哲學思維基礎的研究領域、方法與根源，且詳盡鋪陳西方形上學研究從古希臘、中世紀、近代到當代所歷經的變遷、延續與發展，並指出形上學研究與各時代科學、思想文化發展的綿密關係。

　　閱讀《物理之後》雖然對於哲學系大學部二年級學生來說，一開始的確是非常大的挑戰，包括思辨能力和哲學知識的衝擊，但卻是為往後研習哲學專業「二史六論」打下思維基礎的開端，奠立對西方思想文化研究、思辨的寬闊視野。哲學專業的「二史」指中、西哲學史。「六論」則是指針對存有、思維法則、認知、行動、感受、終極真實等問題的探討，而有所謂形上學、邏輯學、知識論、倫理學、美學、宗教哲學等分支的立論，其間的論述雖各自獨立，但也彼此相關、互涉。《物理之後》尤其呈現形上學在西方文化語境研究中的跨領域特質，可藉以理解今日無論科學認知、倫理學、人類學、藝術理論或宗教哲學的討論中，何以皆隱含著某種形上學預設、或理論思維圖式／框架之故。

　　由於存有，或道的存在流行變化萬千，經由語言書寫成文的書籍文本，既是以有限的言語勾勒出的思想圖像或框架，但也是可

藉以回返存有、返回大道的跡印。《物理之後》閱讀不同時代的哲學文本，從亞里斯多德建立形上學到海德格拆解傳統遺忘存有的思維，讓讀者在閱讀中與歷代哲學家對話，覺察存有在歷史中的流轉從不停歇，而每一次的閱讀都是存有在與言語與思想流動的歷程中的顯現。

《物理之後》成書於 1986 年，牛頓出版社出版，之後絕版。這本書原是清松先生在政大授課的講義綱要，作為修課學生課後研讀的參考。2018 年底清松先生仙逝，感念這本絕版書對形上學研究的參考價值，周明泉教授建議再版此書，並著手根據牛頓出版社出版的版本，重新編校。除了錯別字的校訂，保留原書的文字，增加書中提到的哲學家的年代，並校訂引文提及的文獻資料，以提供讀者追索原文的出處。

三十多年來，我自己無論是在教學或美學議題的研究上，都十分受益於《物理之後》這本書的閱讀，不僅是學識淵博的啟迪，更在於隨著作者論述文筆所蘊含的綿密思維，促發思想創造力的靈動，而豁然開朗於存有之前。為此將此書無私地推薦給所有對形上學議題有興趣的讀者，也希望讀者在閱讀中像我一樣獲益，與哲學家對話、相遇於存有。

劉千美

2023 春於多倫多

# CONTENTS

# CONTENTS

# CONTENTS

# CONTENTS

# 第一章

# 導　論

## 一、前言

在吾人的日常生活和學術研究中，遲早會提出一些終極性的問題，諸如：何謂實在（Reality）？何謂自然（Nature）？何謂人（Man）？有否神明（God）存在？對於這些問題以及其它相關問題所採取的立場，深深地影響吾人的生活方式和學術導向。每一個時代，每一個文化中的生活和學術皆有自覺地建立或無自覺地隱含了對於這類終極性問題的某種立場。即或因為不自知而成為某種盲點，我們仍然可以說，每個時代和文化的生活與學術的整體，往往是立基於其盲目無所知，卻又極具終極性的觀點上的。人們往往賴己之盲點以維生，此亦不足為奇。

然而，唯有透過有自覺的方式，探討並發展自己對於實在、自然、人，甚或超越界的看法，一個時代及其文化纔會走向穩定的、綜攝性的、典型的發展。同樣地，對於一個哲學家而言，如果不在此類究極問題上有所突破，定難形成集大成，提出大綜合的思想體系。自古以來，古希臘的亞里斯多德（Aristotle, 384-322 BC），中世紀的聖多瑪斯（St. Thomas Aquinas, 1225-1274），近代的康德（Immanuel Kant, 1724-1804）、黑格爾（Georg Wilhelm Friedrich Hegel, 1770-1831），當代的懷德海（Alfred North Whitehead, 1861-1847），皆各有其獨到的形上學，亦各自開宗立派，形成偉大的哲學綜合。

哲學家的職責，就在於有自覺地探討這類究極的問題，建立深入而平穩的觀念系統，把各時代的生活和學術中的終極預設，化隱為顯，使原先分殊且混亂的觀念與價值，各歸定位，形成綜合。

探討這類終極問題的哲學科目就是形上學（metaphysics），它的原意為「物理之後」。在此，「物理」一詞可以狹義地指稱各時代的物理觀念與科學之總稱，例如古希臘物理、牛頓物理，或當代

物理；亦可廣義地指稱全體針對此一具體世間的分殊觀念與科學，蓋物物各有其理，然而對於分殊之理後面的整全之理加以全體性、統一性、基礎性地探討的，便是形上學。

　　形上學在西方哲學裡面是一門十分重要的科目。假如我們暫且不談西方哲學中兢兢業業地為其它科學，或為人類其它活動尋求理論基礎的哲學學科，例如科學哲學、社會哲學、道德哲學、藝術哲學——這些可以說是哲學家為了「拯救現象」而不得不做的工作，但真正屬於哲學思維的旨趣所在，也是哲學家窮一生之力，思有所建樹的，是形上學。整個西方哲學的核心，就是形上學，難怪海德格（Martin Heidegger, 1889-1976）要說：「西方哲學就是形上學了」。可見其重要性之一斑。

　　簡言之，用形上學的術語來說，形上學研究的就是「存有者的存有」（the Being of beings）以及諸主要的存有者領域的根本屬性與原理。首先，所謂存有者，舉凡在大自然中、在社會中的一切具體存在物、事件，或思想的種種模態及規律，例如邏輯與數學公式等等，皆可稱為存有者。存有則是存有者所進行的存在活動。如「賽跑者」進行「跑」的活動，同樣一切存有者也都進行存有的活動，以顯示其內在之豐盈，以更追求其存在之完美。存在活動不離存有者，卻必須透過存有者始得以彰顯。存有乃一豐盈與滿全的活動力和創造力，但這活躍的創造力卻必須透過存有者，並透過存有者與其它存有者的關係，更透過存有者和彼此間的關係在時間中的變化，來顯示自己。換言之，存有做為一種創造性的存在活動，必須透過人、物、社會和歷史來彰顯，而人、物、社會與歷史的意義，就在於顯示存有豐盈之創造活動。西文 metaphysics 一詞譯為「形上學」，的確是妙譯。《易經》上言：「形而上者謂之道，形

而下者謂之器」。①比照言之，形而上之道就是西方所謂存有，形而下之器就是西方所謂存有者。中國哲學強調道的豐富創造力，發而為在時間中流轉之器。而器之意義即在彰顯道。所以中國哲學中認為「道不離器，器不離道」，「道中有器，器中有道」，正是表示，道無窮而滿全的創造力，必須透過器、器與器之間的關係，以及歷史的延續來彰顯。所以，不只是文以載道，而且，大自然現象，文化的價值，以及歷史，皆是道彰顯之契機、道彰顯的場所。如何在自然現象、人文社會、思想規律、藝術作品、道德行為、歷史流變中去體會，去把握道的彰顯，此即形上學家的職責所在。

其次，關於所謂主要的存有者領域（或簡稱存在領域），一般說來，在西洋哲學裡面通常區分自然的存有者或物理的存有者（natural beings or physical beings）、人性存有者（human beings）、神性存有者（divine being）三個主要的存有者領域。就中國哲學而言，《易經》亦肯定有天、地、人三才。老子亦謂：「故道大、天大、地大、王亦大。域中有四大，而王居其一焉」。②其中「王亦大」一語，奚桐、陳柱、傅奕同本皆作「人亦大」，似亦可通，蓋王者乃人中之典型。老子此段話似亦可理解為肯定有四大主要存在領域：道、天、地、人。然而其中「道」應瀰漫並貫穿全體存在界。因此，基本上仍可以肯定有天、地、人三個主要的存在領域，它們亦構成了主要的存在階層，而道則為其整合和根源。

究竟中國哲學中所謂的天所具有的神性成分如何？這個問題本身就是形上學性質的。我們暫且不要進入中國哲學史史料的探討，也可以大略地肯定自然、人、和神是三個主要的存有者領域和階層。形上學亦須探討它們的性質與原理。例如：自然物的本性如

---

① 《易經·繫辭上傳》，第十二章。
② 老子，《道德經》，第廿五章。

何？自然物遵循的法則——自然律——的性質如何？何謂因果律？自然物皆存在於時間和空間之中，但時間和空間是什麼？……等等這類問題通常由自然哲學來探討。其次，人的本性如何？心靈與身體有何關係？人是自由的或是被決定的？……等等這類問題通常由人類哲學來予以探討。最後，神是否存在？其本性如何？其與世界有何關係？這類問題則是由形上學中本性神學部分來予以探討。以上這些都是屬於傳統所謂特殊形上學（special metaphysics）的範圍，至於探討它們的自然哲學（或宇宙論）、人類哲學（或哲學人類學、理性心理學）、本性神學（或辯神論）皆屬特殊形上學。

　　以上這些問題，我們會逐步在討論形上學的發展及其系統之時，逐一予以澄清，但是，目前我們要明白的是：「形上學」一詞的語意。

## 二、「形上學」一詞的語意

　　「形上學」一詞是 metaphysics（英文）、*Metaphysica*（拉丁文）、*Metaphysik*（德文）、*métaphysique*（法文）等外語的中譯，中譯的依據在於易經所謂「形而上者謂之道」，因而亦有譯為「形而上學」者。外文的名稱來自公元前六十年，安德尼可士（Andronicus of Rhodes, fl. c. 60 BC）在出版亞里斯多德的著作之時，將其中一部分沒有名稱、排列在物理學之後的書稿，稱為 *meta ta physika*。

　　在 *meta ta physika* 一詞中，*physika* 指的是在吾人經驗中展現的物理界、自然界，以及對之進行理性探討的物理學。古希臘時候的物理學並沒有近代科學出現以後的物理學那樣具有機械論和決定論的特質。它是以哲學的方式探討自然物的本性及原理，譯為「物性學」似較妥當，以有別於近代科學出現以後的物理學。總之，當我們看到 *physika* 一詞，一定要記著科學史上的希臘物理學與近代物

理學的差異。但是無論如何，它所指稱的是針對那展現在吾人的感性經驗中並具有物質性，在運動變化之中的存在領域之探討。

至於「*meta*」這個字頭，就有兩種不同的意義。由於所採取的意義不同，其形上學的型態就有異，對何謂實在（Reality）的看法亦有別。

第一個意義的 *meta* 是「超越」之意——把 *meta* 解釋為 trans。就此意而言，則形上學便是超越物理之學。這是柏拉圖（Plato, 427-347 BC）、新柏拉圖派，以及受柏拉圖主義影響的哲學家所取之義。例如新柏拉圖主義者辛普立秋斯（Simplicius, c. 490 - c. 560）對此便言之甚詳：「那討論完全脫離物質之物，和主動理智的純粹活動者，他們稱之為神學、第一哲學或形上學，因其超越任何物理之物」。[③]由此可見，將 *meta* 解為 trans 是就研究對象之貴賤高下而立論的。這種看法的依據在於柏拉圖把理相（*eidos*）視為真實存有（*ontos on*），至於自然界的一切萬物皆遷流不息，僅止是理相的模仿而已，前者高貴而後者低賤。此種想法假定了二元論的思想，區別真實與虛妄，心靈與物質，理性與感性，進而肯認其中前者皆高貴於後者，因其更為真實之故。這種形上學所追問的問題是：什麼是真實存有（*ontos on*）？因此，它所理解的「實在」（Reality）也就是「真實存有」。此種思路必然會區分本體與現象，真實與虛妄。中文在翻譯 ontology 時，曾有人譯為「本體論」，其實此種譯法只能照顧到 *ontos on*「真實存有」之意。

第二個意義的 *meta* 是「在後」之意——把 meta 解釋為 after。就此意而言，則形上學便是「在物理學之後之學」。這是亞里斯多德，以及受亞里斯多德哲學影響的人所採取之義。此時不論其研究

---

[③] In *Phys.*, 1, 17-21 Diels.

對象之高下貴賤，而僅就學習之先後，學習之次第立論。亞里斯多德認為形上學研究的對象，雖是最優先的，但就學習與認識的次第言，卻是最後的，因為吾人的學習次第是依據抽象的等級而定。最低的抽象等級，是物理的抽象，主要是針對感官所對應的具有物質性，並且在運動變化中之物體。其次是數學的抽象，抽去物質與運動不論，僅針對形式和量。最後是形上的抽象，連形式和量皆抽除，僅針對一物是為一「存有者」，就其為存有者來立論。這時候形上學所探討的，不再是真實存有（*ontos on*），而是「存有者本身（*to on e on*）」。[④]各種形上學所追問的是存有者本身及其根本屬性。因此，它所理解的實在（Reality）也就是全體存在界，並扣就其為存有者的一面來予以探討。從這個觀點看來，ontology 一詞更適宜翻譯為「存有學」。

　　就中文翻譯而言，「形上學」之譯名取自易經所謂「形而上者謂之道，形而下者謂之器」。此語涉及「道」、「形」、「器」三個層次，略近於亞里斯多德所謂「物理」、「數學」、「形上」三層抽象之說。但其中最大的不同，在於亞里斯多德所言者為學術之分類、抽象之等級、學習之次第；中國哲學所言則指涉人生經驗中之整體區分，非僅限於學術之區分。首先，「器」指有限定的具體之物，指涉自然的、人造的、在社會中，甚至在歷史中的具體存在物。「器」有時亦有抽象之意，例如說「君子不器」，是說君子不能自我限定。器亦指抽象之物，因而形、器常相連用。至於「形」的概念，則是刑範、形式、模型、典型之意。「形」字古義和「刑」字相通，因此，「形」當然就指示賦予具體物以理想框架的模型或形式。《易經‧繫辭上》謂：「形乃謂之器」，「以制器

---

④　參見 Ricoeur, Paul. *Etre, essence et substance chez Platon et Aristote.* Paris: Société d'Enseignement Supérieur, 1982, pp.150, 190.

者尚其象」，可見「形」相當於亞氏所謂數學抽象的層次。但是，由於中國人的思想不離這具體的生活世界，所以「形」並無獨立地位，其自律性亦未受到尊重。因此，中國哲學所看重之形，多半是賦形於器物之形，而非數學和邏輯等純理世界中的形式存有者。中國傳統數學雖云發達，但皆用以描述經驗資料，例如丈量土地、計算銀兩、調理音律、計測星曆等等，而不是用來形構理論、整治語言。不過，既然易經亦重視「參伍以變，錯綜其數」，中國科技史上亦不乏數學發明，「形」的概念未嘗不可加以發展，使其既包含原有具體事物之型範，亦擴而充之，及於數學和邏輯等形式存有者。

　　形與器合，乃構成形器世間。人處其間，感受生生不息的活動，更在自己的道德活動中，體會其中所含蘊的超越依據，於是肯定在形器之上，更有形器與人所共依的、生生不息的創造力的根源，此即「形而上者謂之道」。一般說來，在中國哲學裡面，「道」一詞可以有以下四個意義：

（一）**道意指道路**：「道」一詞按照字源是由首辶構成指可在其上行進，指引方向的道路。道爲道路，亦可取象而擴充引申爲人生和萬物自我實現，完成生命的大道。

（二）**道意指「言說」**：例如老子所謂「道可道，非常道」的第二個「道」字，便是言說之意。但是中國哲學，尤其道、佛兩家，多傾向於貶抑言說，強調得魚忘筌，得意忘言，不可思議，言語道斷，此大不同於西方哲學。希臘之所謂道 *Logos* 乃由 *leigein* 而來，即指言說之意，又指收集之意，認爲言語能收集經驗，凝聚思想。在中國哲學中這層意義不太受重視，此雖顯示其別有所厝心者在，然而亦顯示出某種缺陷。

（三）**道意指「能生的根源」**：無論儒、道兩家，皆強調生生不已之道。老子說：「道生一，一生二，二生三，三生萬物」。⑤《易經》謂：「易有太極，是生兩儀，兩儀生四象，四象生八卦」。⑥雖然在此的「生」並無基督教所謂的「創造」之意，卻較具「顯發」之意，但無論如何，「道」仍是一個能生的根源。

（四）**道意指「變化的規律」**：《易經》所謂「一陰一陽之謂道」，是說陰陽的往復，律動式的替換，陰長則陽消，陽長則陰消，這是宇宙萬物運動變化的究極規律。道家所謂「天道」，往往是指自然律，亦即自然運動變化的規律。

中國哲學中的道論，大致相當於西方哲學中的形上學。不過，今天我們所謂的形上學，是指這個在西方哲學中顯態地、系統地、自覺地發展出來的學術傳統。中國哲學中的道論至多只能說是一個隱態的形上學，並未有系統地予以發揚。這項缺陷亦造成中國學術史上的某些困境。例如前述數學邏輯等理想的、形式的存有者之自律性不受尊重，道的言語意不受重視，便使中國科學缺乏西方近代科學理趣，無法產生類似的科學型態。我們今天的責任就在於化隱為顯，使中國哲學中的道論能以顯態的、系統的、自覺的方式，言說形器世界與人文世界所遵行之道路，運動變化之規律，以及所依據的活動力之根源。

---

⑤ 老子，《道德經》，第四十二章。
⑥ 《易經‧繫辭上傳》，第十一章。

## 三、形上學的定義

根據以上的敘述，我們可以將形上學定義為：「對於存有者的存有以及各主要存有者領域的本性與原理所做的全體性、統一性、基礎性的探討」。

此一定義主要是依據研究的對象和研究的特質而提出的，其中「存有者的存有以及各主要存有者領域的本性與原理」為形上學研究之對象；「全體性、統一性、基礎性」則為形上學的研究方式不同於其他學科之特質所在。

對於存有者的存有之探討是形上學中最為核心的部分，名為存有學（ontology），舊譯為「本體論」。此一部分，稱為一般形上學（general metaphysics）。但由於全體存有者尚可以區分為幾個主要大的存在領域與層階，每一領域的存有者的存有彼此有十分大的差異，表現在其本性及其所遵奉的原理上。例如，自然的本性與原理，雖與人的本性和原理相關，但畢竟亦有所不同；人的本性與原理雖與神的本性與原理相關，但畢竟亦有天淵之別。對於以上三者的探討，稱為特殊形上學（special metaphysics）。

對於自然的本性與原理之研究，乃宇宙論（cosmology）或自然哲學（philosophy of nature）的職責。對於人的本性與原理之探討，乃理性心理學（rational psychology）或人類哲學（philosophical anthropology）的職責。對於神的本性與存在的探討乃本性神學（natural theology）或辯神論（theodicy）甚至宗教哲學的職責。這些哲學科目皆已逐漸獨立出去，因此有許多哲學家會認為形上學就是存有學或本體論，因為其餘的特殊形上學（special metaphysics）皆已獨立成科。但是，事實上，特殊形上學仍然深深地與存有學彼此相關。其中的基本問題，涉及到各個存有者領域的全體性、統一性、和基礎性的探討，仍然必須由一個完整的形上學來予以處理。

因此，我們認為，無論是對於一般而言的存有者的存有，或是對於特殊而言的各主要存在領域的存有（本性及其原理），所做的全體性、統一性、和基礎性的探討，皆是形上學的職責。

所謂的全體性，是指形上學所探討的對象遍及全體存在界或某一存在領域的整體，其研究所得的屬性與原理適用於全體存在界或某一存在領域的整體，具有普遍的有效性，而非如科學命題般僅具局部的有效性。

所謂的統一性，是指形上學立足於吾人的經驗和全體存在的統一點來發言，並不假定主觀與客觀、理論與實踐、經驗與存在、歷程與實在的分野，卻應該立足於這些區別的根源，證成這些區分，並且能用統一的原理來予以統攝。

所謂的基礎性，是指形上學所探討的事物的結構和原理，是全體存在世界或某一存在領域最基本的可理解之結構與原理，足以奠定其他科學和行動所發現或所依據的結構與原理的基礎。

形上學對於全體存在界以及各主要存在領域所做的全體性、統一性、基礎性的研究可以說是人類的理性在每一個時代所做的最為徹底的努力，它的成果足以明說或奠立每一時代的學術與生活的最終基礎。這也就是為什麼它是所有偉大的哲學家窮一生之力，思有所建樹之所在。當然，由於存在界之浩瀚，經驗之無窮，使得沒有一個形上學體系是永恆地有效的。每一個時代的哲學家都必須再盡其力，再為自己的時代的學術和生活，明說其骨架，奠立其基礎。

## 四、形上學的首次提出、用意與困難

### （一）一件哲學史上的公案

以下我們要談的是在西方哲學史上的一樁公案。這樁公案涉及了第一本以形上學為名稱的書——亞里斯多德的《形上學》——其

名稱的由來及此一由來的含意。這個名稱是在亞里斯多德死後纔加在亞氏的著作上的。這個事件，涉及了「形上學」一詞的意義，也涉及了西方形上學發展史中的一個問題：形上學這門學科在被亞里斯多德自己提出以後，在其晚年也被他自己忽略，甚至被他的門人遺忘了，湮沒了二、三百年，纔被人從地窖中提出來整理，而冠以形上學之名。此種形上學的遺忘，當然也牽涉到形上學本身內在的困難。

　　這個公案的大要是這樣子的：依據希臘地理家、史家史特拉崩（Strabon, c. 63 BC-c. 24 AD）和希臘作家普魯太克（Plutarch, c.46-c.119）的記載，亞里斯多德死後，其手稿便經由其徒弟戴奧弗拉斯特（Theophrastus, c.371-c.287 BC）交給同門聶勒（Neleus of Scepsis）。但聶氏的後人盡是無知之輩，不知研讀，當時希臘諸王宮廷對於圖書貪得無厭，四處爭索名卷。聶氏後人為避免亞氏手稿被王廷據為己有，便將之深藏於斯刻普西（Skepsis）的一個地窖中。如此湮沒二百年，直到公元前一世紀，聶氏後人便將亞氏手稿以高價賣給亞里斯多德走廊學派的後人阿貝立公（Appellicon, ? - c. 84 BC）。在戰亂期間，羅馬名將述拉（Sulla, 138-78 BC）強佔了阿貝立公的一切圖書，而且將這些手稿從希臘移至羅馬。後來又轉售於羅馬文法家提拉尼翁（Tyrannion of Amisus, fl. 1st century BC）。亞氏門人安德尼可士乃從提氏處獲得一抄本，便在公元前六十年將它們出版。對於其中一部分沒有名稱的，排列在亞氏《物理學》之後，稱之為形上學（Metaphysics, Μετα τα φυσίκα）。一如前述，後世對於這 Meta ta physika（Metaphysics）一詞的字頭 meta 有不同的解釋。例如：新柏拉圖派便依對象的高下、貴賤，將 meta 解釋為 trans，即超越之意，則形上學便是超越物理之學。辛普立秋斯便說：「那討論完全脫離物質之物，和主動理智的純粹活動者，他們稱之為神學，第一哲學或形上學。因其超越任何物理之

物」。但是，*meta* 亦可解為 after 之意，即「物理學之後」。此時不論對象之高下貴賤，而僅就學習之先後，認識之次第。這個解釋比較合乎亞氏的原旨。蓋亞氏認為，形上學研究之對象，雖是最優先的，但就學習與認識之次第言，卻是最後的。所以，形上學一詞的原意，應為「物理學之後的科學」之意。[7]

此外，這個公案尚有許多含意。有人（像法國希臘專家羅賓〔Léon Robin, 1866-1947〕）猜測這只是安德尼可士在出版亞里斯多德文集時所杜撰的廣告，以叫人信服此書乃第一次出版。不過，從種種哲學史上的跡象，我們可以判定：亞里斯多德的形上學思想，在亞氏死後不久，便受到忽略，湮沒在遺忘中，直到二、三百年後始重見天日。當然，我們不可以斷定最靠近亞氏的繼承人如戴奧弗拉斯特等人，不知道亞氏的形上思想；更不能斷定在當時與亞氏學派相對立的其它學派，如伊壁鳩魯學派（Epicureanism）、斯多葛學派（Stoicism），不認得亞氏形上學的幾個重要論題。我們在這些學派的論辯中可以看出其中有些假定了對於亞氏形上學部分內容的認識。這也表示，在這二、三百年中，形上學沒有被完全遺忘。但我們至少可以肯定：在亞里斯多德死後不久，走廊學派（Peripateticism）就逐漸沒落了，而且這個學派沒落的最顯著特徵，就是對於形上思想的完全忽視，只能重視邏輯學、倫理學、物理學方面的研究。正如希臘地理史家史特拉崩所說的：「戴奧弗拉斯特的繼承人，那些早期的走廊派學者，既然不再擁有亞氏〔形上學〕的書，除了極少數的人外，大部分人皆未嘗聽聞，他們再也不能科學地做哲學思索，只能言說一些傳聞的命題」。[8]可見，亞氏

---

[7] 參見 Aubenque, Pierre. *Le probléme de L'être Chez Aristotle*. Paris: Presses Universitaire de France, 1962, pp. 23-28.

[8] Strabon XIII, 54.

的形上學在自己的學派中被遺忘了，在別的學派中雖偶有提及，亦都只是做為攻擊或曲解的對象。

## （二）亞氏形上學的研究對象，與其重整學術之得失

亞里斯多德在《形上學》第四書一起頭就說：「有一門科學（按即形上學）研究存有者本身及其根本屬性。它不同於任何其它所謂的特殊科學，蓋特殊科學沒有一科會以普遍的方式來思考存有者本身。它們只抽離存有者的某一部分而且研究這一部分的屬性，例如數學」。[9]這裡指出來，形上學是就存有者本身來研究存有者，而不像其它科學做抽離割裂的工夫。形上學研究的就是，存有者就其為存有者而言，亦即存有者的存有。

這話在今天，二十多世紀的形上學發展之後來看，似乎不足為奇。但我們可以想見，對於亞里斯多德當代的人而言，亞氏此舉卻是聳人聽聞的。因為此一新科學的提出，雖非絕後，卻屬空前。我們都知道，在亞里斯多德之前，柏拉圖學派一般把科學分為三種：辯證法、物理學、倫理學。柏拉圖門人色諾克拉斯特（Xenocrates, 396-314 BC）曾更換辯證學為邏輯。這點我們在亞里斯多德早期仍受柏拉圖影響的著作，如《論題》（Topica）中，仍可見到。他說：「為求簡要起見，我們區分三種命題、三類問題：一為倫理的，二為物理的，三為邏輯的」。[10]但在《形上學》中他提出了一門嶄新的科學，揆其用意，乃在重新整理當時學術，在以上這些特殊的學科之外，加上一個以普遍方式來討論存有者本身的科學，以奠定其它特殊科學的基礎。因為其它各種特殊科學，都只研究存有者的某一方面。由於全體大於部分的總和的原則，這些特殊科學所研究的

[9] Aristotle. *Metaphysics*, 1003a 20-25.

[10] Aristotle. *Topics*, I, 14, 105b 20.

不同的方面加起來也不能對存有者的全貌有所認識。只有特別再進行一個新的科學研究，專就存有者本身，來研究存有者的存有，此一科學的成功纔足以奠立全體特殊科學的基礎。

可是，亞里斯多德此舉並沒有完全成功。他在提出這一新穎的科學及其研究對象之後，對於形上學更有貢獻的是進而研究「存有者」一詞的多義性，以及如何用類比法來把握存有者。此後類比法便成為形上學，亦即純粹哲學，的一個十分重要的方法。但是，可惜，亞里斯多德並沒有進入存有的堂奧，因為他認為「實體」是在「存有者」一詞的諸多意義中的核心意義，因而他便以實體或本質為主要研究對象。[①]所以其形上學除了重複一部分在《物理學》中的思想，如形質論、潛能實現論，用以解釋有變化的實體之外，最後並提出不變的第一實體——神——作為一切變化的目的因。此第一實體為不被動的主動者，為思想思想其自身。所以亞里斯多德雖然沒有稱這部分著作為形上學，但他卻明白的稱之為「第一哲學」和「神學」。我們今天都知道，實體、神……等等，都是存有者，不能視為一切存有者的存有。在亞里斯多德思想中尚未分辨存有者與存有之間的存有學差異（ontological difference）。我們可以說，一直到聖多瑪斯纔真正洞視其間的差異。亞里斯多德由於沒有認清這差異，而存有本身實在也太難把握，所以，亞里斯多德這個新科學的提出，雖然重要，但並不成功。難怪亞里斯多德死後，其門人又恢復了原來的學術三分法，只從事邏輯、倫理、物理的研究，好像亞里斯多德從來沒有提出形上學這門嶄新的科學一般。

這點當然也不能完全怪亞里斯多德的門人，亞氏本人在晚年的學術態度也有以致之。亞里斯多德在晚年大概也轉離形上的思辨，

---

[①]　Aristotle. *Metaphysics*, 1003b 5-20.

轉向經驗與觀察之學。所以，他在所著《論動物的各部分》（De partibus animalium）第一書中就說：此世的有變化、會腐朽之物，同樣值得我們研究，而且這種知識更為廣泛而確實。他並且舉了赫拉克里圖斯（Heraclitus, c.535 - c.475 BC）的故事來說明，不可輕視這些形下之物：當赫氏成為名哲學家之後，有許多名人士紳來訪，尋求疑難解答，並瞻仰哲學家的丰采。有一天，一群衣冠楚楚之士紳慕名而來，適赫氏在廚房烤火。眾人看不到一堂皇聖人氣象之大哲，唯見一糟老頭畏縮在廚房下賤之地，便遲疑不敢進入。赫氏見了，便說：「進來吧！即使在這下頭也有神明在」。[12]再下賤之地，只要有存有者，便有神明在，哲學家必往矣！是以亞氏晚年好做自然、生物之研究，亦有其哲學上的道理。

總之，亞里斯多德雖提出改革學術方案，欲以研究存有者之存有的新科學，來奠定研究存有者的某一角度的特殊科學，但晚年亦覺力有不殆，難怪其門人僅就其物理、邏輯、倫理三科發揮之，而形上學遂湮沒遺忘二、三百年，至新柏拉圖主義起，纔用柏拉圖的思想來予以解釋。直到中世紀士林哲學的黃金時代——十二、三世紀——尤其在聖多瑪斯的思想中，亞氏形上學纔有光輝的發展。在歷史上亞氏形上學有其貢獻，亦有其缺失，我們將在形上學史發展的重要階段中再予詳述。

## 五、結語

從以上的討論吾人可以得知形上學便是就全體性、統一性、和基礎性的觀點來探討存有者的存有，無論是全體存在界的，或是某一存在領域的。一般形上學所探討的是涉及全體存在界的存有者的存有；特殊形上學所探討的，則是涉及自然、人、神等存有者領域

---

[12] Aristotle. *De partibus animalium.* I. 5, 645a 17ss.

的存有——成為該存有者領域之本性及原理。如此研究所得之觀念和原理對於全體實在、生活與學術而言，都是最為基本、影響最為深遠的。

我們從形上學在西洋哲學史上第一次提出之時，即在亞里斯多德的「第一哲學」中，便可知道形上學研究的對象是存有者的存有了。但是，我們從這樣一個研究存有者的存有之科學，在亞里斯多德的學術體系中並未成功地建立、並且在晚年被其忽略、甚至在亞氏學派中遺忘了二、三百年這個歷史公案來說，可以看出，形上學是如何地困難。因為存有雖是十分淺易，就在我們日常生活之中，但也可說是極難把握的。如果把握不到存有，上焉者就會像亞氏一樣，落到實體之學，或神學上；而下焉者就會只拘泥於實驗科學而不自拔了。可見，對於存有的把握，一方面必須對於經驗中的極平常處有一很深入的體驗，另一方面還需在思想上做極高度的努力纔能有所建樹。這是我們從形上學提出的這件公案可以獲得的啟發。

# 第二章

## 形上學研究的對象及其對現代人的意義

　　本章的目的，主要在於探討形上學研究的對象，並討論形上學研究的這個對象，對於當代人的經驗和思想，有何意義。

## 一、形上學研究的對象

　　從西洋哲學來說，形上學研究的對象就是「存有者的存有」（英文：the Being of beings、法文：*l'Être des étants*、德文：*das Sein des Seienden*），無論是一般而言的全體存有者的存有，或是特殊而言的某一存在領域，例如自然、人、神，的存有。所謂「存有者」指涉一切存在物，無論是具體的或普遍的，實際的或想像的，現實的或可能的，一旦能被吾人的知覺或思想所肯定，皆可以稱之為「存有者」。所以，在大自然中、在社會中的一切具體存在物是存有者，一切自然律、或人間律法亦是存有者；神話中或虛構故事所涉及的奇想之物是存有者，而嚴格推展的邏輯系統和步步為營的數學演算程式亦為存有者。當然，設想這一切的人類亦為「存有者」。為此，我們放眼觀去，有各種的存有者：物質存有者（material beings）、形式存有者（formal beings）、想像的存有者（imaginative beings）、真實存有者（real beings）、可能存有者（possible beings）、能理解以上種種存有者而提出形上問題的人性存有者（human beings），甚至神性存有者（divine beings）。以上這些大致可以區分為自然存有者、人性存有者、神性存有者三大領域，其餘的如神話中的想像存有者，或數理等形式存有者，則為附屬於前面任一領域之組織與活動——例如人的思想——的存有者。形上學研究「存有者的存有」，所謂「存有」，就是存有者所進行的存在活動。一切存有者皆在進行著生生不息的存在活動。非但是自然界中的生物有不斷越來越複雜化（complexification）的活動，即連無生物，其內在的原子結構，亦進行著極忙碌的活動。

　　此外，像邏輯或數學這類形式存有者，一旦有某些原則被制定，就亦有走向形成一系統的活動，這種形式系統的發展雖然必須經由思想者，但思想者在發展形式系統之時卻有不得不如此的感覺，因而必須肯定形式系統有相當程度的自律（autonomy）。人性存有者不但感知自然、建立社會、建構邏輯與數學，而且可以反身而誠，在不斷反省中不斷超越，甚至追問存有的問題。人性存有者的存在活動可以說是一個最能彰顯存有的活動。如果有上帝存在的話，其存在活動一定更為豐富和奧妙——例如「創造」的活動便有如奧祕一般地吸引我們。

　　正如聖多瑪斯（St. Thomas Aquinas）所說：一個「賽跑者」進行跑的活動，同樣，一切存有者也都進行存在的活動。存有就是一切存有者所進行的存在活動（act of existence）。但是，所有活動都顯示出活動者有滿盈的活動能力，同時也追求活動的完美。例如，賽跑的活動一方面顯示出賽跑者由於體力和動性而有的跑的能力，同時也顯示出賽跑者追求「健康」或「榮譽」這類存在的完美。同樣，存有者在存在活動中亦顯示出它們的存在活動能力和存有的完美。所以，我們也可以說，存有就是存有者在活動中所顯示的能力和所尋求的完美。西方形上學研究存有者的存有，因為一般說來，存在活動既具體又普遍地展現於一切存有者身上，不斷開展，不斷超越，生生不息，而且又不斷在活動的每一刹那，成就偉大而龐雜的存在系統，實在令人驚奇。特殊說來，不同領域的存有者又各自有適合自己本性的存在活動，並且遵循特定的原理來活動，這亦吸引我們研究的好奇。

　　在西方傳統哲學裡面，曾把形上學分為一般性地研究存有者的一般形上學（general metaphysics），亦即所謂存有學（ontology），和特別研究某一類存有者的特殊形上學（special metaphysics）。特殊形上學依所研究存有者的不同，又分為研究神性存有者（divine being）的辯神論（theodicy），研究人性存有者（human being）

的理性心理學（rational psychology）和研究物質存有者（material beings）的宇宙論（cosmology）。我們可以在此先行指出：這種傳統的分法，固然也有道理，亦為吾人於修正後所採用，但其缺陷則在於無論一般形上學或特殊形上學，皆是以「存有者（beings）」為研究對象，而不是以存有者的存有（the Being of beings）為研究對象，其中含有遺忘了存有和存有者之間的存有學差異（ontological difference）的傾向。我們在此所論的形上學，一定要考慮到存有學差異。在此前提之下，吾人所謂的一般形上學——存有學——是研究存有者的存有。吾人所謂的特殊形上學——包含自然哲學、人類哲學、本性神學——則是分別研究自然、人、神三個存有者領域之存有，亦即研究其本性的存在活動與原理。

從中國哲學來說，雖然中國先哲沒有明明白白地成立形上學，也就是沒有顯態的形上學，不過，《易經》有言：「形而上者謂之道，形而下者謂之器」。舉凡對於「道」的討論，即所謂「道論」，皆是一種隱態的形上學。唐君毅所著作的《中國哲學原論・原道篇》三卷，即為闡述中國形上思想的篇幅。[1]誠如上章所述，在「形而上者謂之道，形而下者謂之器」一語中，最重要的是「器」、「形」、「道」三個概念。首先，「器」即物，指涉天下的事物。因為中國人思想較為具體，「器」只指涉在自然中、在社會中、甚至在歷史中的具體存有者。雖然一切存有者皆可名之為「物」，但通常中國人思想的物都是指具體之物，即「器」也。至於「形」的概念，則是型範、形式、模型、典型之意，指示賦予具體存在物以理想框架的模型或形式，是賦形於器物之「形」。形與器合，乃構成形器世間。人處其間，感受生生不息的活動，更在自

----

① 參見唐君毅，《中國哲學原論》，原道篇卷一、二、三，香港：新亞研究所，民國六十二年。

己的道德活動中，體會其中含蘊的超越根據，於是便肯定在形器之上，更有形器與人所共依的、生生不息的創造力的根據，此即「形而上者謂之道」。這「道」字有「道路」之意、有「言說」之意、也有「能生的根源」之意、亦有「生成變化的規則」之意。凡人所「言說」的，應指向人及萬物所共循的「道路」，而此道路，當是指向「能生的根源」，並遵循生成變化之規律。中國哲學中的道論，也就是在言說形器世界與人文世界所遵之道路、所依據的活動力（創造力）之根源、及萬物生成變化之規律。

關於形上學 metaphysics 一詞，在西方哲學而言，*meta ta physica* 一詞的字頭「*meta*」可有兩種不同的解釋：（一）把 *meta* 解為 trans，即「超越」之意，這是新柏拉圖派的思想，認為形上學所研究的對象，超越於物理學的對象之上。這是按照研究對象的高下貴賤來解釋的。（二）把 *meta* 解為 after，即「在後」之意，指形上學在物理學之後，這是亞里斯多德派的思想，認為形上學的對象，雖是最優先的，但就學習與認識的次第言，卻是最後的。這是按照學習的先後和抽象的等級來解釋的。新柏拉圖派思想對「形上」一詞所做的解釋，包含有價值區分在內，亦有真妄之別，以致判「形上」為真實，「形下」反倒成了虛妄，「形上」、「形下」成為二元的局面。至於中國哲學所謂「形而上者謂之道」，此處亦可以明白看出其中形上亦有超越之意，而非「在後」之意，這是因為中國人的思想中價值的傾向很重，自會肯定形上之道對於形下之器的優越性。不過，這種價值的肯定卻沒有帶來新柏拉圖思想那種二元的局面，因為中國人雖肯定道之優越，但繼而又肯定「道不離器，器不離道」。對於道的價值之尊崇，只是為了在道器的互動中，更提昇形器世界和人文世界進於此優越的道而已。

無論在中國哲學裡面，或在西洋哲學裡面，都一樣重視形上和形下的密切關係。在西洋哲學裡面，形上學研究的是存有者的存

有。存有就是存有者的存在活動。我們不能脫離存有者而言存在活動。存有只有透過存有者始得以彰顯其義蘊。存有是豐盈的活動力和創造力，也是活動所指向的完美，但這活潑潑的創造力卻必須透過存有者來彰顯，透過存有者彼此之間的關係來彰顯，透過存有者及其關係在時間中的變化來彰顯，尤其是透過把握這些關係與變化，不斷地超越、邁向完美的人性存有者的歷史來彰顯。換言之，「存有」這一生生不息的創造活動，必須透過人、物、社會和歷史來彰顯。反過來說，人、物、社會與歷史的意義，就在於展示存有豐盈的創造活動，邁向存有的完美。在中國哲學裡面，一切形器中皆有道，道是普遍而無私地在一切物中作用著。所以，《莊子·知北遊》中有這麼一段話：

> 東郭子問於莊子曰：「所謂道，惡乎在？」莊子曰：「無所不在。」東郭子曰：「期而後可。」莊子曰：「在螻蟻。」曰：「何其下邪？」曰：「在稊稗。」曰：「何其愈下邪？」曰：「在瓦甓。」曰：「何其愈甚邪？」曰：「在屎溺。」東郭子不應。莊子曰：「夫子之問也，固不及質。正獲之問於監市履狶也，每下愈況。汝唯莫必，无乎逃物。至道若是，大言亦然。周偏咸三者，異名同實，其指一也。……」[2]

不但是一切物中皆有道，而且一切物的存在皆旨在彰顯道。所以王船山主張，事不離理，理不離事；道不離器，器不離道。他在註釋《易經》「形而上者謂之道，形而下者謂之器」一語時說：

---

[2] 《莊子·知北遊》。

形而下者即形之已成乎物，而可見可循者也，形而上之道隱矣，乃必有其形，而後前乎所以成之者之良能著，後乎所以用之者之功效定。故謂之形而上而不離乎形，道與器不相離。③

可見，道必須透過器、器與器之關係，透過人的道德、文化與歷史的緜延來彰顯。而且自然現象、文化價值、人文社會、以及歷史，皆是彰顯道的契機，其意義皆在顯示道、邁向道。形上學家的職責就在於從自然現象、人文社會、思想規律、藝術作品、道德行為、歷史流變中去體會、把握道的彰顯。換言之，形上學家要在存有中體會、把握存有者的存有。

簡言之，存有或道就是存有者或形器之物的存在活動；而存有者或形器之物就是存在活動的承載者或彰顯者。

雖然存有與存有者有密切的關係，道與形器有密切的關係，但是，畢竟存有不同於存有者，道不同於形器。正如同「賽跑」的活動不同於「賽跑者」，同樣，「存有」的活動亦不同於「存有者」。存有和存有者的差異、道和形器的差異，稱為「存有學差異（ontological difference）」。如果不注意到存有學差異，則形上學仍然只停留在「存有者」或「形器」的層面，而沒有進入「存有」或「道」的層面。例如在西方形上學史中，亞里斯多德首先提出形上學研究的對象：「有一門科學（按：即形上學）研究存有者本身及其根本屬性」。對亞里斯多德而言，形上學研究存有者本身及其根本屬性，而不是研究存有者的存有，由於這種存有學差異的遺忘，使亞氏的形上學成為研究第一義存有者——實體

---

③ 明·王船山，《周易外傳》，卷五。

（substance）——的實體學（ousiology），或研究第一實體——神——的「第一哲學」或「神學」。要等到聖多瑪斯纔真正注意到存有學差異。這點我們將在形上學發展史中詳論。④

我們必須注意存有學差異，但也不能只注意差異而忽略了存有和存有者的共同密切關係。像海德格晚年只冥想存有而忽視存有者，他認為存有就是完全有別於存有者的差異本身，因而批判研究「存有者的存有」的形上學，認為那是一種「存有—神學的構成」，必須予以超越，纔能超越由形上學思想所決定的科技世界的危機。我們在討論形下與形上的互動關係時將指出海德格這種思想的偏頗，並指出我們不能忽略存有者而凌空蹈虛地思考「存有本身」。

總之，形上學研究的對象是「存有者的存有」或「形器之道」。借用傳統的形上學術語來說，形上學的材料對象（material object）是存有者或形器（包含自然、人、神）。舉凡一切存有者，都是形上學的材料對象。形上學的形式對象（formal object）則是存有。也就是說，從材料的觀點，一般形上學必須研究全體存有者；而特殊形上學則分別研究自然、人、神三個領域的存有者。但就形式而言，也就是從研究的角度來說，一般形上學只研究全體存有者的存在活動；而特殊形上學則分別研究自然、人、和神三領域的存有者依其本性而有之存在活動及其原理。

不過，道不遠人，形上學研究的對象看起來好似遙遠，其實和我們人（尤其和我們現代人）的經驗和思想是息息相關的。以下我們要分就現代人的日常生活經驗、人文科學、和自然科技三方面來談論「存有」或「道」對於當代人的意義。

---

④ 參見本書第六章。

## 二、形上學對象的現代意義

　　形上學研究存有者的存有，或形器中之道，但這對於生活在科技世界的現代人而言，有何意義？既然道不遠人，而且人並非抽象之物，卻是活生生地生活在現代世界的具體之人，那麼，形上之道亦應與現代人的生活密切相關。既曰：「人能宏道」，現代人亦應有以其生活和思想來顯露道的特別方式。但是，表面上看來，似乎並不如此。現代人見科技成就之偉大，以為能知能行者盡在於此；現代人走在百貨公司、超級市場的自動扶梯上，四顧流盼，以為天下可擁有之物盡在眼底。於是，世界解除魔咒、神明退隱，人再也不探問存有或道的問題，似乎形上的對象對他而言，了無意趣。此即海德格所謂「存有的遺忘」。但是，深入觀之，就在這遺忘存有，儘可不再思考道的問題之時，殊不知焦慮之心油然而起。我們在近代科技初盛時的思想家，如洛克（John Locke, 1263-1704）的著作中便可見及此，而且此種焦慮之情隨著科技發展的普遍與深入而日愈熾烈，以致現代人度日於迷惘、焦慮、急躁之中。這些並非只是單純的心理現象，卻是一些具有更深刻意義的符號，呈現現代人的形上隱憂，象徵現代人對意義的追求並未在科技成果中獲得滿足。我們可以說，在存有的遺忘中所浮顯的形上焦慮，正指出現代人對於真實存有的渴望，對於存有之道的探索，對於生命意義的追求。換句話說，對於現代人而言，「存有者的存有」的問題變成了「存有的意義」的問題，「形器之道」的問題變成了「道的意義」的問題。正如同海德格在《存有與時間》一書的開頭就揭示的，當代人的形上問題，在於把「存有」變成了「存有的意義」。他說：

　　在吾人這個時代，對於我們所瞭解的「存有者」一詞的真正意義為何的問題，是否有一個答案呢？根本沒有。所以我們合此

應該重新提出存有的意義的問題。在今天我們是否仍然困惑於
無力了解「存有」一詞呢？一點也不。所以，我們首先必須喚
醒大家對於此一問題意義的瞭解。本書（按：即《存有與時間》
一書）主旨即在具體地擬就存有的意義的問題。吾人當前的臨
時目標在於把對於時間的詮釋當作任何對於存有的可能理解的
場域。⑤

　　當代人對於「存有」或「道」的探求變成了對於意義的探求。
當然，這並不遠離我們形上學的對象，因為仔細分析起來，對意義
的探求就顯示出追求意義的能力，也表示把所追求的意義當作自己
存在的完美所寄。人們遺忘了存有和大道，以為營營於日常生活，
鑽研於科技研究，便為已足，殊不知其日常生活經驗和科技研究中
正有意無意地表現出一種對於意義、對於真實存有的探索。以下我
們分就日常生活、人文研究、科技研究三方面來指點出現代人對於
存有和大道的追求：
　　（一）**日常生活中的意義探求**：按照現象學的分析，在日常
生活層面，人在先於概念之前，先於論證之前，亦即先於科學學術
活動之前，已有更原始的指向意義的活動。所以，日常生活看似平
庸，其實是在邁向組成一個有意義的生活世界。尤其是在吾人生活
裡面，有一些特別的經驗，無論積極的或消極的，常能給予我們極
大的震撼，使我們頓然脫離日常生活的平庸情境，而進入真純的存
在感受之中，體會真實之存有。
　　這種存在經驗，在積極方面，有存在心理學家馬斯洛
（Abraham Harold Maslow, 1908-1970）所謂「高峰經驗」（peak

---

⑤　Heidegger, Martin. *Sein und Zeit*, Tübingen: Max Niemeyer Verlag, 1972,
　　p.l.

experience）：例如成功得意的經驗、愛的經驗，這些提昇吾人存在感受於頂峰的經驗——即超昇的經驗。成功得意之時，真如提劍四顧，傲視群倫，好似自己此時真正肯定了自己存在的意義。在真正體會到愛之時，也會使我們感覺到唯有此時此刻，這愛的交融纔是真實的，與這相形之下，週遭的一切反倒變得虛幻而不實。在存在的充實感中，剎那頓成永恆。

在消極方面，則有存在哲學家雅斯培（Karl Jaspers, 1883-1969）所謂的「界限經驗」：例如生病、罪惡、痛苦、死亡等等經驗。生病使我們感受生理上的無能為力，罪惡使我們感到道德上的軟弱，由兩者所生的痛苦，使我們午夜驚起，追問生命的意義究竟何在？最後，死亡更宣布了生命的有限與無奈。這些界限經驗，常使我們覺得此生茫然，週遭世界頓為虛幻。而此種茫然與虛幻之感，實來自人內心對真實存有的更強烈的追求，在生理、道德、生命諸界限對照之下而有的感受。

基本上，這種界限經驗就是一種宗教經驗，人在其中感到自己的有限與無奈，同時又有一超越之感油然興起，指向一無限的存在領域。這點顯示任何對超越界的討論或對神存在的證明，皆須立基於人內在對於界限和超越的實存經驗，由內在轉超越，由隱態轉顯態，才能進而盡心知性，對越在天。由此可見，任何本性神學的思考，對現代人而言，必須以人的實存經驗為主，以理性的推理（例如依據因果關係之推理）為輔。⑥

（二）**人文科學所指出的意義活動**：當代人文科學的顯學：心理分析、語言學和社會學，也都分別指出了現代人在心理、語言和社會活動上所顯示出來的意義追求。

---

⑥ 更詳細的討論參見沈清松，《解除世界魔咒》，第五章，〈科技時代的宗教與終極信仰〉，臺北：時報出版公司，民國七十三年，頁135-168。

首先，在心理分析裡面，佛洛依德（Sigmund Freud, 1856-1939）指出：在吾人意識層面合理的思考並非最原始的意義活動。指揮吾人意識層面活動者，是潛意識中的欲望（desire）。潛意識是吾人更原始的指向意識之活動。當今對佛氏學說重做詮釋的法國學者拉崗（Jacques Lacan, 1901-1981）嘗說：「潛意識的結構有如語言」。「欲望是別人的語言」。正如同語言的「指意」（signification）是由「能指」（signifiant）與「所指」（signifié）構成，同樣，潛意識中的欲望亦為最原始的指意活動，指向別人、別物。欲望如同語言，但卻是別人、別物的語言，有如別人、別物在我之內說話，因為欲望的動力是指向別人或別物，只有在別人、別物中始得以滿足。欲望乃在吾人生命基層中最原始的追求意義的活動。如果此一基本活動不獲滿足，便會不經意識的控制，而直接表現為肉體上的病徵或言語上的失語症。身體病徵或失語現象可以說是一種符號，代表了內在追尋意義的能力受到困擾的狀態。

其次，語言學指出：語言的指意是由「能指」和「所指」構成的。符號是「能指」，而其所指的事物的概念則是「所指」。符號的意義不在它自己，而在其所指。其次，語言是具有內在的關聯性的，符號與符號之間由於這內在關聯性而組成了一個系統。語言的系統性告訴我們意義是以某種內在結構組織而成的。無論吾人意識到或沒有意識到，語言的意義都是有結構可循的。非但如此，語言的意義並非與音調、字跡等物質面全然無關的精神產物。因為所指與能指正如一張紙的兩面，不可分割，亦不可能分割此一面時不切割及另一面。語言的意義和表達它們的語調、字跡密不可分，這使我們對於心物之關係重新估量。

最後，社會學的發展，亦指出在人的社會層面，人與人之間能意識得到的社會關係，往往預設了許多未意識得到的結構，例如科

技、經濟、權力關係，甚至意識型態等等。此外，它亦逐漸注意到意義與價值的問題，而批判所謂的「工具理性」，認為工具理性所發展出來的科學型態至多只能供給我們有關事實與技術上的與件，以便我們有所決定，至於決定本身是科學以外的事。在今天，如何解決意義的問題，並連接意義與現實，是社會科學的急務。

（三）**自然科學與技術中的意義探索**：在科學與技術裡面亦包含了對存有的一種計劃：要用人能夠確定和組控的表象（representations）來控制真實存有的顯現。科技世界的不斷擴展，象徵著純理（Logos）的勝利流行，而且，科技實質上為一種行動，無論科學或技術皆越來越側重運作面，以達到解釋世界並改造世界的目的。

正如我在《解除世界魔咒》一書中已經解析過的，[7]科學研究包含兩個方面：一方面是理論命題體系的建立，必須力求嚴格性與發展性；另一方面要有系統的實驗來驗證這些理論命題。此即要求理論與事實能相符應，而且理論必須嚴格地組成並逐層提高。首先，驗證的程序假設了一種符應的真理觀（correspondence theory of truth）。符應的真理觀假定了一種表象的形上學，認為理論與觀念是實在界的表象。我們曾解釋過，「表象」兼含有外交意義的「代表」與戲劇意義的「表演」之意。就「代表」意言，科學家用科學理論來代表實在界、自然界發言與行動，並且這種代表方式，又會反過來使科學理論影響自然界、實在界。其次。就「表演」意言，科學理論也是用一種縮影的方式，盡力設法忠實地表演自然事件彼此的關聯性和連續性。科學理論之所以需要驗證，是因為我們必須檢查這個代表、這個表演是否合乎經驗中的事實。

---

[7] 沈清松，《解除世界魔咒》，頁 30-36、157-159。

其次，理論的嚴格推演和逐層提高則假定了一種統攝的真理觀（integration theory of truth）：科學理論已經對吾人散漫無秩的知覺做了一種排列和統攝，而且，由於統攝知覺內容而得的初級理論命題還可以再經轉換、形式化、綱領化、普遍化、系統化等運作程序，再納入更高的命題，予以更高的統攝。這種統攝活動的不斷進行，就顯示出科技從行動的角度對於存有的看法和計劃。實際上，在檢驗理論命題時，我們無法用一個具體的知覺來檢驗一個抽象命題，因為理論命題太抽象，而知覺內容太具體，無從對應。在實際科學運作上，我們並非直接用知覺內容來驗證理論命題，卻是用邏輯運作從較高級理論命題導衍出較次級的命題，再用詮釋的運作，以有知覺內容對應的語詞來詮釋此一次級命題。所以，科學的程序其實都是理論的進展，也就是一種統攝活動的進展。

按此，我們可以說在科技研究裡面包含了一種對於存有的看法；不要讓存有顯示其原始的本然面貌，任其以豐富的衝力把我們帶離這科技的確定性之外，帶到生命奧妙的運動中，任深刻的韻律將吾人帶走，卻要用越來越精密的理論體系，來代表、來表演存有的顯現。唯有在理論的控制之下，存有纔能穩定地、真實地顯現。透過理論的建構和發展，使純理（logos）得在自然（physis）中光榮獲勝。唯有純理的顯現，纔是科技中所追求的真純的存有或道。

## 三、結語

從以上對於現代人的日常生活經驗，以及在人文科學所指出的，或自然科技所實現的當代人追求意義的型態，我們可以說當代人仍然在追求道和存有，只不過把對道和存有的追求當做是對於真實的存有、或意義來追求罷了。並且，當代人對於意義的追求具有一種特殊的吊詭性：一方面在日常生活中，在心理分析中，我們看到當代人追求更原始、更真純的意義；另一方面，當代人又在科技

中要對意義的獲得作故意的計畫，要把意義的顯現（即存有或道的顯現）納入有步驟的管制程序。另一個更大的吊詭是：當代人在此世、在時間中追求存有的顯現，但同時在此時、在時間中顯現的一切卻又不能滿足他的意義追求。如何把學術與生命連接起來，把存有與時間連接起來，把原始的意義與科學的計劃連接起來，這是當代形上學的特別任務。若要達成這個任務，一方面要深切體會存有和道的本然韻律，另一方面也要掌握當代人精神的特性，尤其現代人在科技和日常生活中的意義探尋，如此纔能為新時代的文化，奠定一個穩當的基礎。

第三章

# 形上學的方法

## 一、形上學方法的三個層面

概略說來，形上學研究的對象既然是一般全體或特殊領域的存有者的存有，那麼，形上學所使用的方法，亦應符合其研究對象的特性。亞里斯多德早就指出：一個科學的方法，應視其研究對象而定。我們亦願意指出如何依研究對象的特性來擬定一個研究形上學的方法。首先，一切存有者裡面既然都含有活潑生動、實現完美的存有，或者依中國哲學言，在一切萬物中皆有生生不息之道，則存有既是最普遍的、又是最具體的，那麼形上學的方法就應能使吾人藉以達到這最普遍、最具體的存有或道。其次，對於存有或道的把握，並非一勞永逸的，卻必須隨時在時間中努力奮進，在心靈進步的歷程中，使存有或道的顯現，越來越豐富，越來越深刻，所以，形上學的方法就應該是發展性的。誠如黑格爾所言，概念貴在能自行發展，吾人的思想若要能達到概念自行發展的境地，除了要能把握概念之普遍性，還須有自我意識。若能有自我意識地把握普遍概念，思想就能自行發展，以至達到既普遍又具體的精神至境。為此，黑格爾認為若要成為一個道地的哲學家，首先必須要能反省自己的意識成長的規律（黑氏在《精神現象學》一書中鋪陳人如何由感覺、意識、自我意識、到理性的成長發展歷程），進而應能擴張己心，瞭解整個歷史的辯證法則（黑氏在《歷史哲學講演錄》和《哲學史講演錄》中闡述之），最後尚須用系統的方法予以張舉（此即黑氏在《哲學百科全書》中所陳列之系統）。我們可以把黑格爾所言中的真理成分，轉換為吾人的形上學方法，而摒棄其中過時或誇張的形上假定。因此，按照吾人的意見，形上學的方法應該有經驗的、歷史的和系統的三個層次。

（一）首先，形上學應該使用經驗的方法，把握在吾人經驗中呈現的各種存有者（或形器）的形態和能力，以及自我成長的規律和動力，總之，把握經驗的結構與動力。經驗並不限制在主體的心

理或思想過程，卻是主體和客體在辯證中求成長的歷程。按照主體所在的心靈境界之不同，客體便會呈現不同的面貌，此時主體若進一步對之加以反省，便會改變客體呈現的面貌，更令主體進入更高的心靈境界。此一真理，吾人在西方大哲如柏拉圖、黑格爾，東方哲學如佛家哲學、道家哲學中皆可尋索出痕跡。

（二）**其次**，經驗依如此成長發展，以至擴充至自然與社會，連接古往今來，於是構成歷史。所以，形上學亦應該使用歷史的方法，因為存有或道是透過時間來顯示的，尤其是透過在時間中顯真發理的思想，所以我們必須要能把握歷史的進展規則和動力，尤其是明白思想在歷史中的進展所透顯的意義。

（三）**最後**，形上學應該使用系統的方法，蓋每一時代之人皆應盡最大的努力，把每一經驗中所呈現的最普遍的觀念，提呈出來，並把足以統攝這時代全體經驗的各個普遍概念，組織成為一個相互依存、圓融一貫的整體，一如懷德海所言的範疇總綱。

從經驗的方法、經歷史的方法到系統的方法，三個層次皆由一個更具體、更普遍的「對比方法」來貫穿。本人在《現代哲學論衡》一書中曾用對比方法來處理現代西洋哲學、中西哲學關係，以及中國當代哲學，在此茲不贅言。簡言之，所謂「對比」（contrast）是指同與異、配合與分歧、採取距離與共同隸屬之間的交互運作，使得處在這種關係的種種因素，相互敦促，而得以一起出現於同一個現象場，並隸屬於同一個演進規律。對比之所以能貫穿經驗、歷史和系統三層方法，是因為：首先，對比正是經驗的結構和動力；其次，由經驗伸展而成的歷史，其連續性與斷裂性，傳承與創造，亦是包含了一種對比的結構和一種對比的動力；最後，系統的形成，是因為每一個構成分子彼此皆處在一種同與異、配合與分歧、距離與共屬的對比情境。透過對比方法，使我們能由經驗轉進於歷史，由歷史轉進於系統。

## （一）經驗的方法

　　形上學既然是要從經驗開始，自然就需用經驗的方法對經驗做歸納與演繹，以便明白在我們日常生活中、或在科學中（自然科學和人文科學）所呈現出來的存有者的基本動力和結構。此處所謂歸納法和演繹法，並非科學方法義的操作步驟，而是存有學義的由存有者到存有或由存有到存有者的認識步驟。首先，形上學在經驗層面必須用歸納法。因為我們對於存有的認識，有一方面亦是從感性的直覺開始，逐步抽象的結果，此正是聖多瑪斯所言：「在理智中者無一不是先在感覺中者」的原意。所以，要建立一套平正廣實的形上學，必須從日常生活開始，經過自然與人文科學，歸納地逐步高昇，直至宗教經驗之領域，探索在其中所呈現的存有者的存有。其次，形上學的方法不能僅只是歸納的，因為存有若不先在吾心朗現，則單憑歸納法亦不足以達到存有的可理解性。一旦存有能由於經驗的機緣在吾心呈透其可理解性之後，便不自限於感覺材料，反而，從此以後感覺材料必須演繹式地從存有來獲取可理解性。我們可以說形上學的歸納和演繹是交互辯證的，這種辯證正是經驗成長的憑藉。

　　歸納與演繹的辯證，正是現象（phenomenon）與理論（theory）的辯證。經驗的構成與成長，正是現象和理論交互運作的結果，而這種辯證過程是由對比所推動的。關於這點，我們不擬在此詳述。在此我們可以簡單地說，經驗的構成初期乃由於植於吾心的初期理論，與在吾人感覺經驗中呈現之現象對比地綜合的結果。首先，在經驗發生的一剎，現象的各種因素是以「同質或異質」、「配合與分歧」等關係來組織──即呈現一種「對比」的結構。其次，現象之結構又與主體的原初計劃──即所謂初級理論，形成對比。初級理論引導主體朝向某一方面的現象開放，但在覺查到現象因素彼此的對比之後，主體亦覺察到此一對比結構與自己的初級理論之間的

相配或分歧。於是主體便可以進一步根據這對比的情境來構設一個新的理論或一個更高級的理論，以便對應新現象的出現，或闡明理論的結構，使自己的理論內在更形融貫。提出理論、呈現現象、改良理論以便面對更多新現象、並使理論內在更形一致，這樣一步一步地，理論逐級提高，現象越形豐富，經驗乃逐漸擴大深入。這一個歷程的持續和推展，便構成一個探索、研究的生命過程。[1]

　　形上學的歸納法所從事的，便是不斷讓現象的結構以更豐富的方式呈現在吾人的經驗中，所謂更豐富的方式就是參與對比的構成分子越來越繁多，形成一個爭妍鬥豔的局面。但徒有歸納法不能令吾人把握現象的結構的可理解性，必須在吾人心中有各種層次的理論來做為指針，吾人始能重新組構現象。形上學的演繹法，就是在於一方面用理論來解釋現象，另一方面亦用現象來詮釋理論。形上學的演繹法的另一功用，即在推動理論的動力（dynamics of theories）：一方面把各種同級理論彼此之間組織起來，另一方面亦把次級理論與高級理論彼此融貫地連結起來。

　　簡言之，歸納與演繹的互相運作，推動了經驗的進展，使吾人由於現象與理論，理論與理論之間的對比，逐階漸進地超越，以求達到能用最富包容性、最融貫一致的理論來綜攝並操作最繁富的現象。至於經驗的完成則在於用創作或實踐的行動，來把理論發表為作品（文字、藝術作品或倫理行為……等）。經驗在作品內接受了最後的限定，並且預備嶄新的進展。因此，作品同時是經驗實現的證明，亦為經驗得以轉換的契機。由於現象與理論，理論與實踐之交互辯證，人的經驗便不斷地擴大延展，在歷史上留下痕跡，成為歷史的構成因素，並可以進而同情於自然和歷史，而為此心此理之

----

[1] 關於本人之對比觀，詳見沈清松，《現代哲學論衡》，臺北：黎明公司，民國七十四年，尤其頁 1-28。

擴大。至此，經驗的方法便帶領吾人進入歷史的方法，甚至進入系統的方法。

## （二）歷史的方法：詢問與超越

　　人類的經驗，由於在理論面層層提高，在經驗面愈形豐富，理論與經驗交互提昇，於是便不斷擴大，而在時間的推移前進中，構成了歷史。歷史是個人、團體、甚至人類全體成長的歷程。個人的主體性和團體的共同主體性都是在時間中，透過理論與經驗辯證提昇的過程，逐步形成的。人必須對於這個歷史歷程加以反省，纔能知道自己成長的過程的「真象」。

　　但是，人若要反省自己成長的過程，就必須對自己的歷史提出詢問。人在詢問的時候，問題裡面已經蘊含了相當的知識。如果沒有隱含之知，我們人是不可能提出問題的。正如柏拉圖在《美諾篇》（*Meno*）中，透過辯士美諾（Meno），所說出來的：「如果你根本不知道你所找尋的為何物，你如何會去尋找它呢？你怎能把你不知道的東西當作你尋找的對象呢？換句話來說，假若你且暮遇之，你怎能知道你所找到的正是你以前所不知道的呢？」[②]在問題裡面已經含有隱然之知（implicit knowledge）；而詢問的功能，就在於透過一個探求的過程，轉化隱然之知為顯然之知（explicit knowledge）。反省的功能，就是對於已在時間中由經驗的累積和創進構成的歷史，加以詢問，使其中所含的隱然之知轉為顯然之知，使其中原先只是生活過的真理，化為有明確論題的真理。

　　為什麼人能夠在反省中，透過詢問法把自己經驗形成的歷史中所含的真理明顯化呢？最主要的理由是由於人在有任何經驗之時，同時便隱然地知道自己有此經驗。知道自己有某一經驗，此種「知

---

② Plato. *Meno*, 80 e.

道」，比原來經驗中之所知，要更為深刻。例如，當我有某一感覺經驗時（看到桌上的一本書），我同時亦知道我有此一感覺經驗（我同時知道我看到桌上的一本書）。可見，我們每一種經驗同時都隱含了另一個更深刻的經驗，而且，後者隱然地認識在前者中所含之真理，同時超越了前者。

人應該常用反省來探尋自己的主體性或團體的共同主體性形成的歷程，並且在已形成的歷程中，尋找真理顯現的脈絡。不過，人在如此反省之時，常會發現自己的主體或團體的共同主體並不是一成不變的實體，而是在個人或團體的經驗的累積和創造的歷程中，逐漸形成的。而且主體的形成並非一勞永逸的事，卻是尚在不斷地形成之中。所以，每一個現在之我都超越了先前的我，每一未來之我皆超越了現在之我，我是一個不斷超越的我。昨日之我譬如昨日死，今日之我譬如今日生。而且，今日之我又成為明日更理想之我實現的過渡。過去是現在之潛能，而現在又含有未來更理想之實現的潛能。亞里斯多德所提出來的潛能與現實交互運作的原理，本來只用來解釋自然界運動變化的現象，但卻可以擴而張之，成為整個歷史發展的律則。在歷史的反省中，這個律則就顯示出我的主體或團體的共同主體成長的規律。存有的韻律似乎在歷史反省中變得最為明顯而且生動。存有（或道）的豐富性和邁向完美實現的動力，在人的歷史反省中變得更為明朗。換句話說，透過對於存有者在歷史中的成長發展加以反省，更可以進而把握存有者的存有（器中之道）顯現的真象。由此說來，存有的顯現是歷史性的。

不過，我們若進一步反省歷史的構成和動力，便可以發現歷史是由對比的結構所構成，並由對比的動力所推動。就對比的結構而言，歷史是由多元因素的對比所構成：不同的個人的對比，不同的社會團體的對比，不同的思想潮流的對比，不同的文化的對比……等等。我們可以在歷史的各種構成因素中發現其中有類似的因素，

亦有差異的因素。所以,歷史是由對比的結構所構成的。其次,就對比的動力而言,歷史事件在時間中出現、發展,有其承接的一面,亦有其創新的一面。歷史的承接顯示在各時代中所表現出來的重複因素,而使吾人得以辨認歷史發展的穩定面。但是,歷史的創新則顯示在新時代與舊傳統之間的斷裂性。不同時代彼此的斷裂和其中所含的緊張度,顯示在各種彼此不同的差異傾向,這些差異傾向便彰顯歷史的豐富內涵。

因此,我們可以用對比的方法來觀察歷史。從時間上的差距來說,我們可以把同一時代的不同思想家拿來對比,一方面可以勾劃出他們所共同隸屬的同一時代的經驗典範;另一方面也可以顯示他們彼此不同的思想創造力。此外,我們亦可以把不同時代的思想家或思想系統拿來對比,便可以看出彼此之間的相同點和差異點。相同的地方便指出了所涉及的思想觀念對於人類十分重要,所以會經常在人類歷史上出現,或者,由於這些思想觀念尚未獲得充分實現,因此必須在人類思想史上一而再、再而三地出現,以求得更圓滿的實現。至於差異的地方,便指出存有或道在不同時代中展現的不同面貌,甚至不同時代的不同經驗典範。

從文化上的差異而言,不同文化裡面所產生的相互差異的思想潮流,正顯示出其間不同的文化理趣;但在差異中透露的共同點,就顯示出它們共同隸屬於存有或道的普遍性。如果我們拿同一個文化中的不同思想趨勢來予以對比,亦可以從思想的差異中看出不同的創造的可能性,並由其所共同隸屬的相同點裡面顯示出此一文化傳統的特殊理趣。

在人類歷史中,最值得研究的是思想史。因為思想顯出人的本質特殊點。但在思想史中最可貴的是哲學思想史,因為哲學思想乃其它一切政治、經濟、科技思想的核心。最後,在哲學思想中最基本的是形上思想。因為形上思想是一切哲學思想的最後預設和歸

趨。所以，在研究形上學之時，一個最重要的方法便是用對比方法
澄清形上思想的發展史。存有（或道）透過歷史來彰顯，更透過在
歷史中，談論存有（或道）的言語來顯示。形上思想史便是談論存
有或談論道的言語在歷史中的發展，我們透過對比方法來閱讀形上
思想發展史，由其中的差異與相同，距離與共屬，更能顯示出存有
彰示的結構與動力。

## （三）系統的方法

　　形上學研究存有、或道，不但要用歷史法在歷史中、尤其在形
上思想史中研究存有和道的彰顯，而且要用系統法，來研究在當代
人的經驗和學術中所含藏的最基本的觀念系統。

　　存有（道）的顯現不但是歷史性的、有其貫時（diachronic）
的一面，而且是系統性的，有其共時性（synchronic）的一面。存
有顯現為語言，亦如同語言一般，會在時間中發展變化，並且語言
的每一個要素，都隨著語法而組成一個緊密的系統。形上學在系統
面的追求，就是要設法鋪陳出在當代日常生活、科技研究、文化創
造各個層面所顯示出來的共同語法結構，或促使當代生活與心靈連
結為一個體系的共同典範。這個當代人的形上語法，或當代人的經
驗典範，就如懷德海所言，是一個「融貫的、邏輯的、必然的普遍
觀念系統」，並且可以「詮釋吾人經驗的任一成分」。[3]

　　在系統面中，我們必須建構一個有機的觀念體系，其中每個觀
念皆是彼此相待，密切相合的。我們應從最根本的層次，來張舉含
在當代人的生活和思想中最普遍的觀念體系，並指出其間息息相關
的關係。我們也要在當代人最重視的幾個問題：例如語言、意義、

---

[3] Whitehead, Alfred North. *Process and Reality*. New York: The Free Press, 1978, p.3.

行動、實踐、價值⋯⋯等等裡面,指出存有或道顯現的契機。因此,在存有學方面,我們必須討論存有、存有與存有者的關係、存有與虛無、存有與價值、存有與行動⋯⋯等系統性問題。在自然哲學方面,必須討論自然觀、自然與物質、自然律、因果關係、時間與空間⋯⋯等系統性問題。在人類哲學方面,必須討論人觀、心靈與身體、自由與決定⋯⋯等系統性問題。在本性神學方面,必須討論神觀、神的存在論證、神的本性⋯⋯等系統性問題。

　　以上所談論的形上學方法,亦決定了吾人的寫法。我們把以下的討論大致分為兩個部分:首先我們必須交代歷史部分,鋪陳形上思想發展史;其次纔交代系統部分,融合中西,並指出形上思想與當代其它重要問題的系統關聯。在歷史部分裡面,由於形上學做為一門學科而言,是在西方哲學史中發展起來的,所以我必須先寫作西方形上思想發展中的幾個重要階段:希臘上古時期,我們只以亞里斯多德為代表;中古時期我們以聖多瑪斯為代表;近代雖由笛卡爾(René Descartes, 1596-1650)發其端,但卻由康德總其成,所以我們主要討論康德思想在形上學發展史中的含意,再進而討論黑格爾;在當代思想中,我們主要選擇了海德格和懷德海。在歷史部分論述完畢,我們才會更進一步討論系統部分。由於篇幅和研究的程度,本書無法論述系統部分,希望最近的將來,能針對形上學的體系,另出專著。

## 二、下學上達的歷程

　　吾人認為,任何方法的運作皆隱含了吾人主體性之參與。此一事實,使吾人重新界定所謂「方法」的意義:方法不僅是一種有效的操作步驟,而且是引導吾人自我實現,體現存有的途徑。所以,形上學的方法,不但是吾人處理問題,組織文字時所採取的步驟,而且也要能引領我們下學上達,由諸存有者出發,達到存有的開顯。

　　前文談到，形上學研究存有者的存有。吾人亦嘗指出，存有雖與我們十分親近——道不遠人——甚至可以說極其平易近人，但若從難處看來，也是高不可攀，非博學深思，難以窺其堂奧。形上學這種看易實難的兩面性格，造成了人由存有者溯原存有，下學上達的路途，充滿許多難題。這類困難在形上學這學科首次在西方哲學史上提出之時，便已顯示出來。為此，亞里斯多德在其《形上學》第四書提出此一空前未有的新學科，指出其研究對象為存有者本身及其屬性，並論「存有者」一詞的多義性，指出形上學方法為類比法。在這相當可觀的成就之後，亞氏便無法百尺竿頭，更進一步，討論存有本身，反而落到對於實體的討論上，尤其是第一實體——神的實體，以神性實體的完美做為一切自然運動變化現象的目的因。由此看來，亞氏在實體存有者的討論上佔去太多篇幅，無法進而辨視存有者與存有之間的差異，並藉此存有學差異之探索而進人存有的堂奧。這點直到聖多瑪斯，始獲積極的、系統的強調。所謂存有學差異也將成為本書的重要問題。但是亞里斯多德形上學的難題，也正是研究形上學時典型的難題：吾人日日拘泥於形器世界，時時限囿於日常生活的平庸情境，徘徊於諸多學術的割裂狀態，實難洞視這些生活情境與學術分工所展現的存有的創造活動，所企求的存有的滿盈與美好。

　　柏拉圖最瞭解形器世界所造成的困境。他曾以曠世的哲學智慧，高瞻遠矚，洞察事物的本質，並認為本質才是真實的存有。但是從日常情境到真實存有之展現，必須經過一條心路歷程。在《理想國》（The Republic）第六書末，他嘗分此歷程為四個段落：幻覺所對應的是幻象；信念所對應的是感覺世界；悟性所對應的是數學；最後，清明的理性所對應的則是真實的存有——即理相。理相對於已達清明理性境界的人，極為明顯。所謂明顯（e-vidence, Aussehen）即「站立出來而看清」之意，即在經歷前三段路程之後，站

立出來，突顯事物的真實存有。可見，真實存有的展現，是在經歷了一番歷程以後始有之境，而在這歷程上，主體依所達到境界之不同（幻覺→信念→悟性→理性）就對應而展現不同的對象（幻像→感覺世界→數學→觀念）。對於柏拉圖而言，存有學與知識學是統一的、相互呼應的。人就在不同境界與不同對象相互對應，不斷上昇的歷程中，逐漸展現真實的存有——觀念。理相既為真實的存有，在柏拉圖哲學中，意即以理相為存有者的存有。④

在《理想國》第七書中，柏拉圖便用洞穴的比喻來講解由形下上昇到形上，或由形上返回形下的困難及其歷程。人自生來就被囚在形器世界之中，好似被拘於一洞穴之中，身受鎖鍊，無法轉移視線，只能固定地觀看由身後火光照在身前牆上的物影。但如果有人能掙脫鎖鍊之縛，回頭看見火光，甚至看見由洞口射進來的陽光，甚或有人以強力提攜他到洞口，浸潤於太陽光之下，雖然先會經歷一陣子陽光刺眼的痛苦，但終究在習慣之後，能在太陽光照射之下看見萬物的真相。太陽光象徵真理。正如同在感覺世界，「太陽」光的照射使吾人得以看見自然界之物，同樣，依類比來看，在理解界，「至善」的真理之光使吾人明觀存有者的存有——對柏拉圖而言即理相。但是，要通過這歷程是十分困難的，必須自行努力，或憑藉外力，也須歷經種種痛苦，更要能調適心靈，使適合新境界中新對象的展現。尤有進者，如果在睹現萬物的本來面目之後，即明觀存有者的存有之後，慈悲之心油然而起，思及在囚洞中的夥伴，欲下去拯救他們，反倒會不習慣洞中的黑暗，無力辨視牆上的影子，對此影像之知識恐怕比不上其他夥伴，若更要以強力助夥伴掙脫其鎖鍊，提攜往邁向洞口之台階，使其一見天日，此種干擾恐會

---

④ Plato. *Republic*, 509 d-511 e.

不受歡迎，甚至引起公憤。其原有夥伴恐將群起攻之，欲置之死地而後快了。⑤

　　以上這個洞穴比喻有許多含意，我們不詳加探討，只藉以指出由形下到形上，或再由形上到形下，雙重境界轉換之間的困難。當代大哲海德格曾在所著《柏拉圖論真理》（*Platons Lehre von der Wahrheit*）指出，此段文字雖涉及人的境遇與教育之本質，其實是涉及了對真理的看法。海德格以為，在先蘇時期，真理即存有的開顯（$\alpha\text{-}\lambda\eta\theta\epsilon\iota\alpha$）。但到柏拉圖，認為理相纔是存有者之存有，而理相是一種既精確又明顯的表象（representation），所以，真理由存有之開顯變成了知覺與語言的精確性和明顯性。無怪乎後世更進而以真理為語言的邏輯結構之特性之一，科學（或知識）即為全體真的命題之總稱，而人的教育即在接受並發展科學（知識）。形上學則為全體知識奠基並為其最後綜合。海德格認為此即人文主義（humanism）形成的要諦。人以自己為一切存有者之核心，在人內又以理性為核心。知識乃理性之產物，又為其憑藉。於是，原先一任存有自由展現，體察存有開顯的微妙，卻越來越窄化為知識的建立，而教育則成為知識的陶成了。⑥這種說法的思想脈絡我們在後來專論海德格時再詳述。⑦在此處我們暫且不談柏拉圖以理相為存有者之存有，此種說法有何功過。只是，我們從柏拉圖的比喻中，可以看出兩層困難：（一）受困於形下界，無法回轉頭來，更無法舉目向上，於是闇於形上界的光明，無法窮盡下學上達的工夫，步步攀登，以至顯現存有者的存有。（二）遊心於形上的玄想，卻不

---

⑤　Plato. *Republic*, 514 a-518 e.

⑥　Heidegger, Martin. *Platons Lehre von der Wahrheit, in Wegmarken.*, Frankfurt am Main: Vittorio Klostermann, 1978, pp. 201-236.

⑦　參見本書第十章。

能具體化其知識與行動，更不能合眾隨俗，不知如何教育、提昇在形器世界中的廣大同胞。

在今天社會與文化的處境中，我們須做以下雙重的肯定：一方面，我們肯定社會需要哲學，因為我們的日常生活、科技世界，皆需要點化、超昇到更高度的文化理想中，不可再封閉於一種生活型態、一個學術門戶。雖想不為一曲之士，求能更上層樓，但這其中卻有由惰性與固蔽帶來的困難，以致不知循器返道。另一方面，哲學家亦須能參與社會，不能再封閉在玄之又玄的象牙之塔，不知如何返回平實的世間，去進行教育大眾，提高學術，帶動文化的工作，這裡又有耽於道論，不知具體之困難。總之，道與器之疏離，存有與存有者之疏離，乃文化危機最根本處。文化危機之疏導與轉化，必須能上下迴向，兩相充實，始得調適發展。人之職責，乃在為存有與存有者、道與器之媒介，並不在建立一封閉之人文世界，卻應謙沖為道的過路，令存有彰顯。唯道得宏之時，始為人性完成之日。儒家常言，人人皆可以為堯舜，然而聖人之道，仍是造端於夫婦。佛學上常說，凡人皆有佛性，但亦需從凡夫而起，逐境穿透解悟，直到證得實智，體悟實相非相；臻此之後，發大慈悲心，懷方便智，入世俗間，隨機點撥。形上學的真義即在指陳人一方面需能下學上達，另一方面還需落實高明。

## 三、兩個極端的態度

我們必須進而探討兩個極端的態度：一方面是蔽於形器世界，僅求日常生活之順遂，求科技的發達，而對於形上之事，不聞不問。另一方面，則只重視默思存有的開顯，無法開出一套方法程序，求所以提昇科技與文化。

**第一個極端：**認為我們在日常生活中最令吾人心儀的是科技世界，因為科技纔真正可以供給我們在知識上和行動上的滿足：科

學理論供給吾人對於生活環境中的一切自然與社會現象以嚴格有據的解釋，並供給我們能把自然與人事有效率地納入掌握的行動模式。於是，進而以為唯有科技提供吾人幸福（幸福在此被定義為舒適的生活），此外無需追求什麼道、什麼存有的無稽之談。在科技中最主要的是一套理論語言系統，它必須要能涵蓋所研究的範圍的各種事態的可能性，並且以內在一致的方式構作這些可能性彼此的連絡關係。其次，要有一套經驗的控制辦法，使這理論系統能在確定的、實際的經驗事例中，獲得證驗。驗證的主要憑藉就是知覺內容，例如以實驗室中顯微鏡下呈現的現象為證。科學理論的嚴謹加上經驗的印證，這便是吾人能知的世界，不需在此以外探問任何存有的問題，徒增困擾。由理論系統與經驗範圍的相應而設計出來的運作性的模式，便是吾人行動的依據。此外不需再做其他徒勞無功的行動，科技提供了滿足人類需要的各種工具與環境，此即人間天國，無需更假外求。

　　以上這種看法，十分普遍。對於科技世界的哲學思索，歷代有之。例如在牛頓古典物理學時代，有古典經驗主義；在今日，則有邏輯實證論及其衍生學說。這些理論派別亦隱含了許多問題，無法適當地指出科學理論與實踐的內在與外在動力。蓋科技有其內在規律，亦有其外在規律，片面之觀無法使之導向發展。吾人單就形上學來說：上述這個極端的看法也已經包含了一種對於存有者的存有的見解。其次，科技究竟能否滿足人心所求，畢竟還是問題。就哲學人類學而言，人性結構不能滿足於此，所以自近代科學發展以來，人類便有一種基本的不安之感。這種不安也被近代的科學哲學家意識到了。

　　在這種看法裡面，我們一方面要求嚴格、動態地建構理論命題，另一方面又要求這些理論命題必須能用經驗內容來驗證。此即所謂理論與經驗的相符應，也就是以符應為真理（correspondence theory of truth）。但是，正如前章所言，符應的真理觀假定了理論是一種表象（representation）。所謂表象兼含外交上之代表，與戲劇上的表演之意。首先，科學家用科學理論代表存有者發言與行動，並且可以用科學理論來對存有界發生影響力。近代表象思維之發端，亦為代議政治之肇始，實有其相映之旨趣。其次，科學理論亦是以縮影的方式，盡力設法忠實地重複上演自然事件彼此的連續性。之所以需要驗證，是因為我們必須查驗這個代表與這個表演是否符合於經驗中的事實。進而言之，科學理論在代表、上演經驗中的事態之後，等於對散漫無秩的知覺做了一種統攝與排比。而且，這樣子獲得的初級理論命題還可以再納入高級的命題，予以更高的統攝。可見，理論的代表性、表演性，與統攝性不但是建構知識體系的一種方式，也是對存有的一個看法。其實，究竟我們能否用一具體的知覺內容來驗證一普遍抽象的理論呢？不。因為理論命題太普遍，而知覺內容太具體了，大小懸殊，無從對應。在實際的科學運作上，我們並非用知覺來驗證理論命題，而是把理論命題用邏輯的運作來導衍出較次級的命題，再用詮釋的運作，用有經驗（知覺）內涵的語詞來詮釋此次級命題。知覺本身已經是抽象的結果，因為它不考慮機體內在非意識性的運作與預備，抽離生命機體的基本運作，只取其在意識層面可用簡單的注意行動予以肯定或否定的表層性質。而科學研究程序中的知覺更是抽象的產物，因為我們在實驗室中往往要用極縝密的預備過程，亦即預備控制知覺產生的步驟，使知覺的結果能對次級理論命題發生詮釋的作用。在理論方面，任何理論命題除了需不斷向上納入更高的命題中做更高的統攝之外，亦需向下導衍出能被知覺內容詮釋的次級命題。[8]

---

[8] 沈清松，《現代哲學論衡》，頁 5-11。

　　可見在科學的進行程序中包含了一種對於存有的看法：不要
讓存有顯示出其本然面貌，任其以豐富的衝力把我們帶到生命奧妙
的運動之流中，任深刻的韻律將吾人帶走，卻要以表象世界的日愈
精密來代表、來上演存有的顯現，透過理論的建構與推移，使理性
（Logos）在自然（physis）中光榮獲勝。我們在科學中不要存有展
現的原始趣味，卻要把存有的顯現化為抽象知覺之片斷，而在每一
片斷中我們只要予以適當的注意，便可定其是或不是。存有之整體
於是如此割裂，代之以理論系統來予以重新組構。存有者之存有乃
化為純理的系統結構，求能自行穩定，自行調整，克服危機，重新
轉換。

　　至於這樣子的科技世界是否就能令人滿足呢？在近代科學，
由於牛頓物理學的大綜合，使得科技世界逐漸發展之時，便有洛克
起來奠定了古典經驗論。古典經驗論可以說是針對牛頓物理而設
的科學哲學。但在洛克所著《人類知性論》（*An Essay Concerning
Human Understanding*）第二書第廿一章用了很長的篇幅討論「焦
慮」、「不安」的概念。例如：

> 欲望即是一種不安的狀態，每個人若反省內心，便會立刻覺
> 察……生命本身，再有多少快樂，若焦慮不安持久不移的壓
> 力，亦為沉重難忍的負荷。[9]

　　洛克不愧是一位思想敏銳的大家，他在科技正開始昌明的時
代，就感受出科技時代人的不安與焦慮了。人追求幸福，但是科技
世界不但能滿足人部分的欲望，還會製造出許多新的欲望。一欲未

---

[9] Locke, John. *An Essay Concerning Human Understanding*. Oxford:
　　Oxford University Press, 1975, p.251 該項討論一直延續到 p.273.

足，新欲又起。人造科技世界，又反過來塑造人，但畢竟人性的結構不能滿足於此，卻常須存有自然而然的展現，始能撫慰心靈於顛盪之中。

科技世界就如人造花，雖然可以不斷改進製造技術，花樣隨時翻新，競其精巧豔麗，漫把人掩蓋其中，但人造花究竟是人造花，若得浮生之閒半日，人還是企求一朵自然的玫瑰，對他嫣然一笑。

總之，這第一個極端態度，就是封閉於科技世界裡面，拒絕探問形上問題，認為科技世界即人間幸福所寄。殊不知科技有其內在與外在規律，並含蘊、發展一種對於存有的看法。人心既不能以科技為滿足，而且科技的內在外在動力亦皆導引我們超越科技，則人應從科技世界開始，行下學上達的功夫，由形下而形上，用高超的文化理想來點化科技世界。

此外，**還有第二個極端**：只想任憑存有自顯於玄思之中，而忽略了對於存有者及其世界的參與。這種忽略使形上的思想開展不出一套安頓形器世界的方法學。海德格的晚期思想即是一例。海德格認為西方科技把整個世界帶到目前核子危機上頭，實可溯源到西方形上學的基本態度。所以他要提倡一種存有的思想，而超越形上學。消極上，這便是對於西方形上學的一種批判。海德格批判的大意是這樣的：西方形上學研究的是存有者的存有，而不是存有本身。形上學之目的不在於使那能自行彰顯的存有本身用自己的方式來彰顯，任存有自然顯現，卻是冀圖透過存有者最明顯最普遍的特徵──存有者性（beingness）──來思考如何綜合和組織全體學術。形上學在這種態度之下於是成為最基本的學科，人用這門最基礎的學科來對一切存有者做最徹底的解釋，以求滿足理性動物本質的要求。於是，「存有」不再是用來稱呼那能自彰自顯的動力，卻是用來做為組織命題的繫詞。理則（Logos）本為「在交談中顯現存有」的韻律，卻被狹窄化為純屬語言結構──即命題結構──的

正確性的規則。而且在命題內，作為繫詞的存有皆具有時態。此即表示，存有窄化為命題中之繫詞，必採取時式而呈現，人若只重視命題之結構與正確性，便是只重視在現前呈現的，而忽略了那能透過現前而呈現的存有，此即存有的遺忘。因為遺忘存有，只想組織存有者，就構成科技世界的濫觴。爾後科技世界越演越烈，發生種種泯滅人性，競爭武器，破壞綠色地面，減少生物空間之現象，正把世界帶入危機。若為在根本上消除這種危機，必須積極上體察存有透過遺忘來展現之意，即遺忘即展現，而任生長者自生自長、任顯現者自顯自現。總之，就是在思想中體悟存有的顯現。消極上，則應一改形上學尋找存有者之存有，尋找學理上的徹底組織和實踐上的徹底控制之態度，從此返回存有本身。⑩

在海德格這種極端論調裡面固然有許多針砭西方時弊的確切論斷，但我們若從一個平衡、平實的態度看來，其中難免有矯枉過正之處。存有既然唯有透過時間來展露，也就是說，透過在時間中的存有者、及其彼此的關係、和由存有者與關係演變而成的歷史，纔能展露，那麼，若要掌握存有展露之機，就須得從存有者開始。如果我們說，存有必在時間中展現，就等於肯定存有只有透過遺忘來展現──把自己遺忘在時間中的存有者及其歷史──則若要即遺忘即展現，或佛家所謂「即煩惱即菩提」，以便返回存有本身，亦須先經歷存有者及其歷史。海德格提議超越研究「存有者之存有」的形上學，而返回使存有本身得以在靜悟中顯現之思想，用思想取代形上學，但這並非我們每一個人蹴然可及的深刻經驗。因為我們的日常生活天天面對的是由存有者所構成的形器世界，我們的思想泰半在面對科技中的緊急問題，甚或學術上的其它重要問題。至若在

---

⑩ 參閱 Heidegger, Martin. "Zur Seinsfrage," in *Wegmarken*., pp. 379-419.

靜默中體悟存有本身，雖不能說完全無之，但偶一有之，雖彌足珍貴，卻非恆態。每個人還是必須下學上達，由樸素之知、經學術訓練、至體悟真道。如果忽視存有者所在之形器世間，而只重視這彌足珍貴的一剎，則恐天地無所定位，終將連存有展現之機亦墮入幻覺矣！像這樣不重視方法學，而把科學的問題、知識論的問題消解在存有的思想之中，並非在解決問題，而是在取消問題。實際上，今日世界不但需要在靜思中體悟存有，而且更需要在體悟之後建構一套有深刻意義為基礎之方法學，始能面對現代人在心靈上和現實上的雙重需要。以下這些問題都迫切需要一套方法學：如果作品就是存有之展現，則當吾人了解某一藝術作品，某一道德行為，某一學術著作時，有何方法幫助吾人進入其中把握真義？有何標準幫助吾人仲裁對於這些作品的不同詮釋？如果自然科學、人文科學等乃存有在近代以來發出的訊息，吾人應如何去面對科技問題？吾人應如何肯定人文科學的方法和對象？如何在知識論上連貫自然科學和人文科學？尤其在這個時代最大的問題是各種意識型態彼此鬥爭：共產主義、資本主義……對於知識、社會、世界、歷史，都各自有一套詮釋，而且這些詮釋都彼此衝突，我們應該如何面對這些意識型態的衝突，如何予以仲裁？在這種意識型態衝突的時代中，存有又是如何開顯的呢？

總之，我們在面對以上兩種極端各自特殊的意義與特有的缺失之後，必須肯定，我們需要有一條下學上達的途徑，使我們一方面能不止限於下境，對於存有之開顯，不橫阻其來路；另一方面我們亦不可耽於道論，沉緬於形上思考，不知拯救現象世界，唯有下學上達，自存有者所在之形器世間起，經歷層層境界，而抵存有之境者，始能下來拯救諸存有者，甚至推動歷史的進展。

## 四、從形下到形上的大略步驟

　　既然存有的究極顯現，並非一蹴可幾，而且一般平常人都是生存在形器之間，所以，如何描述從這實際的經驗開始，一步步上昇，直至達到存有的步驟，是十分重要的。為了能一步步下學上達，就必須大略地明白這步驟的重要路段，以便能及時前進。何況，唯有逐層上昇的人始逐層下來拯救現象。我們可以大略地把這步驟分為形器層面，超越層面，存有層面。各主要層面當然又包含許多細節的等級，我們並不仔細討論，僅述其大要如下。

　　（一）**形器層面**：所謂形器層面，指的是存有者及其關係的層面：凡是現在實際在吾人現前或週遭，例如自然和社會的種種存在物及現象、在吾人經驗中呈現的種種「事態」（state of affairs），這些具體的存在物或現象都是存有者，連發生在這些存有者身上之事件（event）亦都是存有者。此外，每一存有者內在皆有一種形式結構：構成因素之關係位置、型態（morphology）等等；對外亦有與其它存有者彼此的位置排此關係；時間上，如事件之相隨或先後之影響；構成上，如某一存有者為另一更巨型之存有者的構成因素；動態上，例如在運動變化中由某一事態者變成另一事態。以上這些形式結構或關係可以說是一種形式上的存有者。無論是對於具體存在物、現象、事件，或者對於形式結構與關係的研究，便構成了各種實證科學和部分人文科學的研究對象與內容。

　　存有需透過存有者在時間中來彰顯其底蘊，明白地說，在這形器層面，存有就是透過：(1) 各種自然、社會中的存有者來彰顯；(2) 透過這些存有者的內在結構或彼此的關係來彰顯；(3) 透過人在各種科學裡面對於這些存有者，其結構與關係的描述和重建來彰顯。

　　（二）**超越層面**：對於前面形器層面的第三點，稍加反省，便會把我們帶到超越層面：人的思想作用或科學成就，在形器界的介

入，就點化了這形器世界。所以意識與心靈在自然歷史中的出現，實在是件大事。當然，偉大的精神成就在意識與心靈界的出現，更是一件大事，所以佛家常謂：「佛以一大事因緣來到世間。」實際上，人在自然界的歷史中出現，乃宇宙歷史一大事因緣，而科學史、甚至思想史在人類歷史中的介入，更是人類歷史上的大事因緣。人的科學掌握了形器世界之結構與關係，不但使人得以一嶄新的姿態介入宇宙的歷史，而且也使宇宙在自己的一個構成分子——人——身上反映出自己的面貌，如湖水之照映山色，水越深靜，清影越明，湖光山色，相互輝映。本來在自然界就有不斷創進之歷程，即不斷有新的現象、新的事件產生，而非舊現象、舊事件所能規定者。但吾人在科技上之成就，更能改變事態之進行，使由自然而然的生發變成有意義的控制與疏導，自然界即透過人的科技成果，變成有意義之超越過程。其次，人由於自己對自然和社會的結構與規律的了解，反過來也越了解人自己。時間之進行，並非直線之方式，而是越過去的事，越在將來會真象大白，即過去與未來不但可以重疊，甚至可以翻轉，而並現於當前的現在，亦即在現前呈現了對於過去的記憶和對於未來的洞識。歷史即此種創進不息、不斷擴大的歷程。總之，人對形器層面的認識，顯示了自然與社會亦在不斷超越，即不斷創進的歷程中；並且這種了解又促使人了解自己，而人對於自己的了解更促使人進一步去超越、創進。

　　由於自然中的創進與人性的不斷超越，兩相交織，不斷擴大，便形成了歷史。歷史乃自然與人事交互運作的場地，亦為此種交互運作在時間中流變而構成。時間是流動的、變化的、創進的，在時間裡面，自然的構成因素在時空上的結構與形態，不斷重新組合，而人事、社會的結構與內涵亦不斷更換、創造。歷史不只有時序變遷的一面，即所謂貫時性（diachronicity），而且有系統結構在一穩定時刻的並現，即所謂共時性（synchronicity）。歷史在每

一穩定之時刻,皆成就各種系統結構,而系統與系統相互對照,則變化生焉。前變貫連後變,乃構成古今。所以歷史是一個彼是相因,首尾連貫的系統生發過程。吾人若抉發其橫剖面與縱深面而予以深究之,皆有理路可尋,此即歷史理則(*Logos*)的昭顯。

（三）**存有學層面**：以上所言形器面、超越面,以及兩相交織的歷史,皆不斷擴大深入,而為存有獲彰顯之契機,道獲宏揚的憑藉。吾人若在形器面、超越面,在歷史創進過程中,隨時向存有與道開放,隨時體證存有與道開顯之來路,則頓入存有與道豐富的律動中。吾人在以上的路途中逐一超昇,便見存有和道是一切歷程的推動者。汲取存有的豐富並邁向存有的完美,但同時又不忘返回到歷史中,參與超越面、形器面的推動與建設。

吾人若能尋此大路,逐一參解,則終能把握存有者的存有,亦能由存有而返回存有者之形器世界。能由形下而臻形上,再由形上而返形下,擅此上下兩迴向,文化纔能深入,歷史纔有光輝。

第四章

# 今日研究形上學的困難與契機

## 一、前言

在今日的生活和思想環境之下，研究形上學實在是困難重重。雖然一個平實而且深入的形上學正是時代所需，但是人們對於形上學的不了解，顯而易見。大部分在日常生活中營求奔走之人，已不知哲學為何物，更遑論形上學。學術界的風氣，重視自然科技、經濟管理，而兩者皆越來越走向資訊化、控制化。科學家中除少數深識者除外，皆不知哲學的要旨。我國在民國十二年起發生的科學與人生觀論戰，形上學家更被科學擁護者譏為「玄學鬼」。在西方哲學史上，自近代哲學之父笛卡爾以降，知識論取代形上學的優先地位，尤其自康德批判哲學以後，有各種反形上學的思潮，如尼采（Friedrich Nietzsche, 1844-1900）、馬克斯（Karl Marx, 1818-1883）、齊克果（Søren Aabye Kierkegaard, 1813-1855）乃至邏輯實證論，甚至宗教神學思想亦不滿形上學。如果我們仔細檢討，這些對於形上學的批評其實往往隱含了一種形上學，而且往往是一種更糟糕的形上學。

但是，在這重重危機中，卻又興起了形上學的新的思考方向。首先，在科技思想中，尤其科技史的研究，發現「典範」這類基礎觀念，甚或世界觀對於科技革命的重要性。其次，現象學亦開導出形上學的嶄新旨趣。科學哲學亦越來越意識到自己所含蘊的形上學或存有學。總之，今日亦有所謂「形上學的復活」。

## 二、研究形上學的困難

今天形上學的種種困難處境，基本上可以說是立基於形上學在哲學史發展中的內在因素；其次，就外在言，亦涉及了與其它思想史、科技史的發展之間的交互影響。我們若純就哲學史的發展內在線索上看來，希臘、中古時期對於形上學的重視，到了近代強調知

識論，便逐漸喪失其優先地位。笛卡爾（Descartes）開始反省存在在我的主體的認識能力中之基礎，所謂「我思故我在」，即以主體的認識結構優先於存在，並成立一切存在的確定性。康德（Kant）承繼笛卡爾對於主體性之強調，亦主張主體即意識，探求在主體性的結構中成立各種科學的可能性條件。康德批判哲學的要旨即在鋪陳各種科學的可能性條件。例如，歐氏幾何學的可能性奠立於吾人感性的空間形式；算術的可能性奠立於感性的時間形式；牛頓物理學的可能性奠立於知性的先驗原理及範疇的先天使用；至於形上學只是一種天性，並不能成立為一門科學。形上學的天性奠基在人的純粹理性有追求更高的統一性之傾向，但這種傾向只有指導的作用，並沒有建設性的作用，即無實證科學的價值。所謂「存有」只是科學命題的客觀性所在，並非實在的謂詞。由歐氏幾何、數學、牛頓物理所構成的只是現象之知，而物自身則不可知。人只能在可能經驗的擴大中去擴充實證的現象之知，至於靈魂之不朽及上帝的理念，只能在倫理實踐中去肯定。所以，康德鼓勵人們追求實證之知、進行道德實踐，並用美感和藝術來連結兩者。哲學的工作就在指陳實證之知、道德義務和美感藝術在人的主體結構中之基礎。

在康德以後，有許多類似康德的努力，指出人不應好高騖遠，而應致力於此世的研究。例如，研究自然科學或人文科學：物理、心理、歷史、語言等的知識論問題等等。

若說笛卡爾提出的知識論問題乃哲學史上使形上學遭挫折的第一個階段，則在這種知識論下逐漸產生的實證態度，以致在邏輯實證論（logical positivism）提出了意義判準，則為第二個階段的打擊。所謂意義判準指出有些命題是有認知意義的，有些命題則是無認知意義的。按照邏輯實證論的說法，只有兩種命題是有意義的：（一）為數學邏輯命題，只表現語言結構本身的融貫性，即為一種套套語句（tautology）；（二）為經驗命題，即為描述經驗內容之

命題，此外的命題則無任何認知意義，而只表現個人的情緒或信念，像詩或形上學命題等即是。邏輯實證論把近代以來對於知識論上的真理問題縮小為意義的問題，其旨正在於用以排除異己學說，斥之為無意義，而這種做法又含蘊了一種形上學，曾因著《言與物》（*Words and Things*）一書深受哲學界推崇的英國哲學家、學術院士傑爾納（Ernest Gellner, 1925-1995）對於這點有最一針見血的評論：「假如意義這個觀念可以用來排除異己的學說，並且降福同黨理論──而這兩種想法都是維根斯坦（Ludwig Josef Johann Wittgenstein, 1889-1951）所明白主張的──則這個觀念看來就像一個可怕的祕教知識論，一種制定吾人所能知，甚且吾人是什麼，的偽裝的規範學說」。[1]

以上這種實證態度主旨在於要求人的研究活動應留在形下之境，切莫幻想人能攀登形上之域，因為，就康德批判哲學而言，形上學研究的對象超越人的認識能力之外，根本不可能做為一門科學；就邏輯實證論而言，則形上學的命題根本沒有意義，形上學的產生是來自於對於語言的誤解和誤用，必須用分析哲學予以治療。

在當代思想中另有一種思想也令平衡平實的形上學研究遭遇困難，此即海德格的哲學。海德格的哲學中雖然含蘊一種極為深刻的存有理論，但他對於西方形上學的批判卻亦有其負面的意義。正如同我們在第三章中所曾說過的，海德格認為西方哲學基本上就是形上學，甚至連前面提及的近代哲學、科技實證態度、邏輯實證論皆不例外。所謂形上學的要義就在於以徹底的方式追求組織與控制的效率，此種形上思想把西方思想帶入今天科技世界的危機之中，但

---

[1] Gellner, Ernest. *Words and Things: An Examination Of, and an Attack On, Linguistic Philosophy*. With a Forward by Bertrand Russell. London: Routledge & Kegan Paul, 1979, p.5.

卻忽略了在吾人思想中更原始的層面：忽略了存有的開顯。今日科技造成的諸般問題與悲劇，就是來自形上學追求徹底解釋與組織的態度，而形上學此種態度乃來自其存有神學構成（ontotheological constitution of metaphysics）。首先，形上學的第一個構成部分，即為存有學（ontology）：研究一切存有者的存有，以之為一切存在中最普遍、最徹底的一面，對它加以研究可以用來組織、整合全體學術；其次，第二個構成部分即為神學（theology），進而以最高的存有者——即是神——來奠定全體存有界，即以第一因來做為全體存有界的理由。最後，形上學把能自行開顯的存有（Being），化約為可由人的思想法則來予以控制的理（Logos），因而成為一種「學」，而不再是一種自發的經驗。由存有神學構成的形上學，試圖供給實在界最徹底的解釋，並供給思想最究極之架構。海德格認為，其實更重要的是：存有的開顯，乃自然而然的深刻體驗，沒有任何理由可說，正如玫瑰花之盛開，不需任何理由，不為憂慮自己，亦不欲被人瞧見。西方形上學的態度把世界帶到今天資訊控制、軍火競賽、生活苦悶無意義等等危機裡面。為了改變歷史的命運，海德格認為我們必須超越形上學，用更原始的方式去思想存有。海德格這種想法不但指出前述實證態度弊病之根，而且指出形上學不夠原始深刻，必須予以超越，始能克服危機，展露存有的生機。對於海德格這種思想的原委與批判，我們會在第十一章中專文討論。

　　另外，在當代思潮的另一個領域，即在宗教思想家或神學家當中，亦有人主張形上學雖然有適當用處，但是不夠真切，必須予以超越。這種思想比海德格對形上學的批判更為徹底。例如基督教神學家巴特（Karl Barth, 1886-1968），他認為形上學雖然在理性上開敞了人的心胸，使人知道存有的超越性。但是，他反對「理性可以達到宗教的瞭解」這類開明的基督教思想。他認為形上學基本上還

是只停留在理性思辨的層面，在這層面上的努力雖然使人心有所開放，但並不能真切地體會存有的超越性。只有仔細諦聽神的言語，纔能在超越中實現人生的意義。神學的要旨即在發揮神所啟示的言語之意義，只有在神學裡面纔能對於存有的超越性有明確的把握。總之，巴特認為人必須及時放棄形上學，進入神學。這種思想亦在當代思潮的脈絡中給形上學的研究造成困難。然而，基本上這種思想可以溯源至康德所謂「批判知識，讓位給信仰」的說法，而且康德的說法實際上是他的形上學立場使然。因而此種思想亦有其形上學預設。

最後，形上學在當代思潮中的另一個困難是由馬克斯主義造成的。馬克斯主義認為形上學是一種人性的疏離，必須把它當作幻想，予以剷除。馬克斯主義依照辯證唯物論和一種極其俗化的思想，認為人的存在意義只應求諸此世間。人必須設法用勞動和革命來改造世界，而不應只用思想來解釋世界。馬克斯主義認為改造世界的對象有二：一為自然，一為人群。首先，人用勞動來對付自然，必須使用技術來生產，科技的進步是為了改變生產力，生產力的結構變化，生產關係亦隨之而變。其次，人群社會的結構基本上由階級構成，馬克斯主義認為必須經由階級鬥爭來改造社會。人改造世界，即在透過科技革命和階級革命來改造自然與社會。這是馬克斯主義對於所謂「實踐」的極狹隘的了解，而且完全不顧及存在和真理的理性面。形上學強調對於存在和真理的理性思考。然而，對馬克斯主義而言，這種理論性的思考沒有實踐上的價值，所以是人性的一種疏離，必須把形上學當作幻想予以剷除。馬克斯主義認為人必須在勞動和革命中改造自然與社會，藉以實踐人性。於是以唯物史觀代替形上學，但若沒有對真理與存在的理性思考為基礎，這反而會淪為一種更糟糕的形上學。這種更糟的形上學透過政權上的控制，正在強迫灌輸給世人，斲害青年，為當前思想界造成濃密

的黑暗，也給形上學造成更大的困難。

總之，今天研究形上學的困難，是由以上所論逐漸走向實證態度的知識論、邏輯實證論的意義判準、用冥思超越形上學、用宗教或神學超越形上學、用意識型態摒棄形上學等等思想所造成的，這些思想上的處境也是今日任何的思想研究者的處境，我們必須力求予以克服，為今日人類的思想前途開拓新局。

雖然形上學在思想界有這許多內在外在的批評和誤解，以致困難重重，但另外在思想界亦有新的氣象，指出研究形上學的新機和新方向。

## 三、研究形上學的新契機

在今天對於形上學的研究，除了我們前文所提及到的種種困難以外，所幸的是無論哲學內在或哲學之外，都興起了對於形上學研究的新需要，促發了思想上的新契機。當然，新時代所需要的是一種新型態的形上學，而不是舊形上學一成不變的依樣翻新。這個研究形上學的新契機，在哲學之外是來自科學哲學對於科技發展程序的深入反省，在哲學內則是由於二十世紀現象學的發展所帶來的。前者積極肯定科技發展，但越加反省，則越發現形上層面的重要；後者對於科技有消極的批評，而欲指出比科技更為原始的經驗層次。兩者所相同者，在於都與科技在當代的急速擴張有關，但由於所抱的態度不同，一為正面肯定，一為批評並另求出路，以至於兩種對於形上學的新需求實際上亦指向不同的形上學新典型。

首先，研究形上學的新契機發生在科學哲學的研究發展所開出的新向度。科學哲學是對於科學的方法及成果所做的哲學反省。例如近代早期英國經驗論是對於牛頓物理學所做的哲學思索，而晚近的科學哲學則是對於晚近的科學發展做更進一步的哲學思索。大家都知道，科學哲學一直都是對形上學攻擊，造成形上學困境的主

要來源，哪會想到這其中竟然含有一種形上學的旨趣，甚至醞釀形上學的新契機？我們前面曾經說過，任何對形上學的批評也都含有一種形上學，例如英國經驗論含有一種表象的形上學。但是晚近科學哲學的發展之所以有形上學的含意，是因為 (1) 科學越來越意識到科學語言的理論性，而任何理論皆是對於存在的一種解釋；(2) 科學進展中十分重要的模型使用（model），涉及到一種形式的存有學（formal ontology）；(3) 科技史的研究，提出「典範」（paradigm），即基本觀念或世界觀，在科學革命中扮演重要的角色。

首先，從維也納學圈開始，邏輯實證論對於形上學最嚴重的批評，是認為形上學語句如同詩的語句一樣，不具有認知的意義，只是情緒的表現。維也納學圈的健將卡納普（Rudolf Carnap, 1891-1970）認為形上學語句之產生，是由於誤把語法語句當作是對象語句了，例如：「5 不是一樣東西，而是一個數目」。其實，在語法上是說：「『5』一詞不是事物名詞，而是數字名詞」。此外，例如形上學家愛談「虛無」，把「虛無」當作對象，其實在語法上，這只表示：「有一個 K 存在如此這般，這不是真的」。把語法語句轉換成對象語句，儼然有「虛無」為對象一般，這就是形上學命題之由來。卡納普認為：如果對象語句要具有認知意義，必須要能還原為觀察性語句（observational sentences），即描述具有經驗內容的對象的句子，始能算是談論對象的語句，否則只有涉及語法的套套邏輯可以成立。

但是，科學哲學越是研究發展，便越發現：一方面，所有要把理論語句化約為觀察語句的一切嘗試，皆終歸失敗；另一方面，科學家也越來越發現任何一個科學命題，其中若不含有理論語詞，則無法善盡其為科學理論之功能。波普（Karl Raimund Popper, 1902-1994）在其所著《科學發現之邏輯》（*The Logic of Scientific*

Discovery）一書中指出，我們不可能把語言和經驗兩者拿來直接做比較，尋求對應，更無法指出任何語詞所對應的原子知覺。[2]我們唯一的認知途徑是藉著語言來建構經驗。費耶阿本德（Paul Karl Feyerabend, 1924-1994）亦在所著《經驗主義的問題》（*Problems of Empiricism*）[3]一書中提出一套清楚的邏輯程式來批判這種對應觀，此處不贅述。重要的是，科學語句不能先劃分觀察語詞與理論語詞，然後再尋求其彼此的對應關係。因為一切語言都是理論，都已經是對於經驗的解釋，而無法再做為經驗忠實的表象。在語言中再區分觀察語詞與理論語詞，實乃無稽之談。我們可以承認有各種不同程度的理論，但一進入語言，便已列身理論界，沒有純屬觀察性的語言。一切的語言皆是解釋性的、理論性的。非觀察性的事物與性質，在語意上並不異於可觀察的事物和性質。科學哲學對於科學語言的檢討，指出我們早已列身理論範圍，雖然由日常語言，經過科學語言，到形上學語言，其間有高低不等的理論層次，但是這些語言並非建立在某種特權的證據（例如感覺內容）上，卻都是人的想像力或象徵力創造的結果，它們對於與件都同樣具有超越性。我們的知識皆不能直接對應經驗，而只能轉個彎，透過抽象理論來建立。日常語言已經是「概念的建設」，邏輯與數學更是康德所言的「概念的建設」，同樣，形上學也是「概念的建設」，它們皆是用不同層次的語言來顯示出人類理論化的功能，人所能認識、所能理解的，只是這個由語言所建立起來的理論世界。這理論世界的不同層次的開展，正是「純理」（*Logos*）逐層顯現的步驟，至於純

---

[2] Popper, Karl. *The Logic of Scientific Discovery*. London: Hutchinson, 1972, p.43.

[3] 參見 Feyerabend, Paul. *Problems of Empiricism*. Cambridge: Cambridge University Press, 1981.

理與現實（*physis* 自然、實在界）之間的對應，恆為片斷的、不確定的、猜測性的、永遠搖擺不定的。於是，在肯定了語言的理論性質之後，亦須知科學語言不是唯一的語言，此外尚有許多其它的語言。科學已含有了對於世界的解釋與統攝，其它語言亦如此。語言既是理論性的，是對於實在的解釋，當然就有了形上學的意涵。

其次，在科學運作上占十分重要的模型（models）的使用，也假設了一種對於實在界的形上看法和一種形式的存有學。模型的重要性在於連結理論與經驗。因為科學經驗並非一種自然的經驗，而是一種有控制的行動。用什麼來控制呢？必須用科學理論。但是科學理論太過於抽象，科學行動太過於具體，兩者難以配合，只能由既抽象又具體的模型（model）來連結兩者。一方面，理論透過模型的建立來控制行動，由模型來決定程序，規定有用的介入行動，藉以肯定或否定某一種假設、用以推進知識的進步；另一方面，也藉著模型，使得實驗的結果可以用理論來予以解釋。但是，問題在於模型的建立已經預設了對於所研究的對象，對於實在物的一種預先的瞭解。我們在選擇有意義的特徵、描寫結構、勾劃互動關係或演進律則時，便涉及了這種預先的瞭解，這表示已經有先天的可理解性在模型化過程中運作。模型並非把我們所知道的實在物的各個因素彼此的關係加以簡化式地提呈出來，而是一種建立在一些先天的可理解性上的建構體，雖然其中含有由實在對象的行為所提供之資料，但仍需用屬於自己的先天範疇來予以建立。依此，我們可以指出在模型的建立過程當中含有一種形上學，即含有對於存在的基本看法。例如，目前廣受科學家使用的「系統」模型，便假定了一種分析性的、功能性的、決定論的存在觀。**分析性**：因為它假定任何系統皆可分割為許多次級系統，並且有明確的特性。**功能性**：因為系統各部分的關係為一種功能上的互動關係，一切的特性皆由功能性的互動關係所連結起來，在功能上相互依賴。**決定論**：蓋系統

的各種狀態在時間上是以一種決定的方式相互關聯，可以用數量或性質來予以表示。所謂「狀態」，是指我們對於一個系統所能獲得的最高量的消息整體。

更且，這種系統模型亦隱含了一種存有學（ontology），即對於實在界的解釋。這種解釋可以說是受了數學理論中的形式存有學，或邏輯演繹系統的後設理論啟發，例如，集合論的形式存有學。在直覺上說，一個「集合」是一群對象聚集的整體，其中各對象與整體之間有隸屬的關係，即這群對象隸屬於此一集合。既有一集合，吾人便可以引進某些性質、關係，而無需出離此一形式存有學之外。根據集合論的存有學，吾人便可以建構各種更複雜的存有學：即根據先前已經建立的各集合，吾人可以引進適合原有集合的形式性質的結構，而建立更複雜的集合。我們方纔所說的模型化的歷程，由於是受形式存有學的啟發，所以也就可以用數學來表達，因為數學的建構也是直接建立在形式存有學上面的。但是，另一方面，科學實驗的行動也可以按照形式存有學來予以組織，所以也能用模型來予以系統化。科學程序所隱含的存有學越是屬於形式性、運作性的，則越能供給行動以有效的系統方案。我們可以說，科學的行動完全受所使用的模型及其中所隱含的存有學的制約，所以，我們行動所能得到的資料可以說早已含在模型裡面了。但另一方面，行動也使得模型的擬構成為可能，並且其中的存有學也是由行動的建議而得的。行動的結構指的是人的身體與器材之間的運作關係，而正是這種研究者的身體與研究實驗器材的互動，建議要有分析性的、功能性的和決定論的運作模型。可見，科學理論系統與行動系統之間的相互呼應是蘊藏著一套形上學的。

最後，形上學在科學哲學中逐漸能有新的意義，是由於科學史的研究有了新的局面。晚近科學史的研究深受重視，不再認為科學史的發現無助於科學的新發展。在過去這種看法在科學界十分

普遍，因為大家抱著直線的時間觀，認為科學是進步的，科學史所陳列的過去的科學思想和觀點僅表示過去科學家所犯的錯誤。過去的錯誤不能提供現在的進步任何助力。但是，現在看法逐漸改變了，因為科學史成為科學家認識自己、反省自己的工作性質的重要憑藉。科學史家兼科學哲學家孔恩（Thomas Kuhn, 1922-1996）在其名著《科學革命的結構》（*The Structure of Scientific Revolution*）的前言中說：「……令我完全驚訝，那次致力於過時的科學理論和做法，竟然徹底地摧毀了我對於科學的性質及其特殊的成功理由的基本看法」。[4]孔恩在該書中所提出來最重要的就是「典範」觀念（paradigm），認為科學革命的發生是基於典範的變革。所謂典範，即一些最基本的觀念或世界觀。典範變革，科學革命即發生。新典範確立，科學即進入後典範時期。在新典範之下進行之科學活動，即成為正規科學。每一時期的科學家們都盲目地接受典範，依此來決定何者為有意義的事實，或依此來配搭理論與事實，或將理論予以明說。總之，科學史上重要的革命證明為一種基本觀念或世界觀的改變，換句話說，即一種形上觀念的改變。

懷德海在成熟期，即其形上學時期，以《歷程與實在》（*Process and Reality*）為代表作，所提出來的範疇總綱（categoreal scheme），就是一個新時代的全體經驗之典範。但不同於孔恩的是，孔恩所謂的典範是科學家們盲目地接受的，但懷德海的範疇總綱卻是有意識地去思索，用以統攝全體經驗（不只科學經驗，而且包含藝術經驗、宗教經驗、生物經驗……總之，一切經驗。）我們都知道，懷德海原是一個傑出的科學家，他與羅素（Bertrand

---

[4]　Kuhn, Thomas S. *The Structure of Scientific Revolutions*. Chicago: The University of Chicago, 1970, p.v.

Arthur William Russell, 1872-1970）合寫的《數學原理》（*Principia Mathematica*）乃當代數理邏輯的旅程碑。其後，懷氏寫了許多有關科學知識論的名著，從一九二五年《科學與近代世界》（*Science and the Modern World*）出版，始進入形上學時期。《科學與近代世界》可以說也是一部科學史的反省，蓋歷史常是使吾人經驗擴大的憑藉，懷氏即藉此而發現經驗是創造性的。懷氏在《歷程與實在》一書中提出思辨哲學（speculative philosophy），旨在建構一個融貫、邏輯而必然的普遍觀念體系，依據它們，吾人經驗的每一成份皆可以獲得詮釋。所謂「詮釋」即指，舉凡吾人所意識到、所享受、知覺、意願、思想的一切都只是這普遍觀念總綱的特殊例子而已。懷德海一共提出四十五個相互依存、以「創造性」為終極統攝的範疇總綱。所謂思辨哲學之要旨即在建立範疇總綱。思辨哲學計有四個規範：（一）**融貫**：每一基礎觀念皆應彼此相攝，絕不孤立。（二）**邏輯**：指思辨邏輯。至於數理邏輯僅為例子。必須不矛盾，並且殊例可納入普遍中，予以統攝。以上為思辨邏輯的理性面。（三）**適用**：即至少要有一些經驗可予以詮釋。（四）**充分**：即沒有一個經驗不可以接受詮釋。以上為思辨哲學的經驗面。具這四個規範的範疇總綱就統攝了一般經驗的最基本觀念，即一更廣包而且有意識地建立了的典範。這典範並非學說中的武斷部分，因為每個人都可以、也應該做最後的思想上的努力，去建立這樣一個典範，然後彼此了解，再納入一個更普遍、更綜合性的範疇總綱中。懷德海所提的這個範疇總綱，其嚴謹性與廣包性，足可供應數世紀經驗的典範。正如維克多・駱（Victor Lowe, 1907-1988）所說：「一個思想越寬廣（或越形上），我們就越需要長途跋涉纔能了解它。範疇既是真正地形上，該能由每一經驗獲得例證。但是，任何現成經驗或一個時代的經驗全體對於這些範疇的解說只是真理的一小片斷

而已。為了證實像懷德海那樣整全的範疇總綱，必須要好幾個世紀」。⑤

形上學在今天之所以有新的開展契機，除了以上由於科學哲學中形上學含意的逐漸明顯化以外，另外，在哲學圈內，則是由於現象學的興起。現象學是由胡塞爾（Edmund Husserl, 1859-1938）所倡，而其弟子海德格則給予現象學不同方向的發展，但是兩種現象學都對於形上學的新展望有不同的積極意義。

胡塞爾現象學最重要的口號就是：「返回事物本身」，所謂事物本身就是「現象」。所以，現象學所追求的是現象的本然呈顯——即本質。為了使本質呈顯，現象學首先要批判地檢討一切哲學的成見，例如用一個原則——實用原則或快樂原則——來化約地解釋一切社會價值。胡塞爾反對這種化約主義——吾人須注意這種化約主義曾是形上學最大的敵人，但其本身亦含了一種更糟的形上學——，而反過來認為像正義、友誼與愛這些社會價值都有自己的本質意義，不能化約到實用或快樂原則來以偏概全地解釋。現象學肯定了本質，並志在勾劃出一個本質的清單。本質在我們一切經驗中，可以抵得住任何想像的變化，而成為經驗中的常數。當然，這些本質並非獨立存在的，而是由我們生活經驗中的意向性活動中浮顯的。我們可以說，胡塞爾在實證主義、歷史主義、科技流行之日，保住了本質的地位，就是保住了形上學所嚮往的真實顯現的世界。

其次，胡塞爾對於知識論的困境的批判，也為形上學開出新的展望。我們在前言中曾提及，在西方哲學中，自近代哲學之父笛卡爾以降，知識論取代了形上學的優先地位，形成了形上學的最

---

⑤ Lowe, Victor. "The Development of Whitehead's Philosophy." *The Philosophy of Alfred North Whitehead*, edited by Paul. Arthur. Schilpp. New York: Tudor Publishing Co., 1951, p.104.

大危機。知識論在十九世紀末的德國哲學界可以說是一時顯學（由於新康德派的推動之故），其主要問題是：主體既然只能用概念來思考，則如何出離主體之外而認識外在世界，並確定其存在？現象學指出這個問題乃是空穴來風，毫無根據。因為人的意識並非一個封閉的主體，內在鎖著各種概念或表象。相反地，意識按照其本質結構，本來就指向對象，與對象共在了。知識論的錯誤在於認為主體意識是優先的。現象學指出：意識具有意向性，本質地就指向對象，指向世界。所有的意識都是意識到某對象（Consciousness is always conscious of ...）在意識中存在的並非一些對象的表象，因而要知識論來保障表象（例如概念）與對象之間是否對應。因為一切表象都是某種存有者，而且是我們意識到事物本身的一種方式。認識是一種存在方式，不應該封閉認識而排除存在。只有當我們感到困惑、懷疑一個看法是否正確時，纔必須分辨表象與對象。難怪笛卡爾的知識論是始自懷疑。整個近代由於知識論充斥，因而形上學深受貶抑。由於現象學指出吾人意識的意向性的特性，再度使知識論連結上原有形上學的基礎。

現象學的形上含意，除了在化約主義中拯救了價值的本質意義，指出知識的存在基礎以外，另外還有一層新的含意，即現象學指出：現象的呈顯與意識的境界是息息相關的。胡塞爾用相關性的角度來描述現象的呈顯，他所問的問題是：意向所指的現象是如何呈顯的？對怎樣的意識而呈顯的？以什麼樣的形式呈顯？主體並非單獨存在，並非「一個封閉的盒子」，因為主體的意識早已指向對象。但由於意識所在之境界不同，對象呈現的面貌就有差異。主體若在幻想狀態，所呈現者則為幻影；主體若在經驗面，所呈現者則為經驗資料。只有在毫無偏見、徹底的先驗我之境，纔能指向本質，令其朗然而現，此即純粹之主體。純粹主體對於本質原有一空的守候，一旦心思動慮，立刻由空而滿，在直觀中掌握本質。而本

質，即是主體在返回清明的純我時不能不指向的對象。所以，為了獲得本質，必須以現象學的還原法，返回純粹自我。現象學所昭示的形上學，不再是概念地或抽樣地談論存有，而必須在主體的經驗、主體的意識上同時下功夫，纔能令本質有真實的呈顯，而胡塞爾的本質就是存有者的存有——即真實的呈顯。

對於海德格而言，「返回事物本身」固然正確，但所謂「事物本身」並非「本質」，而是「存有」。海德格認為，人的存在主要是由「存有」來界定的：人是「存有在那裡」（*Da-sein*）。亦即，由於人能彰顯存有，但是存有也只能透過追問存有問題的人來彰顯。人的本質在於能彰顯存有，而存有須經人而彰顯，此即詮釋學的循環圈（hermeneutic circle）。早期的海德格，即已志在建立一個基礎存有學（fundamental ontology），蓋人是存有顯現之基礎，必須分析人的存在結構，看人如何彰顯存有：人的存在結構是由境遇感、理解和表詮構成的，其要旨在於能在時間中逐次開放，顯現存有。

對於海德格的存有思想，我們將在第十一章中詳細討論，在此我們只簡短地指出其思想如何為形上學開出新的展望。除了前面提到的基礎存有學，分析人的存在結構如何彰顯存有以外，海德格的思想還有另外一個形上含意，即他對於西方思想史的總批判，認為西方思想基本上為一種形上學，而形上學乃由存有神學構成，志在尋求對於存有者徹底的解釋與控制。此種形上學把西方導入今天科技世界的危機。其最終原因在於把存有理解為呈顯，只注意呈現者的解釋和控制，而不知道那未呈現而可能呈現的，比已呈現的更重要。可能性雖是虛無，但在虛無之中，保得一分自由，能更充沛地做新穎的呈顯，而不會僵化、拘泥在形器世界之中。傳統形上學最重要的問題是：「為什麼都是存有者，而不是虛無？」亦即先以矛盾律排除虛無，再以充足理由律來解釋存有者的出現。總之，是

以思想的合理性來界定存有。但是，對於海德格，更重要的是「虛無」。而虛無即是「存有」與「存有者」之間的差異。由於我們心中能有如此一點靈犀，科學對象纔可能在吾人面前呈現，我們也纔能在歷史中對現有的成就加以超越。也就是說，科學和歷史之所以可能，是由於虛無的自由空間，如果我們體會到這一點，就能保持人類自由的可能性，保持宇宙自然的創造性，即存有的開顯恆在，此乃人精神意義之所在。如果人遺忘了這差異，只想研究存有者，進而加以組織和控制，就把人精神的開放縮小為理智的運作，就只知有科技世界，而不知存有——遺忘了存有，此乃人類的大危機。所以，海德格要我們在面對科技世界時，尋索其根源，而力求保有虛靈之心，來轉化當前的危機。

## 四、結語

　　當代的思想，正是承接著近代的遺緒，而仍在尋索屬於自己的體系。由於近代思想的崩潰，其中做為支撐的形上思想日漸瓦解。近代雖以知識論為主，因而批判形上學，但其內在實含蘊一種形上學。近代思想的逐漸解體，其中無論表面上批判的形上學或內在骨子裡所含的形上學，都在解體之中，以致帶來一個表層的印象，好像形上學的危機重重，困難橫生。實際上，如果當代人要能真正擺脫近代的桎梏，建立屬於自己的文化階段，則其中仍免不了做形上學的思考，於是始顯露出種種研究形上學的新契機。從科學內在的反省，或從現象學提出的反省，正向我們指出今後形上學工作的方向，一方面必須深入探討科技世界的內在動力，另一方面應該把它納入人的經驗的創造性中，尋求人類經驗全面的、深入的開展。消極上不為一曲之士，亦不循虛蹈空，積極上發揮人類與宇宙本有的創造力，始能為當代思想的建立奠定形上學基礎。

第五章

古代物理之後與
亞里斯多德的形上學

## 一、前言

在西洋哲學史上，最先提出形上學作為一門統攝其它特殊科學，而以研究存有者自身（being as being）為職志的學科的大哲學家，是古希臘的亞里斯多德。他在《形上學》第四書一開始就說：

「有一門科學研究存有者本身及其本有屬性，這門科學不同於任何其它所謂特殊科學。沒有一門特殊科學普遍地思考存有者本身，卻割裂存有者的某一部分，只研究這一部分的屬性，例如數學就是這樣做的。但是，既然我們所研究的是第一原理和最高原因，很顯然地這些一定是以本有的方式隸屬於某個存有者。因此，假如那些研究存有者的原素的哲學家所探求的正是這些原理，則存有者的原則之所以是存有者的原素，並非偶然的，而是因為存有者本身如此。因此我們也必須瞭解存有者本身的第一原理」。①

這一段話所描述的這一門科學就是形上學。當然，「形上學」（metaphysics）一詞，並非亞氏自己所加，而是在兩三百年以後由亞氏門人安德尼可士（Andronicus of Rhodes）在編纂、出版亞氏全集時所加。按照合乎亞氏哲學的解釋，metaphysics 原意「物理學之後」。因此，若要明白亞氏形上學，當然必須先大略明白其物理學（physics），纔知道物理學之後是怎麼回事。這個思路，亦決定了亞里斯多德的形上思想，使他沒有明顯地把握到形上學的真正對象：「存有者的存有」，而只明言以「存有者本身」為形上學對象。對我們而言，形上學的研究對象是「存有者的存有」，其中，不但要注意研究存有與存有者的差異──即所謂存有學差異（ontological difference）；而且要注意存有與存有者的相互關係──姑且稱之為存有學的隸屬（ontological co-belongingness）。

---

① Aristotle. *Metaphysics*, 1003a 20-32.

但是，亞里斯多德只明白地提出以「存有者本身」為形上學的對象。如果我們仔細研讀其《物理學》第二書第一章，不難發現亞氏亦隱然地在追問「存有者的存有」的問題，可是，由於他忽略了存有學差異，因而以「實體」（ousia, substance）為存有者的存有，所以，他的形上學原先對存有者本身的研究，轉成了以實體為研究對象的「實體學」（ousiology）。在我們經驗中最明顯地呈現的是在運動變化中的物理實體或自然實體（physical substances, natural substances），這就是物理學所研究的對象。但是，為了解釋運動變化，終究必須給運動變化尋求一個最後之基礎，對亞氏而言，此即一個不被動的第一個主動者——神（God as the first unmoved mover）。研究這個做為第一實體的神。亦為亞氏形上學的職志。所以，亞里斯多德雖沒有親自把這門科學命名為「形上學」，倒是親自稱之為「第一哲學」（first philosophy）或「神學」（theology）。

　　總之，亞里斯多德由於忽略了存有與存有者之間的存有學差異，因而在明白提出形上學以研究「存有者本身」為職志之後，就轉而尋求「存有者」的具體指涉——即實體，變成實體學，更由實體學轉而研究神的實體，成為神學，我們可以說，這其中的轉折，以物理學為主要的線索，也就是把形上學當作「物理學之後」的一種思想後果。海德格就曾經批判亞里斯多德，認為亞氏的物理學就是形上學，而形上學就是物理學。這也難怪許多研究形上學的人，會把亞里斯多德解釋運動變化的自然實體的原理，如「形式與資料」、「潛能與實現」，當作是亞里斯多德的形上原理了。其實，按照我們的看法，這些原理只是解釋自然存有者（physical beings）的構成和能動性（mobility）的原理罷了。

　　既然亞氏的「物理學」和「物理學之後」有這麼密切的關係，以下我們首先扼要地闡明亞氏物理學中的幾個重要觀念，再進而提

出亞里斯多德形上學的主要內容，並檢討其優劣：例如亞氏對「存有者」的多重意義之思考，及形上學的類比方法之提出……等，皆屬優點，然而其中由於「存有學差異」之遺忘，以致使形上學變成「實體學」，更再轉成「神學」，但卻沒有達到對存有者的存有的積極貢獻，則是美中不足的地方。

## 二、物理學的重要原則及其形上含意

亞里斯多德的物理學所研究的是在運動變化中的自然存有者（$\varphi\upsilon\sigma\epsilon\iota$ $o\nu\tau\alpha$, physical beings）。自然存有者的特性在於具有能動性（mobility），由此特性發出的活動就是運動（movement）和靜止（rest）。亞氏是一個深為運動變化所吸引、並試圖用哲學思索去予以瞭解的思想家。他的物理學其實是一種自然哲學，而不是今日狹義的物理科學。他用以研究自然存有者的方法是所謂溯源法（epagoge），因為他認為自然現象之所以能呈現在吾人面前，皆是經過一段歷程，走過一段路的結果，吾人必須溯其所來之路，反其道而行，追溯事物直到它的元始，才能掌握它的本質，使其重現本然。亞氏所思考的運動亦比近代西方科學所明白的機械的地方性運動更為廣博而且深刻，包含了一切的變動現象。變動包含了實體變動和偶性變動。實體變動是由有到無（滅亡）或由無到有（誕生）。偶性變動則有地方、性質和量的變動，例如，一物由臺中到臺北，是地方變動；一人由文盲變成學者，是性質變動；一草一木由小成長到大，是量的變動。亞里斯多德認為，若要解釋偶性變動，必須假定三個原理：（一）原先對於將具有而未具有的形式之缺乏（privation）；（二）然後在變動之後具有的形式（form）；（三）變動過程之支持者，即作為變動主體的質料（matter）。例如，文盲原為缺乏學問，但在獲得學問之後乃獲取一新的形式，而同一個人由文盲變成學者，乃整個變動過程的支持者。至於在

實體變動中，則必須假定生所來自，或滅所歸趨的元質（primary matter），和賦予元質以存在實現的實形（substantial form）。至於在偶性變動中，我們所涉及到的質料都是已具有某種形式規定的次質（secondary matter），而所涉及到的形式則是不規定實體變動的偶形（accidental form）。

　　就靜態方面來說，一切自然存有者皆由形式和質料所構成。首先，在實體變化的情形：由無到有的誕生過程的結果，就是元質取得實形而成為某種實體（substance）；由有到無的滅亡過程則是實形分離，返歸元質。其次，在偶性變化的情形，則無論是地方、量或質的變動，其結果皆是由一個已經具有某種實形的次質（例如，一個原為文盲之人），獲得一個新的偶形（學問）。實形和元質是在進行像生滅這類實體變動的自然存有者的靜態構成原理；至於偶形和次質則為參與像地方、量、質等這類偶性變動的自然存有者的靜態構成原理。

　　但是，為了解釋變動的現象，除了提出自然存有者的靜態構成原理以外，尚需提出自然存有者的動態構成原理，對亞里斯多德而言，此即潛能（potency）和實現（act）。元質在經歷實體變動而獲得實形之前，具有獲得實形而成為實體的潛在可能性，而次質（已具某種形式）在經歷偶性變動而獲取新的偶形之前，亦具有獲得新的偶形的潛在可能性和能力，元質或次質這種能受形式（實體形式或偶性形式）的規定的潛在能力和可能性，便是此一變動歷程的「潛能」。至於所獲得的實形或偶形既為實體變動或偶性變動的完成所獲得的規定的完成，便是此一變動歷程的實現。例如，一棵原為幼苗的樹，具有成為大樹的「潛能」，而大樹便是此一潛能經歷變動後的「實現」。因此，原先靜態構成的元質和次質──總之，即質料──，從動態觀點看來，便成為「潛能」；而原先靜態構成的實形和偶形──總之，即形式──，從動態觀點看來，便成

為「實現」。進一步而言，已經實現的實形或偶形，還可以再進入另一偶性變動歷程而獲取另一新的偶形。此時，原先實形和元質所結合的實體，或已具某種形式的實體，便成為新的變動歷程的潛能（就靜態言則為質料）；而新的偶形則為新的變動歷程的實現（就靜態言則為形式）。例如：一粒種子有發芽成樹苗的潛能，一旦成了樹苗即實現了其形式；此一樹苗又有成為大樹的潛能，一旦成了大樹即實現了其形式；而大樹又有被砍成木材的潛能，木材即其實現；木材又有成為家具的潛能，家具則為其實現。如此，由潛能到實現，由實現到另一變動歷程的潛能，再經變動而獲取實現，如此不斷進行，便構成了一個不斷變動發展的宇宙觀。亞里斯多德的「潛能」與「實現」便為西方奠下了一種「發展」的哲學思想範疇。

既然自然存有者是以能動性為本質，則「質料和形式」、「潛能與實現」兩組觀念是密切相關的。在變動的歷程中，質料的真諦在於潛能，而形式的真諦在於實現。質料不只是新形式所要加諸其上的材料，而且是具有適合接受新形式的潛能。形式不只是變動性所藉以開展的凝聚自持的不動之形式，而且也是能自行生發，在新形式中實現自己的成形過程。形式不只是靜態的完成的模型，而且是動態的形成自己的歷程。這種歷程顯示出自然的內在目的性（entelecheia）。

由以上可知，所謂運動就是介乎潛能（potency, dynamis）和實現（act, energeia）之間的歷程。只在潛能中者，尚未運動；只在實現中者，亦不再運動。運動介乎兩者之間，是潛能之物的實現，一種尚未完成、但卻在完成之中的實現，指向一個完成。茲解析如下：

（一）運動乃能動者之實現歷程，此一歷程假定了一個受動的主體，和一個主動的主體，運動是發生在受動的主體身上，但是出自主動的主體。

（二）主動者和受動者有同一個實現行動，只有一個實現歷程，運動因此有其統一性。

（三）如果把主動與被動絕然分開，則與運動的統一性相反；如果兩者相同，則又無差別，因而不會產生運動。主動和被動統一在同一運動中，但具有不同關係。

由於亞氏認為一切運動都必須設定一個主動者，使受動者能由潛能致實現，因此，一切運動終究要設定一個不受動的第一主動者（first unmoved mover），此即由神所扮演。此外，一切的運動皆在時間和空間中展開，所以我們必須進而明白何謂時間和空間。

首先談空間，亞氏所論之空間實為物理空間（physical space），而非如近代科學所言之幾何空間（geometrical space）。物理空間是由各種的場所（topos, place）構成的，按照亞里斯多德，主要可區分為個別場所（topos idios, proper place）和共同場所（topos koinos, common place）兩種。個別場所就是其所區限之物體的容器或界限，一物在其場所，有如水在瓶中一般；不過場所可以與其所包容之物分開，因為一物可以換至另一場所，而且一場所亦可能改變為另一物之場所；再看，每一場所各有其物理特性，例如：或高或低，或平滑或凹凸。至於共同場所則是全體自然物所在之場所，其本身不再在任何場所之內。若按希臘人的宇宙觀，地在水內，水在氣內，氣在乙太內，乙太在天內，則天不再在其它物內。對於亞里斯多德而言，第九重天就是全體自然物的共同場所，把一切自然物包容在內，連繫起來，並且分配諸物的關係（例如，高、低）。因為若以天為上，以地為下，則萬物各按其本性，輕者上升，重者下降，尋找其定位。綜合言之，就亞里斯多德來說，空間似乎就是一種定位的原理（principle of localization），因為按照個別場所言，一物有一物最適合的個別場所；按照共同場所而言，又有一個包容萬物，連繫萬物，把它們遣送至定位的動力。運動就

是一種實現本性、尋找定位之歷程,至於空間,就是物理存有者
(自然存有者)組織化之動態條件,使物物各當其位。這種條件與
宇宙間邁向實現、納入組織的衝動有關,欲把有限的事物安置於定
位之內。

其次談時間,亞里斯多德對時間的解析亦就運動而言之。運
動之物 m 從 A 點到 B 點進行連續之運動。若運動是連續的,則
時間亦是連續的,因為經過的時間與運動成正比。再者,運動歷
程的終始兩端、彼此相連而成一前(before, prosteron)一後(after,
husteron),時間亦有其前後,在前不單是在先發生,而且是更近
於元始;在後不單是較遲發生,而且是更遠於元始。運動有前後,
時間亦有之。若把運動之各部分限制在一定範圍內,予以計算──
所謂計算就是在量上做區別──,於是就有時間。因此,亞里斯
多德把時間定義為,「按照前後來計算運動之數」。此處所謂的
「數」,並不指 1、2、3、4…等,已計數之數,而是計數之歷程。
亞氏認為,一切運動之物(包含暫時靜止之物在內),無論其在實
現或在潛能狀態,皆在時間之內。時間乃存有學上最根本的規定之
一,可動之物在時間之內,正如正數和奇數在數內一般。時間並非
一個外在的環境,所謂一切可動之物皆在時間之內,是說一切可動
之物都內在地受時間影響,在時間中承受與運動,乃至消磨殆盡。
至於永恆之物則在運動歷程之外,是以不受時間吞噬。亞氏並曾論
及時間與意識(靈魂)之關係。他認為時間的客觀基礎在於運動中
的事物,但是時間的形式則來自靈魂。不過,亞氏認為產生時間形
式之靈魂並非人之靈魂,人的靈魂的介入只是間接的,其直接之源
在於世界靈魂、或第一主動者──神。亞里斯多德認為,無論時間
所衡量的運動為何,此外另有一特別運動,不再被計算衡量,而是
一切計量之依據,此即天上星體之圓形運動,因為它,我們才把時
間認為是循環的。天的運轉於是成為基本時間(fundamental time)。

　　總之，對於亞里斯多德而言，時間和空間皆不是一樣東西，而是一種動態的條件，是對於運動之物的存有學規定。時間和空間，是一個使現象在其中出現的普遍領域，為此亦為一切現象呈現的先決條件。時間和空間亦從內在地影響每一事物，每一事物復為某種歷程展現之定位。總之，時間和空間是自然存有者的存有學結構，兩者共同決定了自然存有者實現自己的存有之方式，亦即決定了其存有者的存有。

　　在亞里斯多德的物理學中，時間和空間是分別處理的，不像當代物理中時空合論。不過，由於天既是共同場所和基本時間之所在，則時空亦以某種方式連結了起來，時間和空間只是同一個基本結構的兩個面相而已。在此，天不只是自然存有者之一、且被視為全體自然存有者所在之整體。亞氏物理學顯示出必須指涉全體，才能明白個別的自然現象。對於亞氏而言，正如同運動並非由許多孤立的靜止所構成，同樣，線並非由許多孤立的點所構成，空間並非由許多孤立的場所所構成，時間亦非由許多瞬間所構成。之所以有孤立的靜止、點、場所、瞬間，那是思想予以分割的結果，而分割是可以無限止地進行下去的。但實在本身則是一個連續的整體。

　　在亞里斯多德的物理學裡面，用來解釋自然物的運動變化的重要原理，除了上文已經談過的形質論、潛能與實現說，還需提及亞氏的四因說。對於亞里斯多德，甚至一般說來，對於整個古希臘而言，「原因」並不像西方近代以後的因果觀念那樣狹義。西方近代以後，「原因」指涉機械運動的原因，亦即在運動系列中，決定後件的產生的前件，前件是原因，後件則是效果。古希臘人所想的原因，具有更廣泛、更深刻的意義。原因乃是使某一物得以存有（being）、變化（becoming）以及被認知（being known）的太初（arche）。太初是原始的起點，而這個起點由於它的原始性，便會以上述的三種方式決定運動變化的歷程。所以，原因一方面是元始

（*commencement*），另一方面，也是一種決定（*commandement*），[2]
西方近代思想所論的原因，只是發揮後者——即決定——的一面，
而且予以狹義化、機械化罷了。但對亞里斯多德而言，原因則是決
定一物之存有、變化與認知的元始。首先，原因乃一物之所以為此
物，也就是構成並固定一物之存有的原始性，雖然這原始性並不一
定能「生產」該物，也就是說「原因」的概念，並不一定包含「生
產」之意。例如，空間性是構成物質的重物成分。雖然空間性並不
產生物質，但是，若按照亞里斯多德對原因的看法，則空間性就是
物質的原始性，也就是物質的原因。其次，原因決定了一物的變
化，例如，藝術家是雕像的原因，而居住是蓋屋的原因，前者是動
力因，而後者是目的因。最後，一物得以被認識的根據，例如：人
的本質是「能合理地說話的生命體」（$τωον λογον εχον$），這個本
質就是人被認識時在認識歷程中獲得光照的原因。

　　亞里斯多德對於自然物的原因的探討，是根據技術產品的類比
而得來的。在技術產品裡面，首先，藝術家是產生某一產品的動力
因，例如，工匠造房子、藝術家雕刻石像。其次，技術產品也有質
料因，例如，房子由沙石、木頭等建材而構成；雕像需有大理石、
銅等作材料。再次，技術產品有其形式因，例如，房屋是根據藍圖
而造，藍圖所指的便是建材據以組合的形式。最後，技術產品有其
目的因，例如，造房子是為了居住或集會。形式與質料，都是為了
某一目的纔會結合成為一個技術產品。以上動力因、質料因、形式
因、目的因，便是亞里斯多德所謂的「四因」。這四因在技術產品
中表現得非常明顯，在自然物中便隱而不顯，必須運用類比的方

---

[2] Heidegger, Martin. "Vom Wesen und Begrift der φυσις, Aristoleles, Physik B, 1." *Wegmarken*. Frankfurt am Main: Vittorio Klostermann, 1978, pp.245-246.

法，使用哲學的思想去追本溯源（epagoge），才能使之明顯化。
而且，技術產品的原因，和自然物的原因，也有相當大的差異。

　　第一，就動力因來說，自然物之所以為自然物，是因為它的動
力因內在於自己。自然物運動變化的動力，乃在自然已有的形式；
技術產品的動力因，則是在產品之外的藝術家。自然物運動變化的
目的是自然本身；技術產品的目的，則常是人為的目的。無論是製
造的技術、或創作的藝術，都是技術家根據思想中所把握的形象，
以之為目的，來處理它的材料，一旦製造、創作完畢，該產品便終
止於此，不再運動變化，只有從自然物的觀點，才會繼續不斷運動
變化，正如安提風（Antiphon, c. 479-411 BC）的說法，把木製的床
埋在地下，若木頭的生命力尚存，所長出來的必定是木頭，而不是
床。最後，技術是一種行之知，也就是知識的一種形式，所以技術
是技術家的精神形式之一，用以指導技術家製造或創作的形式。但
自然的形式並非知識的形式而是存在的形式，例如，生命（魂）是
有生物存在的形式。自然物都根據已有的形式，來發啟運動，以便
尋求更高的形式，或者實現同一原有的形式。自然物已有的形式，
便是自然物運動變化的形式因，例如，生命既是生物體的實體形
式，也就是生物體運動變化的形式因了。可見，雖然，技術屬於知
識形式，生命屬於存在形式，兩者彼此有別，但是，技術與自然相
同的一點，就在於兩者都是由於形式，而使得運動的主體成為動力
因的。

　　第二，所謂質料因，通常指的是技術或自然變動中所需要的材
料，而這材料同時也就是可以接受新的形式規定的主體。正如我們
在上文中所說過的，質料在實體變化中，指的是尚無形式規定的元
質；在偶性變化中，則指的是已具有某種形式規定的次質。此外，
質料也是行動的接受者，雕石成像，石頭乃雕刻行動的接受者，也
就是雕刻所造成的變化的質料因。質料就其為行動的接受者而言，

雖屬被動，但亦可對於作為主動者的動力因，有所回應，因為，動力因旨在於宰制某種質料，強加以形式，但如果不能完全掌握質料，則亦只能有限度地完成某種形式。就此而言，質料本身也就是某種限度，每種自然物，都有自己的質料，自然的運動變化，恆需以此為基礎。

　　第三，形式因：每一個自然物皆按照自己的形式來運動，形式便規定了自然物運動開展的歷程。形式因的意義是針對質料因來說的，按照質料意義之不同，有以下四層意義的形式：（一）首先，形式就是元質或次質所接受的規定──實形或偶形。（二）若把質料視為運動變化的主體，則所謂形式便是此一主體所企求的限定。（三）若把質料當作行動的受動者，則形式便是行動的主動者，因為每一個行動都是按照形式來改變受動的質料。（四）就認知的層次而言，形式便是吾人所認知某一物的本質，所以，在存在言為形式，在認知言為本質。

　　第四，目的因：自然物皆尋求更高的形式的實現。凡所求者厥為善。當運動變化是導向某一個體或集體的善時，則此一活動所指向的結果，便是目的。所謂善，通常是指某一個體或集體之存有的保存、開展、與增益。當善被認知之時，便透過此一認知，來影響認知者，例如藝術家的情形便是如此。藝術家知一物之善，就因此一認知而影響藝術家創作此物。但善若未被認知，例如，在大自然中的大部分情形，大自然並不自覺地認知其善，此時，善便是以形式的身分來影響自然的運動。就此而言，亞氏的物理學研究目的因，便是研究自然如何運用已有的形式達到自己的目的。

　　必須附帶一提的是，技術產品的四因雖然可能各不相同，但自然物的原因，除了質料因以外，其餘的形式因、動力因和目的因其實都是立基於形式。由此可見亞氏認為形式和質料是自然物的基本結構。

　　以上所說的物理學上的重要原理，雖然只處理自然存有者（即自然物），但對實在論的亞里斯多德而言，自然存有者是最具體的指涉。因此，這些物理學上的思想，就影響到在物理學之後的形上學了。如此說來，以上所論之形質論、潛能與實現說，也都具有形上的意義。

　　首先，就形質論來說，一物的構成皆由於形式與質料兩者。形式是此物構成中的普遍面，使得此物與其它相同形式之物，共屬一類。同類皆有同一形式，而且此一形式會繼續繁延。例如，種豆得豆、種瓜得瓜，此即形式的綿延。至於質料，則是此物的個別面，所謂「物則不通」，質料便是使一物成為個體，不與其它物相通的原理。換句話說，質料就是個體化原理。從這裡，我們看到亞里斯多德在思考什麼是存有者的時候，是以自然物為具體的指涉。自然物是亞氏所言的實體（substance, *ousia*）的最好的例子。實體有二義：一是指個體，一是指使個體成其個體的本質。此個體與本質二義，乃是依物理學中自然物的構成原理──形式與質料──兩者來規定的。下文我們將會看到亞里斯多德的「存有學」（ontology）在提出之後，立刻轉變為「實體學」（ousiology），實際上是受了物理學中之思路的影響。就其被思想把握而言，在認識的層面，形式便是一物的本質和屬性，而質料則是無法進入思想中，但卻支持著本質與屬性的支撐物（substratum）。這點在中世紀哲學中便發展成為本質與存在的分野。更進一步言，當認識發表而為語言，便形成命題。形式在思想中為本質，在命題中則為謂詞；質料在命題中，就變成命題的主詞。一個命題，就主詞來看，有認定的作用（identification）；就謂詞而言，則有普遍化的作用（predication, universalization）。由此可見，在亞里斯多德的思想中，形上面、認識面、語言面，三者是一致而融貫的，這點對後世的實在論有既深且巨的影響。

　　其次，從潛能與實現說來看，質料的本質在於潛能，形式的本質在於實現（包括靜態的「已實現」和動態的「能實現」）。由潛能與實現所構成的發展的宇宙觀，是爾後西方思想史上重要的成分。所有的自然物，都具有某種已實現的形式，同時，這個已實現的形式，又成為獲取新形式的潛能。例如：春天花開是一種實現，但花開亦有結成果實的潛能。在形式實現之時，能動的自然就透過一種穩定的形式，來表現其能動性。對西方近代科技思想而言，運動就不是靜止，靜止就不是運動，這是一種機械的運動觀，最清楚地表現在牛頓（Sir Isaac Newton, 1642-1727）的慣性定律上。但對古希臘的思想而言，靜止並非不運動，而是能動著用一種凝聚的、穩定的方式，來呈顯其能動性，形式就是「存有者的存有」的呈現方式。形式即實現，實現即呈現（presence）。但是，已實現的形式，同時又具有取得新形式的潛能，針對新形式而言，反成為一種缺乏（privation）。也就是說，原來的呈現，同時也是一種遮蔽（dissimilation），可謂「即呈現即遮蔽」。一旦實現了新的形式，前一形式立即消逝，成為缺乏。例如，花在尚未結成果實之時，具有結成果實的潛能，對果實而言，花是一種缺乏；一旦結成了果實，果實即實現，但花已不在，對花而言，果實是缺乏。總之，形式便是在一種限定當中實現自己。實現的過程就是一種運動。在凝聚的實現之時，有所謂呈現，但呈現同時也就是缺乏、就是遮蔽。呈現與遮蔽，便是形式的雙重性格，這好似熊十力先生所說的：一闢一翕之道。唯有有生命之物，能蔽亦能顯。在開顯之時，始有真理可言。但開顯同時即是遮蔽。唯有有生命的東西能夠死亡，而且，一切生命在始生之時，即已開始死亡，真是莊子所謂「方生方死、方死方生」。在這裡我們看到的便是希臘思想的主流──有機的生命觀。而且，正如我們在深入地閱讀亞里斯多德的思想時所把

握到的：生命的能動性常能以已有的實現作基礎，走出自己，把自己實現在一個限定的形式當中，獲取一個新的質料，再返回自己。生命就是這樣一個不斷走出自己、置自己於限定的形式，再返回自己的歷程。在亞里斯多德的思想中，這是最深刻、最值得我們當代人予以反省的了。

最後，亞里斯多德的四因說裡面，最重要的便是目的因。既然自然物都以更高的形式、更完美的善為目的，來進行運動，那麼，整個自然界的運動終究要指向一個最高的形式、一個更完美的善，這便是亞里斯多德所謂的神，祂是第一個不被動的主動者（the first unmoved mover）。從形質論的觀點來說，祂是純粹形式（pure form），不再有任何的質料；就潛能與實現說而言，祂是純粹實現（pure act），不再有任何潛能；就原因論而言，祂是一切運動最後的目的因。神是思想其自身的思想，也就是思想的主體和思想的對象的合而為一，我們在下文將會較詳細地加以論列。

總之，亞里斯多德物理學中，其形質論所描繪的自然實體，將會影響亞里斯多德在存有學方面的思考，使其由存有學轉變為實體學；其次，亞里斯多德對目的因的論列，更使這個實體學轉變成為神學。在亞里斯多德的物理學中，最具有深刻的形上含意的，則要算潛能與實現說所展現的一蔽一顯、發展不已的生命觀了。至於在物理學之後的亞氏形上學，其中所包含的由存有論轉變為實體學，再由實體學轉變為神學的過程，將在下文繼續討論。

## 三、亞氏形上學的三層轉折：存有學、實體學、神學

前面我們已經指出在亞氏物理學中的形上含意，本節則進入真正在亞氏形上學中的思想。在亞氏《形上學》一書中，有許多重複《物理學》的篇幅，我們若把這些排除，專注形上學的部分，可以

發現亞氏形上學有三層轉折，即首先由存有學的提出，轉折到實體學，再由實體學，轉折而為神學。

## （一）存有學（ontology）

　　亞里斯多德的形上學在最初提出的時候，是採取了存有學的姿態，所以，在《形上學》第四書第一章，一開頭所說的：「有一門科學研究存有者本身，及其根本屬性。」這門研究存有者本身的科學，就是後世所謂的存有學（ontology）。亞氏存有學的提出，是為了超越其它特殊科學的畫地自限，以便求能洞觀全體，供給古代希臘學術，一個科際整合的基礎。為什麼說其它的特殊科學畫地自限呢？因為他們都只分割存有者的某一部分，只處理此一分割部分的屬性，例如，物理學只研究存有者運動變化的一面，數學則研究量和形式，但它們卻從來沒有從全體的觀點，來討論存有者本身，他們都限制在自己所分割出來的那一部分，於是乎成為一曲之士，不見大道之全，因而道術乃為天下裂。為了改變這種情況，重整學術，不但每一科學必須認識自己的限度，而且，必須就全體觀點來探討存有者本身，這就是亞氏所賦予存有學的任務。

　　不過，模稜兩可的是：亞里斯多德在思考存有學的時候，常受其物理思想的影響，以致他用實體來思考存有者，使存有學變成實體學，這點我們稍後再談。但是，在亞里斯多德存有學裡面，有兩點很值得重視的地方。第一，亞里斯多德把握到「存有者」（being）一詞是多義的，而非單義的；第二，由於「存有者」的意義是多義的，形上學既以研究存有者本身為職志，則研究形上學的適當方法，應該是類比法（analogy）。以上兩點，影響後世形上學極為深遠。

　　關於這一點，存有者是多義的。亞里斯多德在《形上學》第四書第二章開頭就說：「『存有者』一詞的意義有許多，但皆與一

核心點——一個確定種類的事物——相關，而不僅只是一種歧義而已」。亞里斯多德隨後指出：存有者一詞的多義性，正和「健康的」、「醫療的」等詞的多義性相類似。「健康的」一詞，可以指維持健康之事物——例如飲食與運動；亦可以指產生健康之事物，例如醫藥；亦可以指健康的徵候——例如臉色紅潤表示健康；亦可以指能健康之人——例如「蘇格拉底是健康的」。「健康的」一詞有這麼多意義，「醫療的」一詞亦如是：「醫療的」可以指醫術，可以指醫生，可以指醫療行動本身，亦可以指醫療的結果。正如同「健康的」與「醫療的」是多義的，「存有者」一詞也是多義的，不過皆指涉一個起點：「有些事物被稱為存有者，因為它們是實體；有些則是實體的變化（按即偶性）；別的則是走向實體的途徑（按即誕生與成長）；有些是實體性質或性質的缺乏；有些是實體或與實體有關的一切的動力因或生產因，有些是對某一實體的某一性質的否定，或是對實體本身的否定」。[3]由此可知，「存有者」是多義的，因為無論各種實體（某個無生物、某生物、某植物、某動物、某人）、偶性（質、量、關係、處所、地點、姿態、狀況、主動、被動）都是「存有者」。「存有者」一詞可以用到各種不同的場合，此即其多義性所在。不過，亞里斯多認為，「存有者」雖屬多義，但卻指涉同一個核心點或起點——實體，這就是存有學轉向實體學的轉捩點，我們稍後再談。先談處理多義的「存有者」之方法——類比法。

　　「存有者」一詞是多義的，適用於許多對象和場合，這些適用於存有者的對象和場合，一方面相似（因為皆是存有者），另一方面又不相似（因為是不同的存有者，而這些不同又皆存在，而可稱

---

[3] Aristotle. *Metaphysics*, 1003b 5-10.

為存有者）。這種既相似又不相似的關係，就是類比關係，亞里斯多德提出兩種類比關係──比例類比和歸屬類比──但其中只有歸屬類比適用於「存有者」。

比例類比，是指具有類比關係的各詞之間構成一種數學上的比例。亞里斯多德在《尼可馬古倫理學》（*Nicomachean Ethics*）中論及善的時候，認為善的關係具某種比例類比：「的確，正如同視覺對於肉體，同樣地，理智對於靈魂亦如此」[4]。也就是說，這其間有一種比例類比，A：B ＝ C：D，**視覺：肉體 ＝ 理智：靈魂**。這種比例類比在日常生活和文學修辭中常常使用到，例如，**人腳：人 ＝ 桌腳：桌子，女人發怒：女人溫和 ＝ 母老虎發怒：母老虎溫和**。比例類比是建立在本質或偶性的相似或不相似上的，由於「存有者」超越任何本質層次，所以，比例類比並不適用於存有學上面的思考。

歸屬類比，是指具有類比關係的各詞之間皆共同與同一詞有關係，亦即共同隸屬於同一詞的使用。這種類比關係就是在亞里斯多德《形上學》第四書第二章提出的。正如同飲食、運動、醫藥、臉色紅潤、人，皆隸屬於「健康」的適用範圍，同樣，無生物、生物、動物、牛、馬、人，或質、量、關係、地點、姿態、狀況、主動、被動皆隸屬於「存有者」的適用範圍，因為它們都是存有者。歸屬類比的關係可以圖示如下：

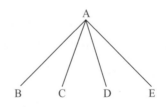

---

[4]　Aristotle. *Nicomachean Ethics*, 1096$^b$ 30.

其中 B、C、D、E 皆共同隸屬於 A 的適用範圍，所以 B、C、D、E 彼此之間具有歸屬類比，因而不同於比例類比的 A：B ＝ C：D 的公式。

從以上對於類比的考慮，若用現代的思想來看，我們可以很輕易地便指出亞氏這種類比思想其實是建立在一種語意學進路上的。也就是說根據一個語詞在語意上的適用性來考慮類比關係。比例類比是語意上的比例，而歸屬類比也是語意上的歸屬。語言層次在某種程度上規定了存有學層次。這點在當代法國語言學家本維尼斯特（Émile Benveniste, 1902-1976）所著〈思想範疇與語言範疇〉（ *"Catégories de pensée et catégories de langue"* ）一文中有詳細的分析。亞氏對於存有者的看法，受希臘語言之限定，這是一個明顯的語言學事實。⑤

語法的考慮亦清楚地表現在亞里斯多德的範疇論（ *Categoria* ）上。亞氏羅列十大範疇，作為對於稱謂存有者的全體謂詞的最大分類。計有實體一項，以及偶性九項：質、量、關係、處所、地點、姿態、狀況、主動、被動。其中，「實體」乃由對於希臘語法中的名詞，尤其個體和類的名詞的考慮而來；「質」、「量」是希臘文中的兩種形容詞；「關係」為另一種形容詞；「處所」、「地點」指兩種副詞；最後四種：「姿態」、「狀況」、「主動」、「被動」，則屬動詞。

由此可見，亞氏的範疇論基本上是邏輯性的，而不是直接形上學性的。⑥它所直接關涉到的是吾人對於存有者所賦予的謂詞，

---

⑤ 參見 Benveniste, Émile. *Problèmes de linguistique générale, I.* Paris: Gallimard, 1966, pp.63-74.

⑥ Aristote. *Les Attributions (Catégories). Le texte aristotélicien et les Prolégomènes d'Ammonios d'Hermeias.* Présentes, traduits et annotés par Yvan Pelletier. Paris: Les Belles Lettres, 1983, p. 12.

而不是存有者本身。它所關涉到的是人類對於存有者有所覺察時，對於它們的明確本質所能形成的最高明辨的表象，成為爾後定義的依據。因此，範疇論不是對全體存在的分類，而是對全體表象的分類。範疇論規定了人類理性在認識某一物時的第一步運作：它必須認定它是實體或是偶性中的任一種，如此才能掌握本質，甚至進而形成定義。基本上，這是屬於邏輯的範圍，而不是像有些哲學史家所認為的，形上學的範圍。但是，由於亞里斯多德的語言、邏輯、形上貫串為一個統一的整體，範疇論亦間接具有形上學的意含。

　　亞里斯多德的範疇論是由於語言、邏輯的分類而影響及對存有者的分類，這是古希臘的範疇論的特色。至於康德的範疇論則是先驗性的最高先天概念之總綱，用以解釋牛頓物理學甚或一般經驗成立的可能性條件。而當代的懷德海所提出的範疇總綱，則是針對愛因斯坦以後的字宙觀中之存在、解釋與規範的最大分類。三者的旨趣有相當的差異。

　　撇開希臘語言的特性和語意學進路對於形上學的影響不談，亞里斯多德所提出的類比法，在哲學上是有其重大意義的。首先，類比法使哲學不自囿於科學的層面。科學上所使用語言，尤其是數學和邏輯，都力求「一義」，以避免任何的歧義性，纔能精確地傳達科學研究的成果。類比法是哲學超越一義的、平面的思惟。其次，類比法亦使哲學不同於文學，文學中使用許多顯喻、隱喻，也是一種「同中有異，異中有同的類比」，以呈現生活經驗情感和想像的豐富多樣性，但這種類比的基本模式是比例類比，其出發點亦非如形上學的觀照全體，而是展露個別性。總之，類比法的運用使哲學能超越科學與文學的囿限之外，而開展出自己的嶄新園地。

## （二）實體學（ousiology）

前面我們提到，亞里斯多德認為「存有者」一詞的意義有許多，但皆與一核心點有關，與一種確定種類的事物相關，與一個起點相關……。亞里斯多德所指的核心點、確定種類的事物、起點，其實就是「實體」（ousia）。亞氏思路受到物理學的影響，使他在思考「存有者」時，以實體為核心的指涉，於是「存有學」轉變成為「實體學」。所以亞里斯多德在《形上學》第七書第二章就直截了當地說：「『存有者是什麼』的問題，正是『實體是什麼』的問題。」[⑦]

這一轉變亦和希臘人的思惟方式有關。對希臘人而言，對「存有者」（bing）的了解是根據其「呈現」（presence）來看。形上學探討「存有者本身（bing as being）」其實就是研究「呈現之所以為呈現」（presence as presence）。所以對於亞氏所言：「有一門科學研究存有者本身及其根本屬性」。當代大哲海德格乾脆解為：「有一種理智運作研究呈現之所以為呈現及其根本屬性。」但是，現在呈現在我們面前、有自身的統一性之物，不是別的，正是實體。

那麼實體是什麼呢？關於實體，亞里斯多德在《形上學》第七書有更為詳細的闡述，不過，他在第五書解釋名詞時，對於實體一詞的意義有很簡要的敘述：

我們所謂的「實體」指：

(1) 單純物體，例如地、火與水和其它這類事物，和由這些單純物體所組合而成的一般物體，例如動物實體和神性實

---

⑦ Aristotle. *Metaphysics*, 1028b 3.

體，以及它們的各部分。（按：在此實體指個體或主體。）
這些之所以被稱為實體，因為它們不是某一主詞的謂詞，
卻是其它謂詞的主詞。

(2) 那呈現在上述物體中的部分，不作為某主詞的謂詞，而是
以上物體的存有的原因，例如魂是一個動物的存有的原
因。（按：在此時實體指實體形式。）

(3) 那些呈現在上述物體中的部分，限定這些物體，使其成為
個體，此部分一旦毀滅，全體即毀滅，……（按：在此實
體指質料，因為質料對亞氏而言是個體化的原理。）

(4) 本質亦是每一事物的實體，本質用言語表述，即為定義。
（按：在此實體指本質。）[8]

從以上四個意義，我們可以歸納為兩個。因為無論 (2) 實體形
式、或 (4) 本質，都是涉及了形式；而無論 (1) 個體或主體、或 (3)
質料，對亞里斯多德而言亦可等同，因為若以實體為主體，則最後
說來，主體等於質料。[9]為此，亞里斯多德進一步綜合實體的意義
有二：

(1) 不再作為任何事物的謂詞之最後底基。（按：指個體、主
體，或質料。）

(2) 使一物之所以為此物，亦因此而可以分離的形式。（按：
指實體形式，或本質。）

可見亞里斯多德對於實體的看法實受原來物理學中的形質論思
路之影響，這也是形上學乃「物理學之後之學」的最具體表現，這
個線索使我們明白為何亞里斯多德以實體為存有者的存有，以致使

---

[8] Aristotle. *Metaphysics*, 1017b 10-23.

[9] *Ibid.*, 1029b 1-25.

存有學轉為實體學，而沒有把握存有學差異，使形上學有更深一層的發展。

　　亞氏實體學最重要的一點，在於奠立了三段論證推理的最後根據：不矛盾定理。三段論證既為其它學術理論進行之依憑，而亞氏形上學（在此指實體學）旨在奠立不矛盾律，亦即奠定全體科學的基礎。亞氏說：「哲學家既研究一切實體的本性，顯然就該由他來探討三段論證的原理」。⑩又說：「有一個原則……每一個稍有所知的人皆須知道的原則，任何人在進行特殊研究之前就知的原則，顯然是在一切原則中最為確定的……那就是同一屬性不可能同時在同一觀點下既屬於又不屬於同一主詞」。⑪「顯然地同一個人不可能同時相信同一事物既存有又不存有」。⑫這不矛盾定律是自明的，它的自明性便成為一切學術言說的基礎。

　　從當時學術環境來看，亞里斯多德的形上學由存有學轉折為實體學亦有其用心良苦的地方。概略說來，亞氏要針對由辯士派所造成的學術風氣。由於都市文明興起，個人主義風盛，而公共集會以及商場上均需言辯能力。辯士們乃鬻學為生，教雅典青年人修辭與辯論。辯士們雖思考修辭與語言，成為最早的文法學、語言學的創立者，但是，他們對於語言，只重視其社會價值，不重視其真理價值。也就是只重視向誰說（Speak to Whom），所謂「見人說人話，見鬼說鬼話」，而不重視說什麼（Speak about What）。為此，語言只有說服別人的社會功能，卻沒有建立科學的真理功能。亞里斯多德認為在此情形下，學術尊嚴無由確立，而且學術若失尊嚴，社會與文化必陷危機。為挽救文化與社會，為確定學術的尊

---

⑩ *Ibid.*, 1005b 6-7.

⑪ *Ibid.*, 1005b 15-20.

⑫ *Ibid.*, 1005b 28-30.

嚴，首先必須重視語言的真理價值。重視語言的真理價值，就要看每一命題的指涉（reference）。對於亞里斯多德而言，命題的指涉就是實體：（一）指涉具體存在，呈現在前的個體；（二）或指涉使個體之所以為個體的本質。科學命題必須指涉個體或本質，而不可以視要說服的對象而定。科學的命題更不可以違背不矛盾定律，若有所推論，亦需根據以不矛盾律為本的三段論證來進行。就現代哲學言之，指涉的問題是屬於語意方面的；不矛盾律與三段論證則是語法方面的語句轉換規則。確立的語法與和語意的規則，科學的嚴格性纔得以確立，亞氏實體學的思想主旨即在給科學的嚴格性奠立基礎。

以上我們已經討論到亞氏形上學由存有學到實體學的轉折，下文我們再談由實體學到神學的轉折。

## （三）**神學**（theology）

亞里斯多德的形上學首先以存有學的姿態提出，然而由於物理學中思想架構之影響，加上亞氏以一種實在論之態度來探求「存有者」一詞之指涉，使得存有學轉為實體學。更進一步，亞里斯多德為了圓滿解決物理學的問題，並奠定全體存有者之基礎，因而提出最高的第一實體，為此，實體學更進而轉為神學。

首先，就物理學而言，形質論指出必須肯定一個純粹形式；潛能與實現說指出必須肯定一個純粹實現；運動理論指出必須肯定一個第一不被動的主動者。對於亞里斯多德而言，這純粹形式、純粹實現和第一不被動的主動者，就是神（*theos*, God）。

首先，自然物皆是由質料與形式構成的。形式乃一物之完美性與可理解性。自然物由於形式與質料不同比例之合成，而有各種比例的完美性和可理解性，因而亦有各種等級的不完美和不可理解，

自然界乃有各種不同的完美和可理解的等級。如此，必有一個最可理解、最高完美的純粹形式，此即神。

不過，形式的本質在於實現，而質料的本質在於潛能。對於純粹形式的肯定，尚需在潛能與實現說中獲得補充。因為，亞氏認為，在潛能與實現之間，實現（*energeia*）占優先。實現之優先性具有三重意義：邏輯上的優先性、時間上的優先性、和實體學上之優先性。(1) 實現對於潛能而言具有邏輯上之優先性，因為在概念上，我們是從一種能力的實現來理解這種能力。(2) 實現對於潛能而言具有時間上的優先性，因為，雖然就個別物之誕生言，其潛能在時間上優先於其實現，但是就全體變動歷程而言，實現必在時間上優先於潛能，否則不可能在潛能中有任何實現。例如：人生人、一個飽學之士教導另一個人成為飽學之士，都是對實現而言始有潛能，或有實現之潛能。(3) 實現對於潛能而言具有實體學上之優先性，因為凡變動都是在朝向實體而變動，實體乃變動之實現，蓋變動皆是「為了」實體，所以，從目的論來說，實現具有實體學上之優先性，潛能都是為了某種目的（實現）而變成潛能的。亞氏說：「我們之所以能看，是因為我們有視覺，並不是為了能有視覺而看」。[13] 又說：「變動追隨存有並為了存有，並非存有追隨變動」。[14]（按：對亞氏而言，實體即存有者之存有。）

既然實現優先於潛能，則必有純粹實現之物存在：「如果它們不存在，則沒有任何其它物會存在」，[15] 因為潛能仍有待實現，在未實現之前，形同無物。實現既優先於潛能，便要求有純粹實現之物。純粹實現是最完美的，它是一切其它變動之最後目的。這個

---

[13] *Ibid.*, 1050a 10f.

[14] Aristotle. *De animalium generatione.* 778b 5f.

[15] Aristotle. *Metaphysics*, 1050b 19.

第一優先、最完美、必然存在、且為全宇宙運動之所向的必然存在者，便是神：「祂是一個必然存在的存有者，祂亦是善」。[16]實現既然是形式之本質，則純粹實現之肯定亦為純粹形式之肯定。

最後，亞里斯多德物理學中的運動理論，終究必須肯定第一不被動的主動者。蓋運動實乃由潛能走向實現之歷程，既然吾人在潛能與實現說裡面必須肯定一個純粹實現，同樣，我們在運動理論中也必須肯定一個第一主動者。亞里斯多德認為所有在自然界的運動都是被動的（moved）。全體被動者皆有其受動之動力因與目的因。對亞里斯多德而言，全體自然界之運動的動力因與目的因乃同一個存有者──即純粹形式、純粹實現之神。亞氏討論第一主動者之文主要有兩處：一在《物理學》第八書，一在《形上學》第十二書。在《物理學》中所論者乃永恆、無擴延之第一主動者，為世界之物理運動之原理。在《形上學》中，則是純粹實現、思想其自身的思想者。兩者皆同樣指神，但所屬方面不同：物理學所言者乃就宇宙的觀點來說，神是全宇宙運動之動力因；形上學所言者乃就存有學的觀點來說，神是全宇宙運動之目的因。

對亞氏而言，既然神是純粹形式，純粹實現，乃永恆不被動之主動者，乃全體存有界之基礎，乃第一實體，則對它的研究應為最高之科學，這門科學就是神學。於是形上學變成神學。亞里斯多德說：

> 但是，假如有一存有者是永恆、不被動而且獨立的，顯然對它的認知隸屬於一門理論科學。但是並不屬於物理學（因為物理學討論能被動之物），亦不屬於數學，而是屬於一門優先於兩

---

[16] *Ibid.*, 1072b 10.

者的科學。因為物理學雖討論獨立存在之物，但並非不被動之物；有些部分的數學討論不被動之物，但並非獨立存在之物，卻是只能在質料當中始獲其體現；但是，「第一科學」討論既獨立存在又不被動之物。一切的原因都必須是永恆的，尤其以這些獨立存在兼不被動之物為然；因為它們是任何對我們永恆顯現之物的原因。因此，一共有三種理論哲學：數學、物理與神學，因為：如果神呈現在任何地方，它一定呈現這類事物內；最高的科學應該處理最高的對象。[17]

由此可見，亞里斯多德原來是要提出一門「存有學」以濟物理學與數學之割裂與偏執，但是，這存有學一轉而為實體學，再轉而為神學。「神學」、「第一科學」是亞氏親自給予形上學的名稱！

亞氏之所以會如此急轉直下，由存有學歷實體學而終結於神學，其因乃在於忽略了存有學差異。沒有注意到存有是不同於存有者的。亞氏的存有學提出了存有者本身，更進而以實體為存有者之存有，莫怪要終結於以第一實體——神的實體為最後明確的思考對象了。

亞氏忽略了存有學差異，更再形上學結構中形成了當代大哲海德格所謂的「形上學的存有・神・學構成」（Onto-theo-logical constitution of metaphysics）。此種形上學是由存有學和神學構成的。一方面，亞里斯多德在存有學中提出存有者本身，以奠定其它特殊科學對於存有者之研究的基礎；另一方面，又在諸存有者中找到神性存有者作為第一因，以奠定全體存有者之基礎。在亞氏形上學中，兩方面的連接是由實體學來擔任媒介的。

---

[17] *Ibid.*, 1026a 10ff.

　　雖然亞里斯多德的形上學由於存有學的遺忘和物理學的影響而有許多缺點,但他對於神的討論卻是十分深刻的,可以說是觸及了思想最深刻的一面。純粹實現的不被動之第一主動者——神——是一純粹之思想,即思想其自身的思想,思想思想其自身,乃思想的主體與客體之合而為一,此亦善之至境。以下是許多精彩文字中的兩段:

　　　第一主動者必然存在,就其必然存在而言,其存有之方式即為善,亦以善而為第一原理。……諸天與自然世界即依賴此一原理,祂是吾人所能至享之最善生命,而且只能短暫有之。

　　　思想本身所思者厥為至善,最圓滿意義之思想所思者厥為最圓滿意義之至善。思想思想其自身,因為祂分享了所思對象之性質。祂在接觸並思想其對象之時,便成為思想自己的對象,此時思想及思想之對象乃合而為一。……此種沉思默想乃至高的福樂。此種喜樂之狀態在吾人一生僅有片刻享有,但神則永遠有之,此事令人讚嘆。⑱

　　思想思想其自身可謂「自覺的思想」,然而,最圓滿意義之思想則是全面自覺之思想,在全面自覺的思想中,思想的行動與思想的對象合而為一,這對亞氏而言乃是至高的福樂,至於我們人類只能偶爾體驗到主客合一之境,片刻享有此種福境,然而神則永在福境,因其所思,厥為至善。

---

⑱ *Ibid.*, 1072b 10-25.

# 四、結語

　　總結前面所論的亞氏形上學，我們可以簡略地綜合其形上學的優缺點如下：

　　亞里斯多德形上學的優點：

　　（一）在物理學的形上含意裡面，亞氏提出的「潛能與實現說」不但顯示出一個不斷發展的宇宙觀，而且形式所具有的「即呈現即遮蔽」的雙重性格，亦顯示亞氏對生命歷程的深刻把握：生命乃一不斷走出自己，置自己於限定的形式，再返回自己的歷程。亞氏的宇宙觀可以說是以這樣的生命為典範而成立之思想體系。

　　（二）在西方形上學史上，亞氏最先提出研究存有者自身為職志的存有學，並以之來濟物理學、數學等特殊科學之偏頗、求能窺學術之整全。

　　（三）亞氏把握到「存有者」一詞之多義性，並且提出類比法做為形上學的方法，使哲學能有超越科學與文學而特屬於自己的方法。

　　（四）亞氏在對於神學的討論上，以神為思想自身之思想，乃思想主體與對象之合一，為至善至樂之境，可謂對於思想經驗極深刻的把握。

　　亞里斯多德形上學的缺點：

　　（一）相當受其物理學之影響，未能擺脫自然哲學或宇宙論之框架而發展出其存有學來。

　　（二）沒有注意到存有學差異，而只研究存有者本身，尚未把握到存有之豐富內含；更由於物理學之影響和實在論上之考慮，以實體為存有者之存有，使存有學轉為實體學，更由實體學轉為神學。西方形上學史要到聖多瑪斯纔明確地把握到存有學差異。

　　（三）亞式形上學的基本架構乃一種存有神學構成，此種結構奠立了西方形上學的基本型態。

第六章

# 中世紀的發展與
# 聖多瑪斯的形上學

## 一、前言

在西方形上學的發展史上，古希臘的亞里斯多德首先提出形上學作為一門科學，以研究存有者之整全，以統攝割裂存有者之一面而治之的群學。這在形上學發展上可謂一極為重要之階段。可惜亞氏仍受其物理學（自然哲學）裡面主要思想的牽制，且又遺忘了存有學差異，把實體當作存有者之存有，使其形上學未臻完備。不過，由於他第一個以系統方式提出形上學，對於後世哲學影響甚巨。在中世紀一千年思想史的發展之中，若要在形上學上推出一個能上繼亞里斯多德，兼又綜合中世紀思想的集大成代表人物，則非聖多瑪斯（St. Thomas Aquinas, 1225-1274）莫屬。中世紀天主教哲學傳統用基督信仰提高並擴充了希臘的人文思想，其主要的哲學旨趣在於調合理性與信仰。聖多瑪斯繼承了亞氏形上學傳統，但並不只把形上學用來綜合百學，卻志在調合理性與信仰，綜合人生全體經驗，甚至為全體存在定位。聖多瑪斯的形上學不但注意到存有學差異，補充了亞氏形上學之不足，而且深明存有與存有者的關係。他對於存有與存有者的差異與關係的思考，在形上學發展史上乃一極重要的階段。

本章將依序談論在聖多瑪斯形上學中所處理的 (1) 存有與存有者的差異與關係；(2) 存有與人的關係；(3) 存有與價值（即超越屬性的問題）；(4) 存有與無限實體（神）的關係等等重點。

## 二、存有與存有者的關係及差異

聖多瑪斯很清楚地看到存有與存有者彼此的差異，同時又注意到兩者彼此的關係。通常聖多瑪斯稱呼存有為「共同存有」（*Esse Commune*, Common Being）或「存有本身」（*Ipsum Esse*），它既非「存有者」（*ens*）；亦非獨立自存的無限存有者——神。

　　首先，聖多瑪斯從來沒有把存有與神視為同一。神是獨立自存的存有本身（*Ipsum Esse Subsistens*）。存有是存有者的存在活動，並不具獨立自存的實體性，更非無限的實體——神。所謂共同存有亦非包含神及全體受造物的實在界之總稱，若存有是這樣一種普遍的實在，則必須肯定有在神之先之物了。但聖多瑪斯否認這種可能性，因為神和受造物彼此的類比是來自於神本身，而無需肯定一個第三者來包容神與受造物。關於存有和神的關係，在聖多瑪斯形上學中十分重要，但留待最後再來討論。在此，我們可以暫時肯定，存有並非獨立自存的存有者或至高存有者——神。

　　其次，「存有者」（*ens*）這個概念在聖多瑪斯形上學中亦為十分重要的概念。因為，聖多瑪斯認為：「理智所最先理會，最為認識，而且由此認識來衍生出其它概念者，厥為『存有者』」。[1]存有者就是具體存在之物，而存有則是此具體存在之物的單純而滿盈的存在活動。存有者是其存在活動（存有）的主體，但存有則是這主體所進行的單純而滿盈的存在活動。存有與存有者雖然有密切的關係，但兩者仍有重大的差異。存有與存有者之差異就是所謂「存有學差異」。

　　存有就是一切存有者單純而滿盈之存在活動。在一切存有者內所含有的最深刻、最豐富的就是它的存在活動。這種存在活動是一種單純的實現、一種內在的滿盈。

　　首先，存有是存有者單純的實現。多瑪斯認為：「存有就是實現」；存有「是一切形式或本性的實現性」。[2]存有是「一切完美中最完美者，因為存有在一切中扮演實現的角色」。[3]「存有是一切實現的實現性，一切完美的完美性所在」。[4]

[1] St. Thomas Aquinas. *De Veritate* 1, 1.

[2] St. Thomas Aquinas. *Summa Contra Gentiles*, I. 38.

[3] St. Thomas Aquinas. *Summa Theologica*, I. 4, 1, 3.

[4] St. Thomas Aquinas. *De Potentia*, 7, 2, 9.

其次，存有也是一種內在的滿盈，一切美好皆由它內在開展出來。多瑪斯說：「存有並非由其它事物所規定，如同潛能被實現所規定，更好說是像實現被潛能所規定一般。」⑤存有是具不斷開展的潛能的實現性，一切能有者皆具足於此，所以，多瑪斯說：「沒有異於存有之外者能被增益於存有之上。」⑥而且，這種滿盈超越本質的規定。本質再如何擴大，亦不能窮盡存有。多瑪斯說：「存有本身就絕對言之乃無限的，因其能被無限多的本質以無限多的方式來分享」。⑦存有超越本質表示存有的內在豐富性超越任何思想的規定之外。

每一存有者皆有單純而滿盈的存在活動，並且超越本質的規定。每一存有者內在皆含藏豐富，可以說皆是內含無窮奧祕，不能由科學和任何研究所窮盡。這種洞見，使得聖多瑪斯和一切與他具有同感的思想家，能在萬物中看到無窮奧蘊、一切皆平等。也就因為同樣的精神，使聖方濟各（St. Francis of Assisi, 1182-1226）能把樹木鳥獸稱為自己的弟兄。詩人布萊克（William Blake, 1757-1827）說：「一粒沙中見世界。」馬塞爾（Gabriel Marcel, 1889-1973）認為存有含藏奧祕，也都是具有類似的洞見。

聖多瑪斯既以存有為存有者的存在活動，重視存有學差異，自亦不會再像亞里斯多德那樣把實體視為是存有者的存有。存有乃存有者所進行之存在活動，但它本身並非獨立自存之物。實體纔是獨立自存之物。聖多瑪斯說：

---

⑤ Ibidem.

⑥ Ibidem.

⑦ *Summa Contra Gentiles*, I, 43.

存有指稱一種滿盈和單純，但並不獨立自存。與此相反地，實體（substance）指稱一種獨立自存並立於其它物之下者。[8]

不過，「存有」和「獨立自存」亦有很重要的關係。但聖多瑪斯在了解獨立自存時，多就消極方面言之。他說：「獨立自存就是存在在己內，而不在其它物之內」。[9]「不在其它物之內」並不能積極說明獨立自存。至於「在己內」或「藉己力」，聖多瑪斯並未積極說明之，而亦只賦予消極的意思：「所謂藉己力似乎只包含一項否定，因為一個存有者之藉己力就是表示它不藉外力，這點純屬否定之意」。[10]不過，有些地方聖多瑪斯似乎預想到一種積極的想法，但並未予以開展。聖多瑪斯說：

一物若能按己之存有而返回自己，則它應能獨立自存。[11]
返回自己的本質……就是意指獨立自存；實際上，凡不獨立自存的形式皆必須分散於其它事物中，而不能凝聚在己內，但是能獨立自存的形式，當其分散於其它物之時，便予以成全或予以影響，而其本身則仍留居己內。[12]

在這些文字裡，聖多瑪斯似乎提出了「獨立自存」與「返回自己」或「反省」的關係，但並未予以發展，而且沒有進一步探討像「反省」這種精神存有者的特性，如何能與物質實體有關係。聖多

---

[8] *De Potentia* 1, 1.

[9] *Summa Theologica*, I, 29, 2.

[10] *Summa Contra Gentiles*, 1, 25.

[11] St. Thomas Aquinas. *Lib. de Causis*, Prop.XV, Lec.XV, no.304.

[12] *De Veritate*, 2, 2, 2.

瑪斯提到反省，似乎已經預示了近代哲學的路徑，但畢竟他在這方面的討論仍然消極性居多。在反省問題上的缺乏發揮，使其哲學仍停留於先批判期（pre-critical）。反省的問題，有待笛卡爾後的哲學，尤其有待康德和黑格爾的大力發展。這點我們以後再予詳論，先在此埋下伏筆。

究竟，存有與存有者的差異與關係應如何用較簡潔的方式來予以陳述呢？我們可以說：存有就是存有者的存在活動，而存有者就是存在活動的主體。聖多瑪斯說：「存有並非存有的主體，就如同跑並非跑的主體，我們不能說跑在跑。同樣我們不能說存有在存有。正如存有者乃存有的主體，同樣，奔跑者乃奔跑的主體。依此理，我們可以說，奔跑者之所以跑是因為它是跑的主體而且參加了跑的行動；同樣我們可以說存有者存在因其參與存有之行動」。[13]

由此可知，存有者的存有指存有者的存在活動，而非如亞里斯多德所言指實體。究言之，聖多瑪斯認為實體有二義：一指使一物之所以為此物的「本質」，一指「主體」。聖多瑪斯說：

> 所謂實體，第一義指一物的「此物性」，乃定義之所指，因此我們說定義指事物的實體，此義的實體希臘人稱為 *ousia*，而吾人稱為『本質』。實體的另一義指主體或支持者。[14]

由此可見，聖多瑪斯已有某種主體的思想，因而把實體詮釋為主體，只是他之所謂主體，尚無近代哲學如笛卡爾所謂之思想我，存有是主體的實現，但主體在實現其存有時，必須透過實現其本質來媒介。因此，由存有者到存有，有以下三層進境：

---

[13] St. Thomas Aquinas. *Boeth. de Heb*, Lect.2, no.23.

[14] *Summa Theologica*, I. 23, 2.

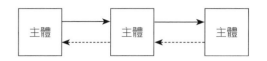

　　基本上，這種進境與儒家所言，由盡己之性到盡物之性、到贊天地之化育而與天地參的思想，有其異曲同工之妙，皆是由主體透過實現本質來實現存有，存有乃主體的實現與本質的實現。但聖多瑪斯並未解決如何在存有內分殊而生主體與本質的問題，兩者似應在存有內有其內在的決定，但表面上看來，聖多瑪斯似乎只滿足於把三者並列，亦即認為存有尚假定了主體及其本質。不過，聖多瑪斯有一段話似乎表明了：在神內，存有整體透過本質而返回自己，成為主體。聖多瑪斯說：

　　在神內有隸屬獨立自存、本質和存有的一切。不爲在於他物內之存有，乃自存；自存爲某物之存有，乃本質；爲實現之存有，乃存有本身。[15]

　　在以上這段文字內，前面所言三個進境皆涉及了存有。他的意思似乎是存有全體（*Totum Esse*）之滿盈自己返回自己，而且透過本質，成為獨立自存的主體。但對此聖多瑪斯並未加以深究。

　　總之，聖多瑪斯對於存有有一深刻的洞見，指出存有乃一切存有者單純而滿盈之存在活動，而且聖多瑪斯亦清楚認知存有與存有者的差異和關係。但是他並未對於主體或獨立自存有更進一步的了解，因此無法闡明存有與返回己內的主體的內在關係，這種內在關係須俟康德與黑格爾的形上學始有更進一步之解決。

---

[15] *Summa Contra Gentiles*, IV, 11.

## 三、存有與人的關係

　　在前文中我們探討了聖多瑪斯對於存有和存有者的差異和關係之看法。在所有存有者當中，聖多瑪斯十分重視人性存有者（human beings），因而在他的思想體系中，有著比亞里斯多德更為明確、更為詳盡的人類學（anthropology）。基本上，中世紀的物理學，除了承認自然之上另有超性界，且自然乃上帝所創造之外，大致上仍然延續了希臘的物理學。因此，聖多瑪斯的物理學與亞里斯多德並無巨大差異，然而其人類哲學則更為突出。在聖多瑪斯思想中，「人」之所以會更顯突出，其思想背景是因為在基督宗教裡面，尤其在舊約和新約裡面，人是上帝的兒女，而且被認為是上帝的肖像（*Imago Dei*），因為依照聖經的說法，上帝在創造人之時嘗謂：「且讓我們按照我們的肖像造人。」基督宗教尤其強調人是個完整的個體，而且是一個位格的（*persona*, personal）個體。這些思想就構成了聖多瑪斯人類學的主幹。

　　綜合地說來，聖多瑪斯認為人是一個位格性的完整的個體，具有高等的精神能力，能從事發展並完成其存有的活動。首先，人是一個個體。在中世紀時雖然認為人是靈魂和肉身組合而成的，但絲毫不妨害人是一個完整的實體，因為靈魂是這個實體的實體形式（substantial form），與作為質料的肉體合而為一個統一的實體。在此可見到亞氏形質論的痕跡。人就是一個個具有統一性的個人，並沒有集體的人。至於「人類」或「法人」這類名詞則是一種通稱，或一種虛構之位格（*personae fictae*），真正存在的是一個個的個人。而且，聖多瑪斯同其它大部分的中世紀思想家一樣，認為人是個位格之人。位格（*persona*）按照波埃秋（Anicius Manlius Severinus Boethius, c. 477-524 AD）的定義是：「以理性為本性的個體實體。」（*Persona est rationalis naturae individua substantia.*）。

其次，人雖然是一個位格的個體實體，但卻具有多元的能力，在這些多元的能力之中，相稱於位格地位的能力是理智和意志兩種精神能力。理智是認識的能力，意志是欲求的能力，兩者都是高度精神性，合乎理性的能力。最後，人根據這些能力，發而為各種行動（認識與愛善之活動），藉以發展並且實現自己的存有。

以上這種對人的看法，很合乎我們上面所提到的「主體——本質——存有」的格式。就人是個完整的個體而言，人是一個主體；就其所具有的精神能力而言，則是相稱於人的本質而有的能力；最後，人所從事的活動，都是在通過自己的本質來實現自己的存有。

從這個角度看來，在聖多瑪斯的思想脈絡裡面探討存有與人的關係，就是探討人的主體如何運用其本質能力來在活動中實現其自己的存有。既然人的本質能力基本上有理智和意志，其活動有認知與欲求兩者，則我們可以從這兩個方面來看存有與人的關係。首先，我們可以就認識方面來看人與存有在理論上的關係。其次，可以就意欲方面來看人與存有在實踐上的關係。

從認識的方面來看，人的理智可以分為主動理智和被動理智兩個層次。首先，一切認識皆從感覺開始，「在理智中者，無不先經感官」（*Nihil in intellectu quod prius non fuerit in sensu.*）。主動理智首先從感覺材料中抽象出其中的可理解的形式，使原先為潛能的可理解性，變成實現的可理解性，因而點化在具體存有者中內在的普遍性。然後再交付被動理智，予以對象化，變成實際的概念，即所謂「心靈之語言」（*verbum mentis*）。最後，認識程序完成於判斷（judgment），判斷就是在針對存有者及其本質，用存有予以連結起來。例如：「蘇格拉底是人」，在此，「蘇格拉底」是主詞，「人」是本質，「是」乃存有（to be）作為繫詞，旨在連接前兩者。

可見，在形上層面，有「主體——本質——存有」的格式，在認識層面則有「主體——形式——存有」；把判斷發表而為命題，

則有「主詞——謂詞——繫詞」。可以說，對聖多瑪斯而言，形上、認識、和語言三個層面亦是層層相應，彼此相符的。在認識的過程中，存有有如一道光明，照亮了所認識的存有者的形式；而在命題中，存有則變成繫詞，連結主詞與謂詞。因此，在認識層面來說，存有是使人得以認識的光明，並非人認識的對象，正如同在形上層面，存有是主體的存在活動，是本質的指向與完成，但存有並非存有者，亦非本質，而是兩者的功能所在。

對於聖多瑪斯來說，人的主動理智是肖似於神的理智的肖像，亦是分享了神的理智的美好。主動理智是在人理智內奔向存有之動力，在人全部認識過程當中，扮演光明之職。至於吾人從感覺材料中所抽象出來的則是一種可理解的象（intelligible species）。可理解的象藉著存有的光明而得以為吾人所看見，因此，由感覺中所抽象出來的形式是有限的、後天的，比起它們來說，存有的光明具有無限的優先性。在形上層次的主體，在認識層次則成為感覺材料之支持者，在形上層次的本質，在認識層次則為可理解之象；在形上層次的存有，在認識層次則為照亮象之光明。對於存有的認識，真可謂是「超乎象外，得其環中」了。

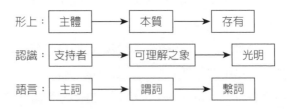

其次，從意志實踐的方面來看，意志的欲求活動並不像理智的認識活動，認識的活動是在認識者內在進行的活動。但是意志的欲求活動卻是走出意欲的主體之外的一種向外的活動。認識的活動所追求的價值為真理；意志的活動所追求的價值為善。多瑪斯說：

「善之意義在於事物之可欲;一切事所欲者厥為善」。聖多瑪斯在分辨理智的認識活動和意志的欲求活動時,有以下一段名言:

> 善指意欲之所指,真指理智之所趨。然而意欲與理智二者有別,在於所認識之對象在於認識者內在中被認識,而意欲之發生則在於欲求者傾向於外,指向所欲之對象。欲求之目的為善,善乃在欲求者外;認識之目的為真,在認識力(理智)之內。⑯

可見,意志的活動主要在於走出自己,趨向外在於己的存有者,以它的存有──以在己之外存有者的存在活動和完美,來豐富我之存在活動。認識的活動必須內省察而清明,但意志的活動則必須走出自己去愛。所愛者為何?乃在己外的存有者的存有。愛並非自私的、為己的;愛卻是為他、為別人的,必須走出自己,為別人的滿盈和美好著想。我愛的就是所愛者的完美。只有真正去愛所愛者的完美,纔能真正有益於自己的完美。

因此,意志從主體出發,其所趨向者乃所欲求的存有者整體,但意志在其身上所欲求者乃其存在活動──存有。所以在意志的實現過程中,其中主要的歷程是這樣子的:

主體→存有者→存有

由上可見,對聖多瑪斯而言,「真」是人在理智的認識活動中追求存有而成就的限定;「善」是意志在欲求活動中追求存有而成

---

⑯ *Summa Theologica*, I. 16, 1.

就的限定。真與善既是人在追求存有歷程中所成就之限定，同時又是人開展自己的存有的方式。

## 四、存有與價值──超越屬性

前文我們討論到聖多瑪斯所闡明的存有與人的關係，最後並論及人的理智的認識活動追求存有而成就了真的價值，人的意志活動追求存有而成就了善的價值，真與善同時亦為人開展自己的存有的方式。在此吾人已進入了存有與價值的關係之討論。對聖多瑪斯而言，價值正是人與存有的橋梁。聖多瑪斯的「超越屬性」（*transcendentalia*）理論，可以說是歷代哲學中一個最為完整而且深入的價值理論。價值並非是一種主觀的願望或評價活動，亦非純屬客觀的事物屬性，卻是結合兩者，而且為一切存有物內在動力與完美之開展與完成。首先，價值是立基於存有的，價值就是存有的超越屬性。其次，價值亦是立基於人的主體，乃人的本質能力之開展與實現。聖多瑪斯的價值論調合主客，為其形上學體系中極為重要的一部分。

「超越屬性」所提出來的形上學問題可以說是關於存有的意義的問題。對於聖多瑪斯而言，「超越屬性」是用最徹底的方法來明確化「存有」的意義，明白說出存有的屬性，而這些屬性與「存有」具有同等的廣泛的外延。因此，這種意義的明確化並不是在規定存有的類和象，卻是超越類與象而與「存有」同其外延，真正可謂「超乎象外」。超越屬性表現出存有的意義，並超越了各個別的存有者及其本質──類與象。不過，既然它們是涉及了存有的意義，當然就涉及了存有對於人的意義，尤其涉及了人的精神，因為所謂精神正是人的開放性，使事物得以在其中呈現而有其意義者。人皆須下學上達，亦即必須從存有者出發以漸次及於存有。所以聖多瑪斯建立超越屬性體系（即其價值體系）的程序，是首先由存有者出

發，再看存有者與人內在精神結構之關係，以進於存有本身。⑰

　　聖多瑪斯曾謂超越屬性一共有五個：「物、某物、一、真、善」。其中「物」、「某物」、「一」，乃剋就存有者本身而言者；「善」、「真」，則剋就存有者與人的精神結構之關係而言。此五個超越屬性可統攝為「一、真、善」三者來言之（因為「某物」、「物」皆可謂一之別目。）此外，聖多瑪斯對於美亦有精闢之討論，但並未明白列入超越屬性，其理由見後。吾人可以說，聖多瑪斯的價值體系即由「一」、「真」、「善」、「美」所構成，可以說是對古典文化所嚮往的高等價值，一個極為強而有力的表達。

　　簡言之，「一」乃表示存有者「在己不分」，皆為完整的個體。「真」、「善」乃表示存有者與人之精神結構的關係。精神能力有二，一為理智，一為意志。存有者與理智之關係為真，存有者與意志的關係為善。可見，聖多瑪斯之超越屬性之獲得，初由形器層面開始（ontic level），其次及於人之超越層面（transcendental level），最後再及於存有學層面（ontological level）。一、真、善，皆循此路線層層漸進。當然，在此我們可以提前指出，超越屬性所涉及者，或為存有者與自身之相符，或為存有者與理智、意志之相符，但並非存有本身內在普遍的相符性。這點亦透露出來，聖多瑪斯雖已注意及存有學差異，但仍十分受亞里斯多德實體學（ousiology）影響。

---

⑰ 關於聖多瑪斯的超越屬性，本人在另一專著中有詳細之研究。參見沈清松，《存有與價值——多瑪斯存有哲學「超越屬性」與中國價值哲學「精神價值」綜合比較研究》，輔仁大學碩士論文，民國六十四年（未正式出版）。

　　以下我們就分述「一」、「真」、「善」三個超越屬性，再及於聖多瑪斯對於美的看法，其中皆有由形器層面進入存有層面之漸進程序。

　　（一）首先，「一」這個超越屬性，包含三個層次：形器之一、類比之一與存有學之一。形器之一或存有者之一（ontic unity）指每一存有者，既然存在了，便具有本身的統一性，而且對於虛無而言便有判明之別。存有者本身的統一性，指他一旦存在，便是一個完整的個體，「在己不分」，不再是分割的狀態，個體（individum）的原意便是在己「不分割」（in-dividum）之意。對於虛無的判明之別，則指一旦存在，便不是虛無，不能是半存在半虛無。這是形器層面的一。其次，類比之一（analogical unity）是指存有者就其為存有者而言，便與其它存有者彼此具有相似性。雖然存有者的種類紛陳，但在眾多差異之中，剋就其為存有者而言，則皆相同。同中有異，異中有同，此乃全體存有者所具的類比的統一性。最後，存有學之一（ontological unity），則指一切存有者皆出自太一，而且返回太一。紛紜眾相的存有物乃出自太一的殊化與創造，而且終究返回與太一在奧妙中結合，此種存有上之結合為一之至境，亦為一切價值之總匯合處，宗教價值亦即懸掛於此。萬物在太一中以存有相結合，此謂存有學層面的一。

　　（二）「真」這個超越屬性，乃由於存有與人理智活動交接而有之，亦分形器之真、邏輯之真、與存有學之真三個層次。形器之真或存有者之真（ontic truth）的意義是指「事物符應於理智」（adaequatio res ad intellectum），此乃真理之客觀基礎。事物本身之結構呈現出可理解性，在與理智相逢之時，理智可以將此結構把握，實現為邏輯真理。其次，所謂邏輯之真（logical truth）則是被人的理智的認識活動所實現的真理，其意義為：「理智符合於事物」（adaequatio intellectus ad rem）。事物所含之結構被精神個體

的理智作用在認識行動中表現出來，所表現之認識內容若合於事物之結構，即為邏輯真理。完整的認識成於判斷或命題，所以，邏輯之真又可述為「判斷成命題符合於事物」。最後，「存有學之真」（ontological truth）則指思想者能知與所知之同一，存有與真理之同一。對聖多瑪斯而言，這個綜主客、合內外的原初同一，乃在於無限存有者——神——的原初理智之中，這個原初的同一者，既是自我認識的存有者，而認識又是其存有的自我呈顯。在此，真理不再是理智與事物的相符，而是兩者的原始結合。

　　（三）「善」這個超越屬性，乃由於存有與人的意志交接而有之，亦分為形器之善、道德之善、和存有學之善。形器之善或存有者之善（ontic goodness）是指任何個體，就其為存有者而言，都是意志所可欲求的：「可欲之謂善」（*Bonum est id quod omnia appetunt*）。善即存有的充實。每一存有者既皆進行存有活動，有存在之豐盈，便值得意志去予以肯定和追求。存有者之可欲性，乃善的客觀基礎。其次，道德之善（moral goodness）特指由於人的意志之自由決定，發而為實踐行動所肯定和實現的善。存有學之善（ontological goodness）則是指在太一之內存有與善之同一。蓋因著各種存有者的為己之愛和純粹之愛，存有全體緊密地連結起來，善即存有，存有即善，整個存有界為善之王國。與存有同一之善，即為存有學之善。

　　以上一、真、善三者均為超越屬性，皆可與「存有」互換：「一與存有互換」（*Unum et ens convertuntur*）、「真與存有互換」（*Verum et ens convertuntur*）、「善與存有互換」（*Bonum et ens convertuntur*）。換言之，凡是存有者皆是一，凡是一皆是存有者；凡是存有者皆是真，凡是真皆是存有者；凡是存有者皆是善，凡是善皆是存有者。但問題在於「美」是否亦為超越屬性呢？

聖多瑪斯本人並未明確交待此一問題，馬利丹（Jacques Maritain, 1882-1973）認為聖多瑪斯的確把美當作超越屬性，但因為多瑪斯既已認為美就是善，所以沒有另列之為超越屬性。不過，把美與善視為同一，並未積極地指出美獨立做為超越屬性的資格。柯瑞特（Emerich Coreth, 1919-2006）則認為美是「善和真的統一」，但此一論點亦未說明美為超越屬性之資格。另外，慕尼克（Mark P. de Munnynck, 1871-1945）和羅爾當（Alejandro Roldán, 1910-1994）皆反對美是超越屬性。所持之理由為：美在對象中有物質之因素；其次在主體中亦涉及感性之因素。[18]凡屬物質性和感性之物皆不是普遍的，因此，美只是局部的，並非普遍的，因此不能成立為超越屬性。或許聖多瑪斯因為有此一顧忌而未明列之。

其實，聖多瑪斯對於「美」的問題，有極精闢的見解。他在《神學集成》中明論美之三要素：①充實或完美、②均勻或和諧、③光輝。

「充實」（integrity）指個體充滿了適合其完美程度之存有。美的對象飽滿了存有之完美，凡欣賞者所能索求於該個體者，個體皆從其存有的完美中流溢出來，而無所缺。但凡在其存有之完美上有了欠缺，則在該欠缺上為醜。

「均勻」（proportion）或「和諧」指在殊多的存有成分中，由於其間恰當的比例，因而有一致的統一性，使得全體紛然雜陳的豐富存有呈現一片和諧。個別的藝術品或自然物因為具有秩序和結

---

[18] 以上分別詳見 Maritain, Jacques. *Art and Scholasticism*. New York: Charles Scribner's Sons, 1962, p.173. Coreth, Emerich. *Metaphysics*. English Edition by Joseph Donceel, New York: Herder, 1968, pp.144-146. Finance, Joseph de. *Connaissance de l'être. Trait'é d'Ontologie*. Paris: Desclée de Brouwer, 1966, p.194.

構而呈現和諧，便可稱之為美。整個宇宙亦因秩序與結構而透顯廣大和諧，則整體宇宙亦可稱之為美。

最後，「光輝」（clarity）對聖多瑪斯而言，乃「美之理」，「唯光美化，因為若無光，一切皆醜」。美是形式所透顯之光輝。形式是一切存有者的完美，亦是事物本質之完成。形式乃自然物與藝術品中的理想和價值所在。形式之所以會透顯光輝，是因為唯有形式表現出藝術家的創造力。

關於美是否為一超越屬性，聖多瑪斯未曾明言，但我們可以透過美與存有的互換可否來決定此一問題。美與存有的互換包含兩方面：(1)「凡美的都是存有者」，(2)「凡存有者都是美的」。前一命題可以成立，因為無論藝術品、自然物、幻想物……任何美的事物，皆可稱之為存有者。其次，人的精神程度越高，越能在表面上最無意義、最醜陋的事物中看到美好。禿山廢石，皆可點化為美。一切事物內在皆有形式之光輝。若有一全知、無限的靈智實體體察及此，亦可謂「一切存有者皆是美的」。尤其在聖多瑪斯神學體系中，應可肯定在純精神的太一眼中，一切存有者皆是美的。美既然可以與存有互換，則亦具超越性與類比性、而為超越屬性之一矣。

美既可與存有互換，亦可與存有之其它超越屬性互換。為此，我們所欣賞的美是真實的美，而真理亦為美之真理──美與真互換。其次，美可以作為欲求的對象，美是善，而善自亦有其美，例如道德之善亦為人格之美──善與美互換。最後，美總歸於太一，而太一為至美。每一個體有其殊致之美，而美亦展現在個體的統一性之中──美與一互換。

以上，「一」、「真」、「善」和「美」構成了古典文化所嚮往之至高價值體系，由聖多瑪斯形上學予以奠立、明說，並且澄清其在存有與精神兩方的基礎，以達到存有與精神結合之至境，使價值不偏主觀、亦不偏客觀。價值體系之建立，使人在文化創造中追

求存有、並實現其人性存有。價值為連結人與存有之橋梁，這可以說是聖多瑪斯形上學最重要的貢獻之一。

## 五、存有與無限實體——神

　　聖多瑪斯的形上學在形式上十分相似於亞里斯多德的，都在思想的頂峰處來探索至高的實體——神。亞里斯多德的神是「思想思想其自身」的最高、最完美的第一實體，以其完美做為運動變化中的宇宙之究極動力因與目的因。換句話說，亞氏的神乃為了理性地對應其物理學與實體學的最後要求而做之肯定，但此一哲學之神既不是有位格的，因此吾人無法與祂建立「你——我」之關係；而且也不是會創造的神，因此既不創造、也不照顧萬物，只以其完美「冷淡地」吸引萬物朝向祂運動。聖多瑪斯的神就大不相同了。前文提到，聖多瑪斯的形上學旨在調合理性與信仰。所謂的調和其實是一種辨證深入的動態歷程，一方面在對神的哲學探討中盡理性之擴清，另一方面，在對神的宗教信仰中做情感之投注，二者交互進展，逐層深入存在之奧祕。聖多瑪斯一方面有極虔誠、且極深刻的宗教經驗，自覺對於聖經傳統中的創造主有密切的「你——我」之關係，另一方面亦用嚴格的哲學論證來思惟神這個無限實體，而成為其形上學之蓋頂工程。

　　就形上學而言，聖多瑪斯對於神的思惟步驟，是由對於諸多存有者的肯定、到對存有者的存在活動之肯定，再由存在活動的肯定、到對獨立自存的無限實體之肯定，以作為全體存在活動之最終基礎。聖多瑪斯這種類型的形上思想，正是典型的海德格所謂的「存有神學構成」的形上學。就存有學而言，乃以存有為一切存有者之基礎；就神學而言，則進一步以神——最高實體——為存有之基礎，即為其第一因。聖多瑪斯的「五路證明」就是在形上學的存有神學構成的脈絡中提出來的。「五路證明」乃聖多瑪斯的自然神學中極為有名亦極為重要的內涵。

　　簡言之，「第一路」證明肯定運動變化之事實，而凡運動變化者必由它物所推動。既然推動者的系列不能延伸至無限，所以必須肯定有一個第一推動者。聖多瑪斯肯定神就是一切運動變化的第一推動者。

　　「第二路」證明肯定成因之存在，此點可由物之有起始來肯定，而凡有起始者皆不能是自己的成因，否則等於尚未存在者就成為自己的存在的成因。既然始因不能推到無限，因此必有第一因。聖多瑪斯認為神即第一因。

　　「第三路」肯定偶有物之存在為事實，而凡偶有物必有原因，既然原因之系列不能推至無限，則必須肯定一個絕對必然的存有者。聖多瑪斯肯定神就是此必然存有者。

　　「第四路」證明肯定事務之完美性，例如善、真、高尚……等皆有等級，如此則必須肯定一最高等級之完美，其餘皆因接近最高完美的程度之不同而有高下之別。聖多瑪斯肯定神就是最高完美。

　　「第五路」肯定萬物之秩序與目的，因而認定有一智慧的存有者領導萬物走向目的，並管理萬物之秩序。聖多瑪斯肯定神就是管理、領導萬物的最高智慧。

　　這個五路證明在形上學上的根本預設，在於有限存有者與無限存有者的區分，本質和存在的區分，以及因果律的有效性。基本上，聖多瑪斯認為有限存有者的本質與存在有別，兩者的結合乃適然的（contingent），而不是必然的（necessary）。例如人雖有其本質，但並不必然擁有存在，因為有本質之人在百年過後，復為塵土，身體便不再存在。然而無限存有者的本質就是存在，兩者的結合乃必然的。適然的有限存有者的存在需要原因，而且原因的系列不可能無限止地後推，正如同一條紙做的牛拉不動車，並不會因為無限止地增加紙牛就可以拉動車。因此，有限存有者終須肯定一個最後的、無限的存有者為原因。對於聖多瑪斯而言，後者便是神。由此可見，聖多瑪斯的五路證明最後預設了因果律的普遍有效性。

　　對於這個作為第一推動者、第一因、必然存有者、最高完美、智慧的管理者的最高實體，歷來有許多名字稱呼之。其中，「神」乃就其絕對面、神學面而稱之；「雅威」則是在聖經上希伯來人歷史中出現的稱呼……；而就形上學言，有時聖多瑪斯亦以「存有」稱呼之。聖多瑪斯似乎認為這就是從形上學言最適合神的名稱，一方面這在聖經上有其根據，神自己啟示自己的名字為「我即是是」（I am who am）。就形上學言，以存有為神之名，其意義在於：(1) 存有的活動就是神的本質；(2) 存有亦展現神的無限完美性及遍在性；(3) 存有即「呈現為現前」，此意指神之永恆。何謂永恆，永恆即恆常的現前，無過去與未來。

　　由於肯定神為至高的完美，又為恆常的現前，其意在於神乃完全之實現，不再有任何潛能。一切完美皆全盤具現，無可增、無可減。為了避免在神內滲入任何潛能，聖多瑪斯會有把神的完美理解為完全實現，沒什麼可再增加之處，更由於承受亞里斯多德的原則，認為動是由於有潛能、不完美。神既然是完全實現，因此神是不動者（immobile）。這裡我們必須指出，這種以完美（perfection）為已經做完 *par-fait*，沒什麼可以再做，會有把神設想為靜態的完美，而且使神的完美難以在理論上與世界和歷史的不完美相容，因而造成了理論上的困境。若按照今日來重新思考之，則吾人必須肯定，神之不動，只表示不被動，不表示不活動。吾人更須肯定一能動的完美比不活動之完美更為完美。神應為此一能動的完美。而且神更在吾人的不完美中分擔吾人因不完美而受之痛苦。

　　聖多瑪斯雖然在形上學的結構上有存有神學之傾向，而其對神之完美性與實現性之討論亦有靜態的傾向，但這並不表示聖多瑪斯缺乏批判的思考。因為聖多瑪斯認為神的完美可分三層言之：一是肯定的，二是否定的，三是優越的。肯定層次指吾人以及萬物所有之完美，神皆有之。否定層次指吾人以及萬物所具有之完美，皆

非神之完美。優越層次指神之完美優越於吾人及萬物之完美。後兩層次皆顯示出聖多瑪斯的批判作用之運作，當然此批判性尚未充分發展，必須到康德時始能充分發揮。

## 六、結語

　　綜合上文所述的聖多瑪斯的形上學，我們可以概述聖多瑪斯的形上學的優缺點如下：

　　聖多瑪斯形上學的優點：

　　（一）聖多瑪斯把握到存有學差異（ontological difference）亦即存有與存有者的差異。這點把握使聖多瑪斯不至於把存有學狹化為實體學，而能把握存有為諸存有者之存在活動，存有者則為存在活動之主體，聖多瑪斯清楚地掌握了此二者之關係。

　　（二）聖多瑪斯並指出存有為存有者（主體）之實現活動，但是主體在實現其存有時必須透過實現其本質來媒介，聖多瑪斯所把握「主體→本質→存有」之程序，正與儒家盡性而知天命（天之存在活動的創造流行）而贊天地之化育與天地參之思想有異曲同工之妙。

　　（三）聖多瑪斯清楚把握人與存有之關係，有一深刻的人類學來支持其形上學，使其不至於凌空蹈虛。聖多瑪斯真正掌握了「道不遠人」的要旨。他的人觀，由於加上了基督宗教的位格論而完成了亞里斯多德的人觀。

　　（四）聖多瑪斯確立了存有與價值的關係，使人能下學上達，以至實現存有，亦使存有得以落實。聖多瑪斯為價值奠立了主客和諧之基礎，乃古典價值體系有力之代言人。

　　（五）聖多瑪斯的形上學乃「存有神學構成」之典型，此就當代思想而言之，則既為一優點同時又是缺點。關於「存有神學構成」之批判，請另見海德格之思想。

聖多瑪斯形上學的缺點：

（一）價值（一、真、善、美）不但指出人與存有者之相和合，而且這種主客之合和更是立基在存有本身內在之和諧上。聖多瑪斯偏重強調存有者之真（形器之真）與邏輯之真，突顯人與存有者在理智上之相符合，偏重強調形器之善與道德之善，突顯人與存有者在意志上之相符合，而較忽略了存有本身內在之和諧，更未明其由於存有內在之和諧而使主客之和諧與相符成為可能。

（二）聖多瑪斯雖然重視美的價值，但是並沒有把美列為超越屬性，使其美學未能有存有學之奠基。

（三）聖多瑪斯並未思考存有自身之自行分殊，自行條理，因而仍受亞氏實體學相當的牽制。關於存有之自行分殊與自行條理以至衍發歷史，則有待黑格爾思想之發揮。

（四）聖多瑪斯雖然已注意到反省是使實體成為主體之重要條件，但仍然未思考人的有限性如何規定存有，因而仍缺乏批判的向度，僅以否定之路和優越之路來表達其對人的有限性之批判。批判哲學的工作直到康德始有完備之發揮。

第七章

牛頓物理之後與
康德的形上學

## 一、前言

　　西方歷史由中世紀步入近代，在文化精神上發生了很大的轉變。文藝復興的人文思想和科學運動，乃此種轉變的最大主因。綜而言之，一方面，在科學上由於天文學的進展，擺脫了自亞里斯多德以來以地球為宇宙中心之說，轉向太陽中心說；另一方面，當人知道自己所居之地球並非宇宙中心之同時，又自覺到自己的心靈是自己所建立的知識體系和文化體系之核心。近代哲學更進而由人文思想走向了人主體之強調。笛卡爾所謂：「我思故我在」正是此種思想核心的最簡短有力之陳述。「我思故我在」一方面提出思想主體的優先性，另一方面亦以此思想主體作為演繹出全體科學體系之起點。文藝復興以來的文化變遷的實質結果可以說在笛卡爾的公式裡面獲得哲學性的表達。從此以後，近代哲學主要走的就是主體的進路。即使從洛克（John Locke, 1632-1704）開始的經驗主義，亦是在解析主體的觀念和感覺，或休謨（David Hume, 1711-1776）所謂的印象，來作為吾人知識的最後指涉。經驗主義亦是環繞著主體來進行哲學工作。例如，休謨亦欲在人類主體性上，以人性之科學來建立全體科學之基礎。為此，休謨在《人性論》（*A Treatise of Human Nature*）引言中說：「沒有一個重要的問題的決定，不是包含在人的科學裡面的。除非我們熟知此一科學，其它皆無法確定地決定。我們試圖解釋人性之原理，實際上是在使全體科學系統完整，使之建立在一個獨一無二的嶄新基礎上」。[①]

　　在近代科學中最為重要的一件事，恐怕要算牛頓物理學的提出了，它不但是所有近代哲學家所推崇的 —— 除了黑格爾責備牛頓不

---

[①] Hume, David. *A Treatise of Human Nature*. Oxford: Oxford University Press, 1888, p.xvi.

知概念為何物之外──，而且它亦給近代科學樹立了一個嶄新的典範，為近代世界描繪了一個新的宇宙圖像。近代科技勢將在其上縱橫發展，經營出近代科技王國。在這段時期，許多哲學家──尤其古典經驗論者──的哲學志向，僅止於在人的領域裡擴充牛頓物理學的成就，或以人的認知心理過程重新予以詮解。例如，洛克在其所著《人類知性論》（*An Essay Concerning Human Understanding*）的致讀者函中便說：「這個時代既然產生了許多大師，例如偉大的惠更斯（Huygenius），以及無與倫比的牛頓（Newton），以及其它同類的人，因此，我們只當一個小工，來掃除地基，來清理知識之路上所堆的垃圾，那就夠野心勃勃了」。②對於許多哲學家而言，這實在是典型的志向了！因此，他們在真正的哲學領城中，尤其在形上學上，反倒沒有什麼建樹。只有康德，從先驗哲學的角度來批判牛頓物理，才能直探物理之後，形成自己的形上學。他的形上學中最重要的一部分，便是作為牛頓物理學的先驗後設基礎，而此一先驗哲學基本上採取的仍然是環繞著人的主體進路。

　　康德的先驗哲學可以說是近代哲學的主體進路（經驗主義和理性主義的主體進路）之總綜合。康德曾謂哲學的主要問題有四：第一個問題是：人能知道什麼？（由《純粹理性批判》所處理）。第二個問題是：人應該做什麼？（由《實踐理性批判》所處理）。第三個問題是：人能希望什麼？（由《實踐理性批判》與《判斷力批判》所處理）。第四個問題，也是前面三個問題的總合：人是什麼？③由此可知康德的哲學是環繞著人的哲學，環繞著能知、能

---

② Locke, John. *An Essay concerning Human Understanding*, Oxford: Oxford University Press, 1975, pp.9-10.

③ Kant, Immanuel. *Kritik der reinen Vernunft*, A804, B832f; *Logik*, ein Handbuch zu Vorlesungen. Königsberg: F. Nicolovius, 1820. A26.

行、能希望的人之主體。康德的三大批判分別處理這些重要的問題——人之哲學問題。第一批判《純粹理性批判》處理知的問題；第二批判《實踐理性批判》處理行的問題；第三批判《判斷力批判》處理人的審美和目的問題。

　　在前一章中，吾人批判聖多瑪斯之時，曾經提到，聖多瑪斯雖然已經進入了形上學的核心問題，但是仍有相當缺點：一方面，聖多瑪斯沒有經常把存有思考為內在自行殊化、自行和諧的圓滿動力，此點有待黑格爾思想之發揮；另一方面，聖多瑪斯沒有充分思考存有的開展和人類精神動力有何關係。聖多瑪斯雖然已經注意到反省是使實體成為主體之重要條件，但仍然未思考人的有限性如何規定存有。因此，聖多瑪斯的形上學尚缺乏充分的批判精神。批判哲學直到康德始有充分之發揮。雖然聖多瑪斯已經注意到人的有限性，而且有類比（*analogia*）來克服人的有限性，因而有肯定、否定、超越三層認知程序。但是，實際上聖多瑪斯並未以此有限的主體作為起點，而是以存有者（*ens*）為起點。在康德哲學裡面，則是以有限的主體或主體的有限性來理解形上學。對於康德而言，形上學涉及了對於神、自由與靈魂不朽三個根本問題之探討：

　　純粹理性本身所無可避免地提出的這些問題是：神、自由與不
　　朽。而以一切步驟來求得這些問題之最後解決的科學便是形上
　　學。④

　　康德這裡所提到的形上學是指十八世紀的萊布尼茲（Gottfried Wilhelm Leibniz, 1646-1716）和吳爾夫（Christian Wolff, 1679-

---

④ Kant, Immanuel. *Kritik der reinen Vernunft*（以下簡稱 *KrV*), B7.

1754）的理性主義傳統，而不是聖多瑪斯的形上學，因為聖多瑪斯並未做此種區分。不過，康德認為這類涉及全體的究極性的問題，從今以後必須透過有限的主體性來理解，也就是必須從人主體的有限性做為明顯的起點來予以規定，從主體出發來追問其他科學和形上學的可能性條件。康德在《純粹理性批判》引言中提到四個最重要的問題：

一、純粹數學如何可能？
二、純粹自然科學如何可能？
三、形上學作為本性傾向如何可能？
四、形上學作為科學如何可能？

　　在四個問題當中，前兩個問題正是針對牛頓物理學而發，因為康德所理解的純粹自然科學是以牛頓物理學為實例，並且針對牛頓物理學來採取態度而形構的。至於後兩個問題則是針對理性主義的形上學而發，並採取立場而形構的。但無論如何，康德都是從人的主體的角度，來探討這四個問題的可能性條件。

　　可見，康德以主體進路取代了亞里斯多德一聖多瑪斯的存有學進路，從主體來追問科學和形上學的可能性條件。康德所提出的形上學問題乃形上學的可能性條件問題，尤其是形上學的科學性所在的問題。當康德想到科學性時，他心中的模範就是牛頓物理學的成就。科學的科學性，按照康德的說法，主要在於擁有先天綜合判斷（synthetic a priori judgment）。因此，前面四個問題可以綜合為一個問題：

「先天綜合判斷如何可能」？

　　這其中，「先天」（*a priori*）對應「後天」（*a posteriori*）而言，是指先於個別經驗，即先在於主體之內，而且有確定性和嚴格的必然性，例如：「這座牆倒了」乃由個別經驗而得知；但「2+2=4」則不由個別經驗認知，卻使對個別經驗之認知成為可能。「綜合」是對應「分析」而言。「分析」判斷指該判斷中的謂詞原先已包含於主詞中，透過分析主詞，再經同一的認定而形成判斷，例如，「一切物體皆是具有擴延的」。「具擴延性」本來就包含在「物體」概念中，經分析與同一認定而形成判斷，此種判斷並不能增加我們以新知。相反地，「綜合」判斷中的謂詞並不包含於主詞中，例如：「一切發生的事件皆有原因」，在「發生的事件」概念中並不包含「原因」。這種判斷可以增加吾人的新知。「先天」既然是先在主體之內，而使主體對個別經驗的認知成為可能；而「綜合」則是指能增益新知而非分析員有概念，則「先天綜合判斷」之探尋可以說是對既先在於主體內、又可以開出新知的認知結構之探索了。

　　康德把自己這種探尋主體結構，指陳科學和形上學的可能性條件之哲學探索，稱之為先驗哲學（transcendental philosophy）。「先驗」（transcendental）不再像聖多瑪斯一般指示存在動力超越一切存有者、一切象與類之屬性，而指科學在主體性中的可能性條件。康德說：

> 我所謂先驗的知識並不處理對象，而是處理吾人認識對象的方式，而且此種認識方式乃先天地可能的。這類（先天）概念的體系可以稱爲先驗哲學。⑤

---

⑤ *KrV.* A12 B25.

　　亞里斯多德─聖多瑪斯的形上學傳統乃以存有學為基礎，而康德則以主體的先驗哲學為基礎，此乃康德在哲學上所造成的哥白尼（Nicolaus Copernicus, 1473-1543）革命。「先驗」一詞在康德哲學中是雙向的：一方面由已構成的科學追溯其在主體結構中的可能性條件；另一方面則由主體的結構來構成科學之知。在康德的《純粹理性批判》中，把由現成科學解析至其在主體結構中的可能性條件之步驟稱之為先驗解析（transcendental analytic），把由主體結構到客觀科學知識之構成稱之為先驗演繹（transcendental deduction），而這雙向皆稱之為「先驗」。所以，「先驗」一詞，不但指由對象走向主體對於對象之先天規定，而且也指由主體中最徹底之基點──先驗統覺──走向對象、構成對象的運動：

> 一般經驗的可能性條件亦是經驗對象之可能性條件，並因此在一個先天綜合判斷中有其客觀價值。⑥

　　可見，經驗只有在達致客觀性之時始可稱之為經驗。但之所以能達致客觀性，乃因為按照主體性之結構去規定對象的結果。所謂主體性，就是這個能先天地規定對象的主體的結構。康德的先驗哲學就是在鋪陳這雙向運動的循環運作：一方面由客觀性走向主體性；另一方面亦由主體性走向客觀性。此雙向運作不斷進行，具客觀性之經驗就得以不斷擴充，這對康德而言，就是科學之擴充。

　　康德這個先驗哲學，一方面是對傳統形上學之批判，另一方面亦是走向一個新的形上學的前導。這個新的形上學，一方面為科學奠立先驗之基礎，另一方面亦對於存有與實在有嶄新的規定。

---

⑥ *KrV.* B197.

## 二、康德形上學積極之路和自然形上學

康德對於形上學的重視，不只表現在《純粹理性批判》的先驗辯證論對於傳統的思辨形上學所做的消極拆解工作，而且表現在他的全部哲學體系中所認可、所建議的形上學之積極途徑上面。由於靈魂、世界、上帝三大理念在批判哲學中喪失了建構對象、認識物自體的功能，因而遭到拆解噩運的傳統形上學，其實並不等同於全部形上學。我們不能只限於批判哲學的消極面，而且必須更就其積極面來看康德的形上學，纔能進窺哲學的冠冕──形上學──的堂奧。康德所開出的形上學積極路徑實不只一途。依個人淺見，至少可得以下三端：

一、採取「物理學之後」（*Meta-physica*）途徑的形上學：康德的批判哲學包含了積極的形上學企圖，他在《純粹理性批判》第二版序言中說：「這種嘗試改變歷來形上學所盛行的程序之努力，以合於幾何學和物理學的榜樣來予以完全的革新，實乃形成了此一思辨理性批判的主要目的。它是一個方法論，而非（形上）科學系統本身。但是它同時要指出（形上）科學的整個計畫，論究其界限及其整個內在結構」。[7]形上學的界限就在於不能透過三大理念來建構對象、認識物自體；其整個內在結構就是先驗主體的結構，亦即「人類理性之立法」（*Die Gesetzgebung der menschlichen Vernunft*）。形上學做為純粹理性之體系，可分為二：「形上學可以區分為純粹理性的思辨使用及其實踐使用，因此劃分為自然形上學和道德形上學」。[8]

康德的自然形上學首先假定了批判的部分，亦即由當時的西方

---

[7] *KrV*. B. XXII-B XXIII.

[8] *KrV*. A841, B869.

近代科學（例如算術、歐氏幾何、牛頓物理學等，而前兩者被攝於後者內構成「數學的物理」）作為出發點來追溯在主體中的先驗結構；然後再進而由這些先驗結構下來重新構成這些科學。康德這一部分的形上學顯然繼承了亞里斯多德以降以形上學做為「物理學之後」的傳統。當然，其中也有很大的差異，因為在康德時代，物理學早就脫離了希臘科學的階段，進到以牛頓物理學為典範的西方近代科學。而且，康德不再像亞里斯多德那樣，用存有－實體－神學（Onto-ousio-theology）來奠立物理學的形上基礎，[9]卻是用先驗的主體性來奠立之。康德這一方面的思想主要見諸《純粹理性批判》（*Kritik der reinen Vernunft*）、《未來形上學導言》（*Prolegomena zu einer jeden künftigen Metaphysik*）、《自然科學的形上原則》（*Metaphysische Anfangsgründe der Naturwissenschaft*）三書。按照《自然科學的形上原則》一書，嘗劃分自然形上學為先驗的自然形上學和應用的自然形上學。前兩書可以說涉及了先驗的自然形上學，而後一書則為應用的自然形上學。

　　二、採取「道德形上學」途徑的形上學：康德在《道德的形上學基礎》（*Grundlegung zur Metaphysik der Sitten*）、《實踐理性批判》（*Kritik der praktischen Vernunft*）、《論在純粹理性界限內之宗教》（*Die Religion innerhalb der Grenzen der bloßen Vernunft*）和《道德形上學》（*Die Metaphysik der Sitten*）諸書中，試圖通過道德實踐通往物自身。因為吾人在道德實踐中亦有必然法則——道德法則和義務——但這種必然法則假定了自由的理念作為可能性之先天條件。「我們並不明白自由，但我們知道自由是我們所明白的道德律的條件」。[10]在道德實踐中，道德律肯定了自由當作道德行

---

[9]　參見本書第五章。

[10]　Kant, Immanuel. *Kritik der praktischen Vernunft*. A5.

為之原因，然而此世之福德難兩全又另需肯定靈魂不朽和上帝當作至高善（福德之合一）的實現條件。「因此，由於自由的概念，靈魂不朽與上帝的理念皆獲致客觀實在性和合法性，甚至有了主觀的必然性」。[11]所以，對於康德而言，自由、靈魂不朽、上帝三個理念，是實踐理性的三個設準。但是，這只是通過我們人的道德實踐因而對於三個理念所做的規定，卻非在理論上對於實在的本性所做的規定。例如，由於實踐理性之設準，我們可以規定上帝是至高善的實現者，但這並非在理論上證明上帝的本性。因此，道德形上學並非一門理論科學，而是在實踐中肯定實踐理性所信仰之對象。此種實踐之覺悟正是康德「貶抑知識，讓位給信仰」之要義。

三、採取「任其存有」的現象學存有論之途徑的形上學：康德在《判斷力批判》（*Kritik der Urtheilskraft*）中時常進行一種類似於今日現象學的意向性分析，因而暗示了一條通往存有的道路。例如，在「美的分析」裡面，康德從質的觀點，來定義美為一種無私趣的純粹觀賞，藉此使觀賞的主體既不受制於自己的欲望，復不依賴於事物的存在，因而能任自己的存有自在地存有，同時又能使事物的存有不受制於我之欲望，卻能任其存有。「我們連著一個對象的存在的表象而獲得的滿足稱為私趣（*Interesse*），這種滿足常涉及欲望的官能，以之為決定原則或者與其決定原則有必然關係。但若問題是某物是否為美，則我們並不願知道是否有什麼依賴該物存在之處，無論是為我自己或為任何別人，我們只是用（無論直觀或反省）純粹的觀賞（*Bloßen Betrachtung*）來判斷它」。[12]康德進而用類似現象學之意向性分析來描述我們在有私趣的情形下與一座美的建築物的意向關係：有人在巴黎只願尋找餐館，有人認為這類建築

[11] *Ibid.*, A6.

[12] Kant, Immanuel. *Kritik der Urteilskraft*. A.5, B.5.

勞民傷財……在這些情形下，顯示出私趣是主體與客體存在表象的一種意向關係。能思（Noesis）與所思（Noema）是相互依賴的。欲望是一種與事物的存在表象相關的意向。此時，我之欲望依賴於事物之存在，而事物亦受制於我之欲望。一旦排除私趣，而在純粹的觀賞中獲得美感判斷所帶來的滿足，這種滿足純為一種「欣賞」（Gunst）。「欣賞為唯一自由的滿足」（Denn Gunst is das einzige freie Wohlgefallen），[13]此時，我任自己的存有自由，亦任事物的存有自由。這種純化意向，任存有以自己的方式開展出來的途徑，類似一種現象學存有論，又類似王弼所謂「不塞其原」、「不禁其性」，亦不失為一通往形上學之大道，能藉以建立一個自由、無執的存有學。

　　康德積極的形上學途徑雖有許多，但本文只討論其中的第一條路：作為物理學之後的自然形上學。事實上，康德對於自然所做的形上學反省特別顧慮到當時牛頓物理學的成就。正如康德所指出，近代物理的嚴格性若無數學的引入，無以致功，因此他對於以牛頓物理學為典範的近代物理學的形上學反省，必須把數學納入考慮——正如《純粹理性批判》和《自然科學的形上原理》所顯示的。作為一種自然科學的後設理論——先驗式的後設理論——康德的自然形上學包含了對數學、物理學等科學的先驗基礎之探索及其重新建構。

　　其次，康德的自然形上學有兩個方面，這和他所劃分的規定判斷（Die bestimmende Urteilskraft）與反省判斷（Die reflektierende Urteilskraft）有關。一般說來，判斷力是把個別物包含在普遍性內思考的官能。但是，視吾人從個別出發、或從普遍出發而有區別。

---

[13] *Ibid.*, A.15, B.15.

如果從普遍出發,「假如普遍(規則、原理、法則)是既與的,那麼把個別物收攝在普遍性之下(而形成)的判斷,(即使它是先驗判斷,只指示使此種收攝發生的可能性條件)是規定判斷」。[14] 比如我們有牛頓的慣性定律在此,以它作出發點來規定某觀察中的物體之運動狀態,如此所形成的是規定判斷。但是,如果從個別物出發,例如,有一幅畫在此,有一藝術品在此。「假如只有個別物是既與的,而且假如此一判斷必須覓得普遍,那麼它只是反省判斷」。[15]牛頓物理學所提供的都是規定判斷,因此康德的自然形上學的第一條路便是奠立牛頓物理學的形上基礎,這是《純粹理性批判》、《未來形上學導言》和《自然科學的形上原則》等書所走之路。其次,對應於反省判斷則有第二條路的自然形上學,反省自然中的目的性,此乃《判斷力批判》的第二部分所走之路,本文最後應亦梗概及之。

　　本文主要的部分是在處理康德如何奠立自然科學的形上基礎的問題,也就是物理學的後設理論如何建立的問題。前面已經提到康德所提出的是一個先驗式的後設理論,也就是用先驗的方式探索物理學在認識主體的先天結構上的可能性條件,並重新予以構成。「先驗」(*transzendental*)一詞不像聖多瑪斯一般用以指示存有超越一切象與類,而指科學在主體中的可能性條件。「我所謂的先驗知識並不處理對象,而是處理吾人認識對象的方式,而且此種認識方式乃先天可能的。這類(先天)概念的體系可以稱為先驗哲學」。[16]如前所述,「先驗」一詞在康德哲學中是雙向的:一方面由已成立之科學出發,追溯其在主體性結構中的可能性條件;另一

---

[14] *Ibid.,* A. XXIV BXXVI.

[15] Ibidem.

[16] *KrV*. A11-12, B.25.

方面則由主體的結構出發，來重新構成科學之知。前者類似現象學
的「還原」，後者類似現象學的「構成」。康德在《純粹理性批
判》中，把由現成科學解析至其在主體性結構中的可能性條件之步
驟稱之為先驗解析（*Die transzendentale Analytik*）；把由主體結構
到客觀科學的構成稱之為先驗演繹（*transzendentale Deduktion*），
而這雙向皆是先驗的。所以「先驗」一詞不單指由對象走向主體性
的運動，也指由主體性中最徹底之基點——我思（*Je pense*）——
走向對象、構成對象的運動。康德說：「一般經驗的可能性條件亦
是經驗對象的可能性條件，並因此在一個先天綜合判斷中有其客觀
價值」。[17]可見，經驗只有當達致客觀性之時始可稱為經驗。至於
之所以能達致客觀性，乃因為按照主體性結構去規定對象的結果。
但所謂主體性，正是這個能先天底規定對象的主體性結構。康德的
先驗哲學就是旨在鋪陳這雙向運動的循環運作：一方面由客觀性走
向主體性；另一方面由主體性走向客觀性，此雙向運作不斷運行，
具客觀性之經驗——科學——就得以不斷擴充。

　　為此，論及康德的自然形上學，我們首須指出主體性的先天結
構，作為自然科學的可能性條件。在此主要涉及了康德純粹理性批
判的先驗因素論之主要內容。其次，由此主體性來重新構成自然科
學，其先驗部分在於《純粹理性批判》的「純粹知性的全部原則系
統」，其應用部分在於《自然科學的形上原則》，但因先驗部分與
應用部分彼此互相對應，所以我們合而言之，以顯其對應之旨。

## 三、自然科學的可能性條件在於主體性的結構

　　康德的先驗哲學對於自然科學所提出的後設性問題，是有關於
自然科學的可能性條件的問題，亦即是自然科學的科學性何在的問

---

[17]　*KrV*. A158, B.197.

題。科學的科學性，按照康德的說法，主要在於擁有「先天綜合判斷」。因此，此一後設問題便是：「先天綜合判斷如何可能？」的問題。

在這問題裡面，一如前言所述，「先天」（*a priori*）是對著「後天」而言，指先於個別經驗，而先在於主體性之內，並且有確定性和嚴格的必然性。例如，「這座牆倒了」乃由個別經驗而得知，是「後天」（*a posteriori*）的；但「2+2=4」則不由個別經驗認知，卻反能使吾人對個別經驗之認知成為可能。其次，「綜合」是對著「分析」而言。分析判斷指某判斷中的謂詞原先包含於主詞中，透過分析主詞，再經同一的認定而形成判斷。例如，「一切物體皆是具擴延性的」。「具擴延性」本來就包含在「物體」概念中，經分析與同一認定而形成判斷，此種判斷並不能增加我們的新知。相反地，綜合判斷中的謂詞並不包含於主詞中，例如，「一切發生的事件皆有原因」，在「發生的事件」概念中並不包含「原因」的概念。這種判斷可以增加吾人的新知。康德認為，數學和牛頓物理學的基本定理皆是先天綜合判斷。但問題在於先天綜合判斷如何可能？既然「先天」是普遍而必然地先在於主體中、而使主體對個別經驗的認知成為可能，而「綜合」則是能增益新知、而非分析原有概念，那麼，先天綜合判斷如何可能的問題，也就是如何在主體中找到它們的可能性條件的問題。這可以說是對於既先在於主體內，又可以開出新知的認知結構之探索。因此我們可以說，對康德而言，作為物理學之後的自然形上學，是以主體中的結構和行動來作為物理學的後設。康德意義下的後設理論是一種提供關於科學在主體中的可能性條件的理論。

康德的《純粹理性批判》指出先天綜合的基礎在於認識主體本身，主體就是一個綜合能力，主體的結構運作起來便可以獨立於經驗之外而開展出能增加新知的判斷。但是，單只有主體的綜合能力

並不足以形成關於自然的科學之知，此外還要有被動的接受。一個
創造性的精神體只要認識自己的認識能力就可以認識實物，但是康
德認為人的精神並非創造性的，他只能主動綜合，不能主動創造。
因此必須有一被動接受性——一種直觀的能力。「直觀就是直接與
對象有關係的認識方式」。[18]康德在《純粹理性批判》中只能說，除
非有一外在物呈現給我們的感性，否則便沒有知識，這是先驗理論
的謹慎。但在《自然科學的形上原則》的應用理論中，由於應用必
須涉及經驗資料，因而提出物體的運動理論，我們纔能進一步明白
這種直接的關係就是吾人的感性與運動中物體的直接關係。不過，
感性資料必須有吾人主體綜合能力之介入，始能成為真正的認識對
象。主體的角色就在於盡綜合之職。由於主體性的結構可以分析為
四個層次，因而綜合亦可以分四個層次。

　　一、第一個層次是感性層次：在感性中除了對於運動體的純
粹被動接受性以外，還有主動的綜合性，此即時間與空間兩個感性
先天形式。這表示對於人而言，一切感性的資料，皆是按照空間的
排列與擴延、時間的同時與相續組織起來的，因此一切認識對象皆
是位於時空之中。空間是外感官的先天形式，時間則是內感官的先
天形式。由於一切現象終需經過內在意識而呈現，因而時間亦為全
體感性之先天形式。算術和幾何這類數學乃由於時空兩感性先天形
式而成為可能。幾何研究由於空間而成為可能的擴延量之結構和性
質。康德所認可的幾何是歐氏幾何，而使之成為可能之空間亦是三
向度之空間。算術是研究數目之科學，亦即研究由於時間而成為可
能的相續單位之綜合。時間和空間既然是使算術和幾何成為可能的
先驗的主體性結構，則先驗感性論就是一個數學的後設理論，也就

---

[18] *KrV*. A20, B34.

是研究時間和空間兩個感性先天形式如何使算術和幾何成為可能的一種後設言說。由於一切感性資料皆須先經時間和空間的組織纔能成為吾人的認識對象，這在科學上的後果就是一切關於自然的資料皆須經過數學化，纔能成為自然科學上有用的資料，因而這個層次我們亦可稱之為數學的綜合層次。

二、第二個層次是想像層次：想像是在直觀中表象一個不在場的對象的能力，它正如感性一般，有後驗的一面，亦有先驗的一面。後驗想像是表象出一個代表知覺內容的具象（image）；先驗想像則是圖式（schemata）的能力。圖式是居於知性先天形式與感性先天形式之間的想像的先天形式，亦為一種綜合的形式，扮有接引（mediation）的功能。此種綜合形式主要是對於時間的先天規定，亦即一種允許知性中的純粹概念得以與時間中的資料建立關係的規則。例如「量」的範疇是知性的純粹概念，一切的認知對象皆是按照「量」來規定的，但是這樣既普遍而又必然的「量」範疇，無法與感性所接受的既具體又流逝的資料直接關聯起來，必須透過既具體又普遍的圖式的接引。康德認為量的圖式就是數目（number），它其實不過是時間的一種先天規定而已。數目的相續代表了時間諸單位相續之組織形式，「……是一個包含了同質單位的相續增加之表象。數目只是在一個一般的同質直觀中之雜多的綜合之統一性」。[19]

其它較重要的圖式，例如，「實在性」範疇之圖式，指在時間中有充滿的感性資料；「虛無性」的圖式，指在時間中是空的、沒有感性資料；「實體」的圖式，指在時間中實物之恆在，當其它規定改變之時，它仍然保持不變，至於會改變的規定則為「偶性」；

---

[19] *KrV.*, A143, B.182.

「因果」的圖式，則是在時間中兩個（以上）現象按照規則而相續，有前件必有後件；「相互性」的圖式，指一個實體的一些規定和其它實體的其它規定在時間中按照一個普遍規則而共存。

圖式旨在連接抽象而普遍之概念和具體而流逝之感性資料，乃今日科學中「模式」（model）思想之發展，在科學哲學史上有特別之意義。因為科學理論皆是抽象而普遍的，但實驗中的感性資料又是具體而流逝的，兩者無法對應，亦無法關聯起來。因此，除了必須建立對應規則（rules of correspondence）以外，還需使用模式來予以關聯。這個層次可以說是圖式層次的綜合。換今語譯之，是為模式層次的綜合。

三、第三個層次是知性層次：知性是產生並運用概念之官能，同樣亦有後驗的概念和先天的概念。後驗概念通過後驗想像的接引而與感性資料建立關係。例如，「藍色」是一個後驗概念的綜合，透過它，吾人可以指涉某一確定種類的感性資料。至於先天的（純粹）概念則是獨立於感性經驗之先而有之，可謂知性的先天形式，主體可以透過他們來綜合資料，藉以構成知識的對象。完整對象之構成是知性全體先天概念透過想像的形式與感性的形式之接引而應用到感性資料上之結果。至於如何確定這些先天概念——範疇——則須待檢查他們如何在判斷中運作來確定，有多少邏輯功能就有多少範疇。康德認為亞氏邏輯仍然是科學判斷所遵循的形式邏輯法典，而亞氏邏輯中判斷的邏輯功能可按量、質、關係、樣態四類來分析。因此，以形式邏輯為線索，追溯其先驗的可能性條件，就有先驗邏輯出來：就量而言，既有全稱、特稱和單稱判斷，與之對應者，則有統一性、多數性和全體性三範疇；就質而言，有肯定、否定和不限定判斷，與之對應者，則有實在性、虛無性和有限性三範疇；按照關係，有定言、假言、選言判斷，與之對應者，則有實體性、因果性和共同性（相互性）三範疇；按照樣態，有或然、實然

和必然判斷，與之對應者，則有可能性、現實性和必然性三範疇。形式邏輯的判斷表計十二種判斷；先驗邏輯的範疇表計十二範疇。

知性層次的結構對於自然科學的後果是：一切經過時空組織過的感性資料（如數學化了以後關於運動體的資料）在經過圖式（模式）的接引之後，尚須經過普遍而必然的概念的規定和綜合，並形成普遍而必然的判斷（規律、原理、法則）。因而這個層次的綜合可以說是普遍概念與法則的綜合。

四、第四個層次是理性層次：理性是產生並運用原理之官能。原理是在普遍中規定個例的知識。認識原理就等於在原理的層次上認識其所適用的全體個例。理性所擁有之表象康德稱之為理念（*Ideen*），以別於知性的表象──概念。理性的功能遵照一項原則：「若有一有條件者既與在此，則全體條件亦既與在此」。換句話說，理性是一個把現象予以全體化的綜合能力，有多少種全體化的方式就有多少理念。康德總批理念為三：靈魂為一切心理現象之全體化；世界為一切自然現象之全體化；上帝為全體有條件者之全體化後所需之最後條件──純粹無條件者。靈魂、世界、上帝三大理念不同於知性的概念，因為概念可應用於時空整理過（即數學化了）的感性資料，而且以綜合如此應用之資料為職志，但理念則沒有任何感性直觀來與之對應，亦無可用之感性資料。概念可以產生實證知識，理念則不能。但是它們在吾人認識歷程中扮演一極為重要的角色：透過全體化，指出知性結構所得以開展的園地，並藉此賦予實證之知以系統的統一性，此即康德所謂「統制性」（regulative）功能。例如，我們可以把現象彼此透過因果之鍊連結起來以至無窮無盡，因為在世界的理念的全體化之下，吾人可以把一切現象安置在一個預立的系統之下，視同為已成就之系統，而非進行中之系統。不過，如果我們誤把理念當作概念，視為有直觀內容相對應的情形下來運用理念，則會犯心理學上的謬誤推論

（paralogism）、宇宙論上的二律背反（antinomy）和神學上上帝存在證明等先驗幻想（*transzendentalen Scheine*）。理念只是統制性原理，而非建構性原理，不能用感性資料來予以規定，只能用類比法來予以規定。[20]這個層次的綜合可謂為全體化和系統化的綜合。

　　從以上四個層次看來，自然科學在吾人主體性的結構中，歷經感性形式、想像形式、知性形式、理性理念層層的規定，以作為其可能性條件；在科學運作步驟上又經數學化、模式化、概念與法則化、全體化的層層綜合，顯示出自然科學的知識體系是一種綜合性的建構體，但由於它是綜合性而非創造性的，因而需要在感性層次接受關於自然的資料。有了被動接受的資料加上主體性結構主動的綜合，始得形成實在的對象。「為了避免欺人的假象，我們要謹守一個原則『凡依經驗的法則而與知覺相連結者纔是實在的』」。[21]對於康德而言，真理就在於知識與對象之相符應，因此，他所認為客觀之知的自然科學假定了符應的真理觀（truth as correspondence, *adaequatio*）。符應的真理觀是自然科學之基礎。雖然康德在第二版序言中曾清楚地指出，他的先驗哲學主旨不在於要求知識符合於對象，而是要求對象符合於主體的先天之知識，因而康德不是像一般自然科學家那樣的單純的符應論者；然而，無論是知識符合對象，或是對象符合知識，皆是屬於符應的真理觀，其差別在於前一種知識是實證的，而後一種知識則是先驗的。

　　在前面四個層次中，前三個層次之聯合運用可以構成合法之知，亦即是由普遍概念與法則所規定了的經驗，但對康德而言，這僅只構成了現象（phenomenon）。至於第四層次雖涉及了物自身（*Ding an sich*），但吾人對之不能有任何合法的理論認知，物自身

---

[20]　參見本章第七節。

[21]　*KrV.* A376.

或本體（noumenon）是限制性概念（limit concept）。換言之，凡吾人所能合法地認知的都是現象，而物自身或本體就是對那吾人所能合法地認知的領域的一種限制。

## 四、自然科學的先驗形上原則與應用形上原則

康德在《自然科學的形上原則》前言中區分兩種對於自然的知識：一種是自然史論（*historische Naturlehre*），負責記錄、分類並系統講述在不同時間和地點發生的自然事實；另一種是自然科學（*Naturwissenschaft*）。科學是形成一個體系的學說，也就是按照原則來排列的知識整體。若是按照經驗的原則來處理，則是不恰當的自然科學；只有按照理性的原則和歸結來處理，纔是真正的自然科學。牛頓物理學即屬於後者。

真正的自然科學假定了自然的形上學，後者即是康德的工作。自然的形上學對象就在於分析自然物的可認知性之條件，其中包括了先驗部分和應用部分。先驗的自然形上學——或謂普遍自然形上學——並不討論在經驗中既與的自然，而只注意使自然的概念成為可能的先天條件，這是《純粹理性批判》的工作。應用的自然形上學—或謂特殊自然形上學—，則使用在《純粹理性批判》面所成立之先天條件來應用到吾人感官的兩種對象上；物體自然（*körperlichen Natur*）和思想自然（*denkenden Natur*），但尚未訴諸經驗性的規定，而只涉及物體自然和思想自然的概念。至於涉及到使用經驗規定的方式來研究物體自然，便成為狹義的物理學或物體論（*Körperlehre*），用經驗規定來研究思想自然則為心理學或靈魂論（*Seelenlehre*）。

康德認為，作為一種恰當意義的自然科學，牛頓的物理學其實只是知識的先驗原則應用到經驗的後天內容上以後的結果。這個後天的內容便是關於物質體的運動的資料。牛頓物理學的原則無它，

只是按照知性的範疇來對運動所做的各種規定。這些原則是先天的，因為擔任其支柱的範疇是先天的。

不過，知性範疇若要應用到運動的資料上，必須透過數學，因為數學是研究感性先天形式之科學，任何對象——其中當然包含一個物質體的運動——只能透過感性的先天形式纔能給我們，成為資料。我們只能擁有在時間和空間上規定的資料。數學允許我們能夠分析物質體的時空規定。只有透過數學纔能使知性的純粹概念能有一先天的直觀來與之對應。康德認為，當時的化學只是經驗性的，尚未有先天概念之規定，即未意識到其必然性；而當時的心理學亦尚無法用數學來表述，因此兩者皆非恰當的真正的自然科學。只有牛頓的物理學能滿足上述條件而為真正的自然科學。因此，康德的應用自然形上學只限於此：「我們可以自信達到一個完整的物體自然的形上學……我相信已經完全窮盡此一物體形上學的全部範圍」。[22]而且這個應用的形上學可以提供例子，賦予普遍的形上學以意義：「因此，一個物體自然的特殊形上學可以為普遍形上學提供最為優越而不可或缺的服務，提供範例（一些具體情況），以便實現其概念和定理（事實上指先驗哲學的概念和定理），也就是說賦予一個純思想形式以意義」。[23]

為了建立物理學的基礎原則，以便賦予物理學以哲學性的證明，證明這些原則如何、為何具有先天效力，康德認為我們必須仔細檢查：知性的範疇如何先天底與感性中的運動資料相關？物理學的基本原理，按理皆是先天綜合判斷。但是，一切先天綜合判斷的最高原理是：「一切對象皆隸屬於直觀的雜多在可能經驗中的綜合

---

[22] Kant, Immanuel. *Metaphysische Anfangsgrunde der Naturwissenschaft* （以下簡稱 *Met.*） A XV.

[23] *Met.* A. XXIII.

統一性的必然條件之下」。[24]換句話說，服從於主體性的先天結構
（感性、想像、知性）的一切規定。有關物理學的這些規定包含了
前述的先驗自然形上學和應用自然形上學。前者主要見於《純粹理
性批判》中〈純粹知性的全部原則系統〉一章，而後者主要見於《自
然科學的形上原則》一書。我們把兩者按照一個指引線索整理於
此。由於純粹知性的原則是知性範疇客觀地應用於一般感性直觀上
的原則，所以範疇表就是最適當的指引線索。[25]按照量的範疇而言：
其先驗原則稱之為「直觀的公理」，其應用原則涉及運動的量，稱
為「（地方）運動學」；按質的範疇，其先驗原則稱為「知覺的預
期」，其應用原則涉及運動來自物質中之動力，稱為「動力學」；
按關係的範疇，其先驗之原則稱為「經驗的類比」，其應用原則涉
及物體彼此的作用性，稱為「機械學」；按樣態的範疇，其先驗原
則稱為「一般經驗思想的設準」，其應用涉及運動與吾人認識能力
的關係，稱為「現象學」，茲分述如下。

## （一）按照量的範疇

A、先驗形上原則：直觀的公理（*Axiome der Anschauung*）原
則：「一切現象在對於它們的直觀之中皆是外延的量。」（第一
版）或者「一切直觀皆是外延的量」。（第二版）[26]

康德所謂的「原則」是一個宣示某物的可能性之判斷（或命
題）。「公理」則是一種先天確定的原則。在此，「直觀的公理」
是指數學上的公理，而「直觀的公理原則」則是指規定數學之可運
用於一切直觀中的現象的原則，也就是關於現象的數學化的先驗原

---

[24] *KrV*. A158, B.197.

[25] *KrV*. A148, B188; *Met*. A XVII-XVIII.

[26] *KrV*. A162 B.202.

則，使得極為精確的數學可以應用於經驗的對象。在此原則中，所謂「外延的量」是指「各部分的表象使全體的表象成為可能，前者因此必然優先於後者」、「同種類的多數單位的綜合統一性」。外延的量在此泛指時間和空間上的量。例如我若要表象一條線段，即使該線段再短，也必須在思想上以某點為起點，一部分一部分地相加起來，唯有如此纔能獲致直觀。時間亦如此。時間、空間既為外延的量，而一切在直觀中的現象亦皆是外延的量，則顯然皆可以用數學來予以表述。

　　B、應用形上原則：

　　「定義一：物質是那在空間中運動之物。本身會運動的空間稱為物質空間或相對空間；至於一切運動在思想上的最後依據（其本身為絕對不動者）稱為純粹空間或絕對空間。」

　　「定義二：一物之運動是其外在條件按照與某一空間的關係之改變。」

　　「定義三：靜止是常住地呈現於同一處所，所謂常住是指在某一段時間中存在，也就是有其綿延。」

　　「公理：一切運動就其為可能經驗之對象而言，可以任意地視為一物體在一個靜止的空間上的運動；或把該物體視為靜止，而該空間以相反方向、相同速度所做的運動」。⑱

　　以上我們只選擇了幾個重要的應用形上原則。這個部分稱為（地方）運動學（*Phronomie*），今日吾人稱為 Kinematics；它對應於《純粹理性批判》的直觀的公理。這些原則的重要性首在提出了第一個關於物質的定義：物質是在空間中運動之物（定義一），也就是從運動的觀點來定義物質。這一點是由於在應用層次有實在

---

⑱　*Met.* A1-30.

的感性資料的介入，使吾人更清楚地指出，原來在《純粹理批判》只能稱為感性對象之物，實際上就是在運動（或靜止）狀態中的物體。

其次，此運動學的應用形上原則只從量的觀點來考慮運動，因此只選擇其中可以量化的方向和速度來討論。也就是說，用運動來定義物質，用數學來量化運動，如此就應用的觀點更澄清了「直觀的公理」原則之觀點。

最後，前面所選的幾個原則，都從運動的相對性進而指出空間的相對性。誠如魏亦明（Jules Vuillemin,1920-2001）所指出，《純粹理性批判》的先驗感性論並未發展出空間相對論的主題，然而在此處，運動的相對性使得空間的相對論在先驗上成為必然的。[28] 先驗感性論從歐氏幾何做出發，所發展出來的空間理論，藉此變得更為豐富而清楚。康德在此更定義了古典相對論，顯然他是慮及了牛頓在《自然哲學的數學原理》（*Philosophiae naturalis principia mathematica*）中所提出的理論，[29] 認為經驗中的一切運動皆是相對的，空間亦然。不過康德不像牛頓那樣認為絕對空間是神的屬性，因而獲致其存有學地位。康德認為絕對空間並非經驗所能及，僅為邏輯推論之結果，是吾人在既與空間之外無限後退之邏輯推論和抽象化之結果，僅有其邏輯上之地位。[30]

---

[28] 參見 Vuillemin, Jules. *Physique et métaphysique kantiennes*. Paris: Presses universitaires de France, 1955, p.60.

[29] 參見 Sir Isaac Newton. *Principia,* Vol. I, *The Motion of Bodies*. Andrew Motte's translation revised by Florian Cajori. University of California Press, 1962, pp.1-12.

[30] *Met*. A3-4.

## （二）按照質的範疇

A、先驗形上原則：知覺的預期（*Antizipationen der Wahrnehmung*）原則：「在一切現象中，感覺或在對象中與感覺相對應的實物具有一個內聚的量，亦即程度是也。」（第一版）或者：「在一切現象中做為感覺的對象的實物具有內聚的量，即程度是也。」[31]這個原則規定了質的範疇與感性資料的連結，像顏色、熱量、重力等都有一程度。程度的變化皆是遵循連續性的原則。因此，時間、空間、變化皆是連續的。「內聚的量」亦使康德認為物質不只是塊積而已，而是具有內在的力，作為運動變化之來源。為什麼稱為知覺的「預期」呢？康德在此主要涉及了光學上之暗示，因為在光學上，如果我們一方面知道一個光源的程度及其所照明的某一表面的亮度，另一方面我們又知道此一亮度與另一表面的亮度彼此的關係，那麼我們便能據此而「預期」另一光源的程度。所謂的程度之高低是視其與零度之遠近而訂，其間的變化完全依賴無限小差異所造成的連續性而進行。

B、應用形上原則：

「定義一：物質是填滿一個空間的運動物。填滿一個空間就是抵抗一切藉運動而出力來穿透同一空間的一切運動物。一個無物填滿的空間是一個虛空的空間」。

「定理一：物質之所以填滿一個空間並非僅以其存在為之，而是藉著一種特殊的動力」。

「定義二：引力是一種動力，藉之一物質能成為使其他物體與它相接近的原因（換句話說，藉之它得以與其他物之與它遠離相抗衡）。斥力是藉之一物質可以引發其他物與它遠離的動力」。

---

[31] *KrV.* A166, B207.

「定理二：物質藉著其全體各部分的斥力而充滿其空間，也就是說藉著它自有的擴充力，後者有一定的程度，在此之外我們尚可無限地想像更小或更大的程度」。

......

「定義五：物質實體就是在空間中為己的能動者……該物質的某一部分使自己不再是其部分的運動，稱為分離。一物質的部分之分離是物理的分割」。

「定理四：物質可無限分割為部分，每一部分皆仍是物質」。③

以上這個部分稱之為動力學。其實康德所謂的動力學實乃今日吾人的機械學，而下節所言康德的機械學，則為今日吾人所謂的動力學。康德在這裡提出了他關於物質的第二個定義（見定義一）。這個定義對於前一節運動學的定義所增加的是物質的不可穿透性。其次它亦區別了一項幾何學所忽略的，亦即體積和物質之區分（見定理一）。最後他有別於機械學而指出物質的內在結構乃由一種特殊動力構成，此即相等的引力與斥力兩力（見定義二）。一物之所以充滿空間是藉著斥力，表現出來即為彈性──在變形之後恢復原狀的力量，亦即抗拒變形之力。康德更認為：「顯然的，第一個把吾人的量的概念應用到物質上──唯有此一應用使我們能把外在知覺轉變為『作為一般對象的物質的經驗』的概念──是唯有奠基在它所藉以充滿一個空間的性質上，這個性質由於感官的媒介而供給我們量與擴延的形式」。③此處所言之性質指一物的斥力。斥力連同運動說明了《純粹理性批判》所不能明言的感性資料的來源問題。

引力與斥力是相等的。若無斥力，各種物體會因引力而不斷接

---

③ *Met.* A31-81.

③ *Met.* A57.

近，以至於擠縮為一點；若無引力，物質的各部分將不斷分離，直至無窮，而使空間成為虛空。兩力並不按量的強度，而是按照質的程度，亦即按照內聚的量來計量並按照連續的原則而變動，因此可以視為在一連續體上就某一平衡點的左右分布，如同正負數就零點上下分布一般。連續性的原則是全部康德動力學思想的核心，正如魏亦明所言，康德所為其實只是以連續性原則為核心來把牛頓的自然哲學系統化而已。㉞他儘量排斥任何用不連續觀點來詮釋物質的可能性。

同時，康德是在一種實體的物理學裡面（見定義五、定理四）來設想這種時間、空間和變化的連續性。康德自然形上學的重要努力之一就在於協調連續性與實體。這種努力使他提出了一種新的連續性之概念——此即內在的量或程度的連續性；同時亦使他提出一新的實體觀——以實體為一個物質的相對整體，但恆可予以無限分割。（定理四）

## （三）按照關係的範疇

A、先驗形上原則：經驗的類比（*Analogien der Erfahrung*）

原則：「一切現象就其存在而言，皆先天底由一些規則來規定它們在一段時間中的關係」。（第一版）「經驗唯有通過知覺的必然連結的表象纔有可能」。（第二版）㉟按：以上為經驗的類比的普遍原則，其下又分第一、第二、第三類比：

「第一類比：實體常住的原則：『一切現象皆包含某種被視為對象本身的恆常之物（實體），和某些被視為僅為此一對象的限定的變遷之物，亦即此對象存在的一種樣態』。（第一版）或者：

---

㉞ Vuillemin, Jules. *Physique et Métaphysique Kantienne*, p.192.
㉟ *KrV*. A177, B218.

『在一切現象的變化中，實體是常住的，它在自然中的量既不增又不減』」。㊱

「第二類比：產生的原則：『一切發生之事物，即有開始之事物，皆假定一個它按規則以繼隨之某物』。（第一版）或者：依照因果律的時間相續原則：『一切改變的發生皆順從因與果的連結法則』」。（第二版）㊲

「第三類比：共同性原則：『一切同時存在之實體皆成一普遍的相互性，亦即有彼此的互動』。（第一版）或者：按照相互性或共同性法則的共存原則：『一切實體就其能被知覺為在空間中共存而言，皆處在一種普遍的相互性之中』」。（第二版）㊳

以上「經驗的類比」主要是提出吾人對於認識對象的各種知覺在時間中的必然關聯的原則。「經驗」在此指經驗知識，也就是透過知覺對於對象的知識。但一切知覺在時間中的出現只有「常住」、「相續」和「同時」三種方式。其中以「常住」最為基本，「它是時間本身的經驗表象之底基，唯有透過它，任何其它的時間規定纔成為可能的」。㊴實體之常住使我能衡量時間。此一「實體」的真實意指，從應用部分纔可以看出是指質量的不變和運動量的不變；至於「相續」則涉及運動的方向和速度的變化；「同時」則涉及到「作用力」與「反作用力」的共存關係。但在此，康德只先驗地言說，指出知覺依此三種方式的出現具有必然性，這並非知覺所給予我們的，而是來自純粹悟性中「實體─偶性」、「因果」和「共同性」三種關係範疇所先天底賦予的，亦即具有先驗的必然性。

---

㊱ *KrV*. A182, B224.

㊲ *KrV*. A189, B232.

㊳ *KrV*. A211, B256.

㊴ *KrV*. A182-183, B226-227.

　　其次，之所以稱之為「類比」，主要是因為兩個現象雖然性質不同，但若因為服從於同一個法則而建立起關係來，則兩現象更具有類比的關係。這表示「經驗的類比」諸原則不是「量」的原則，而是「關係」的原則。「類比」是對著「公理」而言。「公理」屬量，「類比」屬關係。但關係有兩種：對象與對象的關係和對象與認識主體的關係。「經驗的類比」講的是現象與現象的關係。但是「經驗的類比」不同於「數學的類比」。在數學的類比裡面，我們可以從已知的三個量，求出第四個量的大小，例如由 15：X ＝ 5：10，我們可以確定 X 的值是 30。但就經驗的類比而言，我們若有已知的三項在此，只能求得此三項與第四項的關係，而不能認識此第四項是什麼。例如我們知道某事件與前件有因果關係，據經驗的類比，我們能確定此關係的種類，而不是這個作為原因的前件是什麼，後者只有在實際的經驗（實體和觀察）中纔能得知。

　　在此我們必須指出：「直觀的公理」和「知覺的預期」兩者屬於數學性的原則，因為前者涉及到可以量化的現象──運動的方向和速度，而後者則涉及到質的程度──熱量、顏色、強度，彈性等等的程度。但是「經驗的類比」和「一般經驗思想的設準」稱之為動力性的原則，因為它們涉及到現象與現象彼此的關係或現象與認識主體的關係。

　　如果把《純粹理性批判》的先驗原則同《自然科學的形上原則》一書中的應用原則的同一部分相互對照，便可以進一步發現：第一類比是在為質量不變定理奠立先驗的形上基礎；第二類比是在為慣性定律奠立先驗形上基礎；第三類比是在為「作用力與反作用力相對等定律」奠立先驗形上基礎。

　　B、應用形上原則：

　　「定義一：物質是就其能動而言擁有推動力的運動因素。」

　　「定理一：當一個物質量（*Quantität der Materie*）與其它比較

之時，只能藉著按某已知速度（而運動）的運動量纔能獲評價。」

「定理二：機械學第一定律：在物體自然的一切變化中全體物質量保持不變，既無增多，亦無減少」。

「定理三：機械學第二定律：在物質中的一切改變皆有一外在原因（當沒有一外在原因強迫其放棄原有狀態之時，每一物體仍保持其靜止或運動狀態，保存同一方向和同一速度）」。

「定理四：機械學第三定律：在一切交互運動中作用力恆等於反作用力」。[40]

這部分處理物理學裡面「經驗的類比」相對應之部分──機械學──的應用形上原則。在今天吾人稱之為力學。它首先提出來康德對於物質的第三個定義（見定義一）──就本身具運動力來定義物質。因此，當康德定義物質量之時，他是用「運動量」來予以定義，亦即質量與速度的乘積。所以在定理二「機械學第一定律」當中，「全體物質量」保持不變，其實應該是「全體運動量」保持不變，亦即康德把牛頓此一定律理解為「運動量不變定律」。其次，定理三「機械學第二定律」中康德的敘述把牛頓的動力學原理同慣性定律混為一談。必須注意的是：康德在此雖然說的是「在物質中的一切改變」，其實應該是「運動量的一切改變」。但是「運動量的改變」是運動量與時間相隔的導數，亦即質量和加速度的乘積。在此我們仍可看出牛頓的動力學原理之跡：$F = m \cdot a$。最後，定理四「機械學第三定律」顯然是牛頓「作用力等於反作用力」原則之再版。

---

[40] *Met.* A106-137.

## （四）按照樣態的範疇

A、先驗形上原則：「一般經驗思想的設準」（*Die Postulate des empirischen Denkens überhaupt*）原則：

第一設準：凡是（在直觀和概念中）符合於經驗的形式條件者，是可能的（*möglich*）。

第二設準：凡是符合於經驗的質料條件者，是真實的（*wirklich*）。

第三設準：凡是與真實物的關係是由經驗的普遍條件所決定者，是必然的（存在）」。[41]

這三個設準只涉及現象與吾人認識能力之區，而不增加吾人對於現象的任何內容，它規定了「可能性」、「必然性」、「真實性」三範疇與經驗中的對象之關係，同時亦規定了一切範疇皆只能運用於可能經驗的範圍。第一個設準指出凡符合於經驗的形式條件者是可能的，在此所謂的形式條件就是我們在第二大段所述之主體性結構中的主動綜合層次，尤其指直觀的先天形式（時間和空間）與知性的先天形式（範疇）二者。凡是符合主體的這些綜合形式者，便是我的可能經驗的範疇。倒過來說，只要主體的綜合形式尚能善盡功能，便可能繼續拓展其科學之知。其次，第二設準指出凡合於經驗的質料條件者，是真實的。所謂「質料條件」其實就是我們前面所述的被動接受的感覺資料。有感覺資料者為真實的存有，這是康德哲學中的存有學判準。最後，第三設準指出與感覺中的真實物的關係若是由經驗的普遍條件所決定者，則為必然的。所謂經驗的普遍條件包含在：凡所發生者無空隙，凡所發生者不跳躍，凡所發生者不出於偶然，凡所發生者不盲目（*In mundo non datur*

---

[41] *KrV*. A218-219, B265-266.

*hiatus, non datur saltus, non datur casus, non datur fatum*）[42]四個命題中。這四個命題可以總歸為連續性原則和因果性原則，凡合於此二原則而與現實物建立的關係，皆為必然的關係。

　　就形上學而言，這裡有兩點值得注意：第一，康德在此從先驗的觀點繼續了傳統形上學對於本質和存在的區分，因為在以上的原則中，直觀的公理、知覺的預期和經驗的類比三者皆是對於對象的規定，因而可說是涉及對象的本質。但一般經驗思想的設準並不涉及本質，而是涉及存在。康德說：「樣態範疇之特點在於它們規定對象之時絲毫不增加概念而附之以為謂詞。它們只表達與認識能力之關係。」[43]因此，從先驗哲學看來，存在只涉及對象與認識能力之關係，而非對象本質的規定。康德認為吾人只能在與主體性的關係中來釐定存在。第二、真實的存在取決於是否符合感覺條件，只有符合經驗的質料條件──感覺──纔能稱為真實的存在者。康德賦予存在以先驗的意義，將它隸屬於先驗主體的動力之下。

　　B、應用形上原則：

　　「定義：物質是，就其為運動物而言，可以成為經驗對象的運動物」。

　　「定理一：一物質就其與一經驗的空間之相關而做的直線運動，有別於該空間的相反運動，而只是一個可能的謂詞。至於毫無與一外在物質的關係而做的直線運動，也就是說絕對運動，是不可能的」。

　　「定理二：一個物質的圓周運動，有別於該空間的相反方向的運動，是一個真實的謂詞，然而一個相對空間的運動，用以取代物體的運動，則不是真實的運動；若仍被認為是真實運動，那也只是純屬幻象而已」。

---

[42] *KrV*. A229, B282.

[43] *KrV*. A219, B266.

　　「定理三：一個物體藉以對另一物體施加作用力的一切運動，必然會引發這另一物體一個力量相等但方向相反的運動」。[44]

　　這一部分是在應用上對應於先驗的經驗設準的原則，康德稱之為現象學（*Phänomenologie*）。它的重要性首先在於表達出康德對於物質的第四個定義：物質是可以成為吾人經驗對象的運動物。

　　康德的「現象學」一詞值得吾人探討，該詞是取自藍伯特（Johann Heinrich Lambert, 1728-1777）在一七六四年出版的 *Neues Organon oder Gedanken über die Erforschung und Bezeichnung des Wahren und dessen Unterscheidung vom Irrthum und Schein*，其中談到 *Phänomenologie* 意為幻象論（*Lehre von dem Schein*），涉及光學上之問題。康德使用該詞來作為《自然科學的形上原理》一書的第四部分所含原理之總稱，以對應於《純粹理性批判》的經驗設準，但是用「現象」（*Erscheinung*）來取代幻象（*Schein*）之意，旨不在把幻象轉為真實，而在把現象轉為經驗。幻象是一種錯誤之經驗，而現象則是出現於意識的直觀，尚未經由知性來規定此種出現與對象的關係，因此尚未有真假之辨，而是類似於胡塞爾（E. Husserl）所謂的前於反省的意識領域。胡塞爾的現象學有部分的工作在於從這些原始的與件來把握知識與判斷的源起，並描述這些原初內容如何呈現於意識。康德的現象學則旨在描繪出現象得以進入吾人經驗的各種可能方式，因此對我們所認知的對象——運動——並不能增加任何新的內容。為此，現象學所對應的經驗設準並不增加任何關於對象的新規定，而只表達對象與認識能力的關係。所以，這些設準可以說採取了某種現象學 époché 存而不論的態度，不再在對象上增加任何規定，而只就其與先驗主體的關係，來判定其為可能的、真實的或必然的。

---

[44] *Met.* A138- A158.

　　第一個定理規定直線運動是可能的運動。因為如果我們考慮物體 A 的運動，而以 B 物體為參考點，那麼 A 物體向著 B 物體的直線運動只是可能的，因為我們也可以說是物體 B 向著物體 A 而運動。

　　第二個定理規定圓周運動是真實的運動。這一點應當是採用了牛頓的思想。牛頓相信在離心力的存在上面找到了真實運動的判準，一物體在旋轉而進行圓周運動之時，我們便會發現有離心力的產生。牛頓認為離心力便指出物體運動的真實性。換句話說，假如有離心力的產生，我們便可以說該物體有以絕對空間為參考點的真實運動。相反地，在直線運動的情形，例如前面的 A 物體和 B 物體，我們無法指出到底是 A 物體或是 B 物體在以絕對空間為參考點而產生真實運動。

　　到此我們可以指出，康德所謂在物理學中的現象學部分，其實是涉及到牛頓物理學中真實運動與相對運動之分別。相對運動即直線的運動，其現象學地位只是可能的。

　　最後，第三個定理規定產生作用力與反作用力的交互運動是必然的，因為按照機械學第三定律，交互運動是真實的。而且此一真實性並不依賴外力的影響，而是直接地、不可避免地從空間中運動之物體與任何其它因此亦產生運動的物體之間的關係的概念中導出，因此亦是必然的運動。⑤

## 五、理性對於自然的目的性之反省與自然形上學小結

　　康德的自然形上學還有很重要的一部分，那就是有關自然的目的性的形上反省。由於篇幅關係，我們只能略說。前面無論是《純

---

⑤ *Met.* A145.

粹理性批判》中的先驗形上原則，或《自然科學的形上原則》中的
應用形上原則，都是從「規定判斷」出發來以先天的方式為物理學
奠立可能性和合法性，闡明知性的先驗運作及其應用。但這終究只
限制在知性的範圍，只考慮「規定判斷」。但是，除此之外，吾人
最高的能力──理性──也能藉著「反省判斷」來教示我們自然的
意義。因為，物理學的法則雖然服從於悟性的全部原則，但是，無
論先驗的原則或應用的原則，皆無法完全確立這些法則的系統，因
此，其中仍然有尚未確定和偶然之處。知識的最高法則便是統一的
法則，悟性無法提供自己以系統的統一性，這就有所謂不確定和偶
然之處了。因此，我們需要一個不同於知性的統一性的原理，理性
的職能便在於提供此一原理。不過，由於理性所提供的這個原理並
無感性的直觀來與之對應，所以不能用來規定自然，也就是不能用
來構成自然對象，而只能告訴我們理性在反省自然中的對象之時，
應如何運作纔能達到一個具有完全的系統統一性的經驗。理性所提
供的這個原理不是別的，正是目的性原理。

　　目的性原理的要旨就在於針對知性尚餘的不確定和偶然之
處，提供為了達到系統的統一性所需的那一點確定，使得在自然中
尚餘的一切偶然皆納入理性的規定之下。在自然的合於目的論中，
理性假設了自然中的一切皆接受一個高於吾人知性的最高存在的知
性之全面規定，好像（as if）自然中的一切個別法則，皆符合於一
個能夠構成全面完整的經驗系統（亦即全面符合於「世界」的理
念）的知性的立法作用──上帝的立法。按照康德之意見，一個對
象的概念本身如果就包含了此一對象的實在性的理由，那麼它就是
一個統一的法則。此種統一的法則，把自然當作是好像有一個偉大
的知性來含攝在其中的各種經驗法則之統一性原理。理性在自然內
看到一個由於目的性而統一起來的自然。但是由於沒有任何直觀來
與目的性的概念相對應，因此這種統一性只是形式上的統一性。不

過，目的性的概念仍然在吾人對於自然的知識當中扮演一個十分重要的角色：它使我們能在物理學的各種特殊法則裡面引入系統的統一性。

此外還需指出：對於康德而言，自然的目的性並不是在自然本身之內找到的，而是在人類的理性中找到的。自然的命運就是在使人類的生活成為可能，供人實現人生特有的最高目標，那就是實現人的人性尊嚴，完成一個倫理的世間，自由的國土——康德稱之為「目的王國」。在這裡，自然的形上學可以說接上了道德形上學。

康德的自然形上學固然有許多值得檢討和批評之處。不過，恰當的批評建立在恰當的瞭解上，本文由於篇幅所限只能止於在恰當的瞭解上用力，其餘尚待另文處理。今日百學競變，數學固不停止於康德的時代，牛頓物理亦在典範之轉變中讓位給現代的新物理。在在都需要新的哲學努力來進行新的後設反省，而這種反省固亦不能停止於康德。但是，康德在古典物理學輝煌之日，學者趨向經驗科學之時，能以先驗哲學的努力，指出科學亦為一種綜合建構之歷程，而此種綜合在人的主體性上有其基礎，藉以把科學發展同人之主體性相互貫通，使不致偏處一隅，既不放失於自然科學之內而不知自覺，亦不偏執於主體之內而固步自封，卻能注意到主體的思想運動與自然的物體運動之深切關聯，而且，對運動之思想亦足以引發思想的運動。康德在《純粹理性批判》和《自然科學的形上原則》裡面的成就，實在供給了我們相當平衡的範例。

## 六、康德論存有及其超越屬性之新義

前文涉及了康德先驗哲學中由當時之科學（算術、歐氏幾何、牛頓物理學）來追尋主體的先驗結構，再進而由這先驗結構來證立這些科學的思想。統而言之，在這部分裡面康德的形上學顯然繼承了亞里斯多德以形上學作為「物理學之後」（meta-physics）的傳統，

不過有兩點重要的差異：（一）在康德時代，物理學早就脫離希臘科學的階段，而以牛頓物理學為典範。（二）康德不再像亞里斯多德那樣以存有學、實體學和神學來奠立物理學的形上基礎，而是以先驗的主體性來予以奠立之。現在要討論的則是在此脈絡中，康德的先驗哲學對於存有及其超越屬性所提出的新見解。

### （一）康德對於存有之新解

在康德《純粹理性批判》的「原理分析」部分中，包含了他對於存有的嶄新看法。「原理分析」按照四大類範疇（量、質、關係，樣態）而提出四大原理：

**1. 直觀的公理**：一切現象就其直觀而言，皆是外延的量。

**2. 知覺的預期**：在一切現象中，感覺以及與感覺相對應的在對象中之實在性，皆有一內聚的量，亦即一種程度。

**3. 經驗的類比**：一切現象就其存在而言，皆先天底由一些規則來決定它們彼此在一段時間中的關係。類比計分三種：第一種類比──恆常之原理：一切現象皆包含某種被視為對象本身的恆常之物（實體），和某些被視為僅為此一對象的限定的變遷之物，亦即此對象存在的一種樣態。第二種類比──產生之原理：一切發生之事物，即有開始之物，皆假定一個它按規則以繼隨之某物。第三種類比──共同性原理：一切同時存在之實體皆成一普遍之相互性，亦即在一種相互作用的狀態之下。

**4. 一般經驗思想的預設有三**：(1) 那符合於經驗的形式條件者，亦即符合於直觀與概念之條件者，是可能的；(2) 那符合於經驗的質料條件者，亦即符合於感覺者，是真實的（*wirklich*）；(3) 那與真實物之關係乃由經驗之普遍條件所決定者，是必然的（存在）。

在以上四大原理中,前兩大原理,亦即直觀的公理和知覺的預期,康德稱之為數學式的原理,因為直觀的公理涉及到的是可以量化的現象,而知覺的預期則涉及到質的形式,亦即本質的程度。這兩者皆涉及到事物靜態的本質。另外兩個原理,亦即經驗的類比和一般經驗思想的預設,康德稱之為力學的或動態的原理,因為它們涉及到現象彼此的關係。

從以上四大原理可以解析出幾點康德對於存有的新見解,亦即先驗哲學的存有觀:

**甲、從先驗哲學看存有與本質的區分**:在以上四大原理中,直觀的公理(量)、知覺的預期(質),和經驗的類比(關係),三者皆是對於對象的規定,因而可以說是涉及到了對象的本質。但第四大原理──一般經驗思想的預設(樣態)則不涉及本質,而只涉及存有。康德說:「樣態範疇之特點在於它們在規定對象之時絲毫不增加概念而附之以為謂詞。它們只表達與認識能力之關係」。[46]

從先驗哲學看來,存有並不增加對於對象本質的規定,而只涉及與認識能力之關係:符合直觀或概念、符合感覺、符合普遍條件。直觀的公理、知覺的預期和經驗的類比三者加起來表示對象之本質,而一般經驗思想的預設則表示存有。在此似乎可以找到傳統形上學中存有與本質的區分。不過,康德的新解在於,這存有僅為一空洞之詞,絲毫不增加任何概念。存有完全屈順於先驗主體的活動之下。康德認為,吾人只能在與主體活動的關係中來釐定存有。這點,非常不同於聖多瑪斯之以存有表示存在活動之豐盈與完美。

**乙、真實的存有取決於是否符合感覺**:在一般經驗思想的三個預設當中,第二個預設涉及到真實存有。康德認為,只有符合經

---

[46] *KrV*. A219, B266.

驗之質料條件——即感覺——才能稱之為真實的存有者。可見,對
於康德而言,「存有」似乎變成了感覺的原始與件,「存有」是吾
人經驗到的物體或性質的純粹實然性。在此,康德似乎遇到一項難
題:一方面,康德把存在當作知性的先天範疇;但另一方面,對於
存在的知識並非先天的,卻必須符合於經驗的質料條件——感覺,
而不像其它範疇一樣只指涉一個可能經驗即可,那麼,「存在」範
疇又如何能算是知性的純粹概念之一呢?在「原理分析」中,康德
並未解答此一難題。在康德對於存有的新解中,最重要的是他賦予
存有以先驗的意義,將存有隸屬於先驗主體的動力之下。

**丙、存有就是判斷的客觀性**:康德把存有隸屬於先驗主體的活
動,這可以從康德討論繫詞「是」(is)在判斷中的功能來予以闡
發。康德說:

> 一個判斷不是別的,正是一種把現成的知識帶領到統覺的客觀
> 統一性之方式。繫詞『是』在這些判斷中的角色在於把表象的
> 客觀統一性與主觀統一性區別開來,它實際上指示這些表象與
> 原始統覺的關係,和它們的必然統一性。[47]

由此可見,對於康德而言,存有就是判斷的客觀性。存有不是
一個真實的謂詞,而只是對於事物本身「在己」的單純置定。「存
有顯然不是一個真實的謂詞,也就是說它並非某物之概念,可以加
在一樣東西的概念上,而只是對於一樣東西之置定或對於一些規定
本身之置定」。[48]存有不是謂詞,這點正覆按了我們在「甲」點所
做的存有與本質的區別。存有不是本質,在這點上,康德超越了吳

---

[47] *KrV.* B141-142.

[48] *KrV.* B626.

爾夫派的本質主義。不過，康德雖肯定存有不同於本質，但並不因此像聖多瑪斯一樣認為存有有其豐富性與完美性。康德並不同聖多瑪斯一樣認為存有就是存有物的豐盈而完美的存在活動，相反地，他認為存有除去了一切內容，變成空空洞洞地只是判斷的客觀性而已。存有不是真實的謂詞，而是先驗的謂詞，即透過知性所完成的判斷的客觀性來對於對象予以規定的謂詞。存有就是由主體所構成的客觀性的完成，是主體對於對象本身「在己」的肯定，但這並不表示它能獨立於能肯定的知性之外。更妥當地說，存有是對象與知性結合完成之最高成就。「在己」表示對象的客觀性與知識的主觀性兩相結合的關係，而不表示存有學意義下的存有，更不表示像聖多瑪斯優先於知識並包容知識的存有。存有只是先驗主體在走向對象化的運動中最終的結果——達到判斷的客觀性。康德由於肯定對象中有一「在己」，作為感覺——經驗之質料條件——之最後材料；不過，此一與件的實在性，卻只是作為感覺的生材而已，並非如多瑪斯一樣指涉存在活動的實現性。對於康德而言，存有是知性構成對象的活動的最終成果。

## （二）康德對於超越屬性之新解

　　吾人在論及聖多瑪斯形上學時曾特別討論了「一、真、善、美」等超越屬性，對此，康德亦有以先驗哲學觀點所做之新解。這可在「概念分析」第一章末，康德於第二版中所加入的一段文字中見之。[49]

　　在此吾人僅述其要點並詮釋如下：

　　康德認為，在古代哲學中，一、真、善亦列在古人的先驗哲學

---

[49] *KrV.* B114-116.

中含攝知性之純粹概念的一章，古人認為這些亦屬先天概念之列。但若在康德的十二範疇之外肯定一、真、善亦為先天概念，則會增加範疇之數，實不可為之。康德認為，這些概念就是士林哲學所言 *Quodlibet ens est unum, verum, bonum.*（任何存有者皆是一、真、善）。但這些概念所得學術上的結果十分貧乏，至多只能產生套套語句。但推究其源，康德認為，一、真、善其實是來自量範疇中的統一性、多元性和全體性，因此可以化約至後三者，而毋需另列。

　　甲、「一」對於康德而言，列於統一性之範疇。「在一切對於一個對象的知識當中，皆有概念之統一性，可以稱為量的統一性，我們藉此須只思及吾人知識的雜多成分之連結即可，例如：在一齣戲、一演講和一故事中的主題之統一性」。可見，對於康德而言，所謂「一」就是由概念來統一雜多的材料。例如「桌子」概念統一吾人對於桌子的一切印象。

　　乙、「真」對於康德而言，乃列於「多元性」之範疇。「其次，就概念之歸結而言，則有真。一個現有的概念能得出越多數目的真歸結，就越有更多的客觀實在性之表記，此可稱為量之多元性，隸屬於一個概念做為共同依據」。可見，對於康德而言，「真」只是一概念具有更多的歸結，換句話說，可由更多經驗中之事實來予以例釋。

　　丙、「善」對於康德而言，乃列於「全體性」之範疇。「第三，也是最後，有『完美』，其意在於多元性完全導向概念的統一性，而且完全符合這個概念而不合於其它概念，這可以稱為量的完整性（全體性）」。可見，對於康德而言，「善」乃指知識上之完美，即指雜多之材料完全返回概念的統一性，完全與之相符。

　　由上可見，康德眼中的一、真、善等超越屬性，只是一些邏輯上之要求和一般知識的判準而已。原來存有學中形器之一、類比之一與存有學之一，被化約為只是對一個對象的知識中之概念的統

一性。存有之真，亦只是純粹形式性的邏輯要求，即可以由一概念衍生真的歸結。此種真理觀有其嚴重後果，蓋康德認為，知性運用之高峰懸諸先驗統覺的綜合統一性；全體邏輯，甚至全體先驗哲學亦懸諸於此。為此，存有之「真」的先驗性，亦懸諸主體性的我思之上。真理的本質在於我思的結構與動力。存有之善，亦如此。在此，善完全變成了知識上的完美，而失去了善的形上意義，並與實踐之善無任何關聯。

康德對於超越屬性的看法，完全是由先驗主體的結構和動力來決定，這一點非常不同於聖多瑪斯的超越屬性觀。聖多瑪斯對於「一、真、善」，雖然亦注意到其與人之精神（理智與意志）的關係，但更特別強調其為存在活動之豐富性和完美性的展開。康德先驗哲學的進路，亦使其對於「美」的看法化約為形式的和主體的。聖多瑪斯曾以為美是真與善之結合、而表示存有的原始和諧。但康德卻把美從真與善分開，使美無關於對象的本質與實用上或倫理上的目的。美純然是主體的精神官能之自由開展，自行和諧。康德對崇高的討論似乎超出了主體官能彼此和諧的觀點，而感懷於渺滄海之一粟、敬畏於理性理念之無限，但終究仍須由主體性來復得之，而強調人精神的倫理崇高遠大於一切自然力量。此外，康德對於美的討論中，似乎指出一條顯現存有的新路，因為康德把美按質的觀點，定義為超然無待的愉悅。有私趣就有欲望和目的，因而會在認識、或倫理、或實用的層次，把自己的欲望屈服於對象、或把對象屈服於自己的欲望。但康德認為美既非知識亦非道德。美乃純然之無私趣，亦即沒有任何屈服與控制，而任自己存有，並任對象存有。這正是海德格（M. Heidegger）所言「任存有存有」之意趣所在。一如前述，康德對於美的看法含有一極為深刻的存有論，可惜康德並未對此點再加以發揮，反而拘泥於範疇論的格局來討論之，甚為可惜。

# 七、康德論類比

　　康德在他的先驗哲學系統最緊要的地方，論及了自亞里斯多德以來的類比論，而且亦從先驗哲學的觀點而有其特殊之看法。這個論及類比的緊要之處，就是康德在指陳純粹理性的限度，甚至勘察批判哲學的限度之時。由於類比論在西方形上學傳統中有其重要地位，亦為瞭解康德哲學的關鍵問題，我們須特別加以注意。為要明白康德對於類比的看法，我們必須先明白康德《純粹理性批判》中的「先驗辯證論」。先驗辯證論中述及理性與知性之關係。因為知性（*Verstehen*, understanding）運用範疇及諸概念來統一雜多的現象，而理性（*Vernunft*, reason）之用則在於面對知性並將之導向無條件的統一性——在無條件的理念（Ideas）中予以統攝引導。但是，知性之範疇與概念若無感性中的材料之助則是空洞的。同樣，理性本身，若無知性的合作亦是大而無當，難以確定。康德所論之類比正涉及了如何確定純粹理性的問題。對於康德而言，理性並非構成性的（constitutive），而只是統制性或指導性的（regulative），也就是說並不能構成知識對象，而只能引導知識邁向統一的方向。這點對於明白康德的類比論十分重要，我們以下就先予以討論，再進行到對純粹理性之類比和實踐理性之類比的討論。

## （一）理性的統制性作用

　　對於康德而言，理性中的理念（Ideas）只有統制性的使用，而無建構性的使用，因為吾人只能從感性那裡獲取關於對象的材料，但理性中的三大理念（靈魂、世界整體、神）三者並無任何來自感性的材料，足以令吾人予以明確地規定為對象。為此，消極說來，肯定理念只有統制性的作用，首先就在於指出不可能在理論認知上賦予理念以任何客觀的實在性。康德在《判斷力批判》一書中

有清楚的闡述：

> 關於神或不朽精神之靈魂的根本存有者的存在（*Dasein*），對
> 於人類的理性而言，絕對沒有任何理論觀點的證明可以產生絲
> 毫的可信度。這點的理由很容易明白。因爲我們沒有任何材料
> 以資確定吾人對於超感性者的理念，卻必須借助於感性世界的
> 事物，但這種材料卻完全不配這種對象，因而，在沒有任何
> 它的確定性之時，只有一種非感性的某物之概念，此物雖然
> 包涵了感性世界的終極理由，但並不提供吾人其內在特性的知
> 識。[50]

可見所謂的理念批判首先是消極性的，透露出先驗辯證論中的
不可知論。雖然在經驗之外來予以確定的可能性本身並未被排斥，
但無論如何皆無法提出理論上的證明。爲此，純粹理性仍然無法確
定神、自由等概念。話雖如此，康德卻在先驗辯證論之末，提出一
個比較積極的看法，那就是純粹理性具有統制性的作用，康德就在
處理理性的統制性功能之時，提出其討論類比的線索：

> 知性爲理性構成對象，恰如同感性爲知性構成對象一般。理
> 性的職責就在於建立知性的一切可能經驗行動之系統的統一
> 性，恰如知性的職責就在於透過概念來連接雜多的現象，而使
> 之服從於經驗的法則之下。正如同知性的行動，若無感性的圖
> 式，則變成不確定的；同樣，理性的統一性，就知性應該用
> 系統的方法來連結其概念的範圍與條件而言，本身亦是不確定

---

[50] Kant, Immanuel. *Kritik der Unteilskraft*, § 90, A448, B454.

的。不過，雖然吾人無法在直觀中找到知性的一切概念的完整而且系統的統一性之圖式，但必定可以有此一圖式之類比物（*Analogon*）。這個類比物就是知性的知識按照一個原理而得以盡最大之分與合之理念……因此，理性的理念是感性的圖式的一種類比物。但差別在於，知性的概念應用在理性的圖式上，並不能產生對於對象本身的知識，（如同範疇應用到其感性圖式上的情形那樣），而只是爲了知性的一切使用的有系統的統一性之一種規則或原理罷了。既然凡以先天方式規定知性的運用之徹底統一性者，皆亦對經驗的對象有其效力，雖然這並非直接的，而是間接的，則理性的原理必亦決定了對象的客觀性，並不是在於規定它，而是在於指出知性在經驗上的明確運用可以與自身完全融貫的程序。融貫之達成，在於把知性的可能運用與徹底的統一性之原理相連結起來，而且以此一原理爲光明來照亮其程序。[51]

以上這段話清楚地指出，理性中的理念之所以有統制性的功能，是由於它指導知性的全體運用邁向系統性和統一性，因而達到自身的融貫。但是，這種統制性功能的實現，是由於理念的類比性，亦即把理念當作感性圖式的類比物，而使得理性對於知性運作的統制性統攝作用，有如知性對於感性的建構性統攝一樣，只不過差別在於前者是構成對象的，而後者則只能導向統一性。康德又說：

一個最高智慧的概念僅只是一個理念而已，也就是說，它的客

---

[51] *KrV.* A665-666, B693-694.

觀實在性並不在於直接指陳一個對象（因為在此意義下我們不
能證明它的客觀有效性）。它只是一個依照理性之最大可能的
統一性而建構的圖式──即事物全體的概念之圖式，用來保障
吾人理性的經驗運用的最大可能的系統統一性。於是我們就從
這個理念的假定對象衍生出經驗的對象。例如：我們會說，世
界上的萬物必須被看成好像是從一個最高智慧那裡接受其存在
似的。因此，這個理念真正說來只是啟發性的（heurisitc）而
非例證性的（ostensive）。它並不向吾人指出一個對象是如何
構成的，而只指出在這理念指導之下，吾人應該如何設法確定
經驗對象的構成與連結。[52]

由上可見，康德所言的理念，尤其是神的理念，有其積極的
意義，此即理念的統制作用，以神的理念為理性的統一性之圖式，
或言理性為達其統一性而有之類比物，成為指導經驗達到系統性的
原理，而萬物似乎自一最高智慧者那裡獲取其存在一般。康德的類
比論就在於以理念為感性圖式的類比物。而這一點是在理性的能力
邊緣提出來的。無條件的理念在此種統制性運作中必須自行確定，
以免流於空洞，為此便須賦予自己以圖式和對象──即使只是一種
類比的圖式或一種想像的對象。為要自行確定，須將範疇運用於理
念，所謂類比就在於此種運用乃是透過類比而為。康德認為理性有
理論和實踐兩作用，他在純粹理性與實踐理性兩層次皆談論此種類
比的使用。因此，以下我們必須分理論理性層面的類比和實踐理性
層面的類比兩方面來看。

---

[52] *KrV.* A671, B699.

## （二）理論理性之類比

就理論理性言之，理念只是真實事物的類比物，而非真實事物本身。我們把理念和全體現象的關係，類比於現象彼此之間的關係。「不該把它們 [ 理念 ] 斷定為存在在己內，卻應把它們當作只具有一種圖式的實在性──即一切自然知識的系統統一性的統制性原理。只能視他們為真實事物的類比物，而非本身就是真實事物。……於是我們所想的只是一個某物，對於它我們沒有任何概念，不過我們仍然可以設想它們與全體現象的關係，是類比於現象彼此之間的關係。」[53]

不過，這種類比關係大不同於亞里斯多德和聖多瑪斯所言的比例類比。其不同之處，在於後者乃在於兩個事物之間不完全的相似（即一方面相似，一方面不相似），而前者則是兩種十分不相似的事物之間的完全的相似。康德說：「這種知識只是類比的知識，但並不是像一般所想在兩物之間的不完全的相似性，而是在兩種十分不相似的事物之間的完全相似的關係。由於這種類比，我們纔有一個為吾人是足夠確定的至高存有者的概念，至於對它本身的絕對的確定，則仍闕疑」。[54]

非但如此，康德的類比在形式上雖亦十分相似亞里斯多德和聖多瑪斯所言的比例類比，但是，在成比例的四個詞當中有一個是不可知的。藉此類比，我們可以賦予我們完全不知的事物之間彼此的關係。例如：提高兒女的幸福（＝a），對於父母的愛（＝b）而言，就如同人類的福祉（＝c），對於不可知的神（＝x）一樣。此種愛雖與人的愛完全不同，但吾人可以肯定它對世界的關係等於世間事物（例如父母對子女）彼此之間的關係：a：b ＝ c：x。可見，在形

---

[53] *KrV.* A674, B702.

[54] *Prolegomena zu einer jeden Künftigen Metaphysik*, § 58, A176.

式上，康德所言的類比相同於亞里斯多德和聖多瑪斯所言的「比例類比」；但是，其不同點有三：(1) 比例類比是兩物之間不完全的相似，而康德所言之類比則是完全不相似之物彼此完全的相似；(2) 在康德所言的比例中，有一詞為不可知之 X。[55](3) 從命題的形式來看，康德所言類比純屬假設命題：「好像……」（as if ...），而聖多瑪斯所言則是真實的比例類比，假定了神與世界彼此的殊異與相同。

由此可見，康德所言理論理性之類比的問題在於，如何確定理性中的理念？理念是無法客觀地確定的，因為沒有任何可能經驗與之相符應。理念只有指導的功能。解決此一問題的唯一辦法便是用類比的方式予以確定。藉著類比，理念可以為我們而確定，但並非客觀地確定，此乃先驗哲學所做之限定。

我們若以神的理念為例，可以比較康德和聖多瑪斯對於神的類比之知如下：

聖多瑪斯：

對於神的知識，乃類比之知，立基於吾人對於世界的認知，但由於有神的創造行動為據，因而可及於神。

(1) 神的本性不可測其高深，但可證明其存在。

(2) 對神的類比之知只表現在靈魂及其命題上。

(3) 比例類比表示存有藉殊化而開展，藉同一而致和諧。

(4) 歸屬類比表示因果律具有存有學上之實在價值。

康德：

對於神的知識乃類比之知，立基於吾人對於世界的認知，但僅為理性之指導作用與知識系統性之統一之所需，並無客觀的價值。

---

[55] *Ibid.*, footnote.

(1) 神的客觀本性及存在皆是不可知的 X。

(2) 對神的類比之知只表現在主體及其命題上，乃理性內在所需。

(3) 類比乃先驗地、為了知識的統一性所需而運作。

(4) 因果律不能超越現象界，不能及於物自身。

康德認為因果律是一種關係，但「物自身」不同於「關係」，不能由關係來確定物自身，如此纔可以避免擬人論（anthropomorphism）。肯定因果關係，只為了指出一不可知之神與此世之關係，以便能用理性的方式充量地、盡可能地確定此種關係，但並不能客觀地及於物自身。康德說：「我可以說，至高因的因果對於世界的關係，就如同人類理性與其藝術作品的關係一般。在此，至高因的性質我完全不知。我只會以我所知的祂的效果（世界的秩序）及其與理性之相符，拿來與我所知的人的理性及其效果做比較。我為此把至高因稱為理性，並不以我所知的人的理性當做祂的屬性，或以我所知之任何事物當做祂的屬性」。[56]

如此的類比觀志在一方面使吾人知識體系得以建立，但另一方面亦避免了擬人論的看法。

## （三）實踐理性之類比

康德認為吾人的實踐理性有其必然法則——即道德法則或義務的原理——但這些道德法則預設了「自由」的理念。「我們並不明白自由，但我們知道自由是我們所明白的道德律的條件。」[57]而且，透過自由的理念，吾人更需進而肯定「靈魂不朽」和「神」的理念。「因此，由於自由的概念，靈魂不朽與神的理念皆獲致了客

---

[56] *Ibid.*, A180 footnote.

[57] Kant, Immanuel. *Kritik der praktischen Vernunft*, A5.

觀實在性和合法性,甚至有了主觀的必然性(作為純粹理性之所需)。」[38]道德律肯定了自由作為道德行為之原因,而此世之福德難兩全,又另需肯定靈魂不朽與神作為至高善(善與福之合一)的實現條件。所以,對於康德而言,自由、靈魂不朽與神三個理念是實踐理性的三個設準(postulates)。但是,由設準而得來的「對於三個理念的確定」,只是為了我們自己的實踐理性所做的確定,而不是理論上對於實在物的本性所做的確定。例如,由於實踐理性之設準,我們可以確定神是至高善——福德合一——的實現者,但這並非在理論上指出神的本性。從理論上來說,這三個設準僅只是為了我的道德實踐的先驗主體性而設的。純粹理性由於實踐理性的設準而獲得了擴大——原先理論理性所不能確定的理念的客觀實在性,現在由於實踐理性而獲致——但這並非理論本身的擴大,因為它並不能增加我們任何的知識。換句話說,這種設準並不包含任何綜合判斷。康德說:

在此,對象為至高善。但它除非先假定了自由、靈魂不朽和神三個理論概念,否則是不可能的。然而,既然它們是理性的純粹概念,則沒有任何既與的直觀,因而它們的客觀實在性亦不能用理論的方式尋得。因此,由於實踐的法則要求世上至高的可能的善的存在,因而設準了這些純粹理性的對象的可能性,它們的客觀實在性無法由思辨理性獲得確立。純粹理性的理論之知固然由此而獲得增加,但其要義僅在於:那些概念原先只是問題,只是可思及之物,但現在卻被肯定地描述為實際的對象,因為實踐理性不得不要求這些對象,以便使其在實踐

---

[38] *Ibid.,*

上絕對必要之對象——至高善——成為可能的。因此，理論理性原先對它們的設想得以證立。

不過，理論理性的這種擴充並非思辨性的擴充。也就是說，不能把這些對象拿來在理論的目的上做一種實證性的運用。因為實踐理性充其量只能指出這些概念是真實的，而且實際上有其可能對象，但並不能因此而給予它們以任何直觀，更不能做此種要求，因而承認，它們的實在性不可能做出任何綜合判斷。[50]

康德所言的理論理性類比既是吾人確定理念的方式，實踐理性之類比便是在實踐理性中肯定自由、靈魂不朽與神三個理念為實踐法則的三大設準，用「設準」的資格來確定三大理念。但是，我們如此透過實踐理性之類比所能得到的只是由於實踐理性的意向而肯定之謂詞，例如，為了福德兩全之實現，吾人肯定神有理智和意志，但這只就其與實現至高善的關係而立論，並不涉及神自身。康德對於神的肯定，並非自亞里斯多德以來的物理神學，而是一種倫理神學。

從以上的討論可以看出類比的問題對於康德十分重要，而且類比所涉及到的亦是存有的問題，不過，存有的問題在康德哲學中是在批判哲學的方式之下提出來的，而且終究限制在先驗主體裡面，主體的完成不只是理論理性方面的發展，卻是在於道德的實現。類比對康德而言既是吾人主體確定三大理念之方式，則其肯定的答案應在於用道德實踐來確定之，即以實踐理性之類比來確定之。

---

[50] *Ibid.*, A134-135.

# 八、結語

康德既然認為我們沒有辦法達到對於理念的理論認識，而類比的確定方式只是為了我們的先驗主體而使用，因此，傳統的形上學不可能成為一門科學，我們的科學之知只能限於實證科學（例如數學、物理），而囿限於現象界，無法涉及物自身，此即康德所謂：「貶抑知識，留予信仰」。知識就是組織現象、構成對象，但絕對的物自身則在此種組織和構成之外，乃屬於實踐與信仰之務。康德的用意在提醒吾人謙退，莫過太驕傲，自以為可以知道物自身，認識絕對者。相反地，人應接受自己的有限性。真實的存有超越了吾人的認知，只有待吾人在道德實踐中去參與、去開展，始能親近之。

就神學言之，康德一方面躲避了宇宙論的化約主義，但另一方面又掉入了道德的化約主義，對於神的肯定只是人為了實現道德之所需。由此可見，康德哲學雖然沒有理論上的人類學中心論調，但卻犯了實踐上的人類學中心論調。後來黑格爾所要批判的，就是這種道德主義。

不過，康德亦提示了一個極為重要的出路，不以實證科學之知為典範，亦即不以組織現象、建構對象為目的，卻又能不違背道德，但又無實用的功利傾向的親近存有的方式。康德在《判斷力批判》中預示了這點：用美感來作為心靈與自然、道德與科學的調和。因為在美感當中，我們雖然知覺到一個自然物（一座山、一朵花），但卻以無私趣之心為之，一任自己存有，亦任此自然物存有。美既非建構對象，亦非功利實用，而是任存有存有。不過，康德並沒有剋就這一點來予以發揮。而且，康德認為美感的判斷只是一種反省的判斷，而不是一種規定的判斷，因而沒有建立形上學的價值，只對我們的主體有價值。

以下我們簡約為幾點，把康德的主體進路的形上學之優缺點評騭如下：

優點：

一、康德發展了批判哲學，深入探索能反省的主體之內在結構，並以之做為確定存有之出發點。這點有其劃時代之意義，因為聖多瑪斯雖已注意到反省是使實體成為主體之重要條件，但並未發展出主體進路的批判哲學。

二、康德指出存有必須經過主體性內在的開展和實現纔能得到確定。存有也是主體性所構成的客觀性的完成，是主體對於對象本身「在己」的肯定。存有除了是聖多瑪斯所言的一切存有物豐盈而完美的存在活動，也是對象與主體結合而得的最高成就。「在己」亦表示了對象的客觀性和主體的主體性兩相結合的關係。

三、康德的先驗哲學指出了數學和牛頓物理學在吾人認識主體內在結構中的基礎，因而指出科學家在從事科學活動時已不自覺地在運用中的先在結構。先驗哲學促使科學家對此主體結構產生自覺，康德厥功非小。

四、康德對於美感的分析，指出了一條不志在建構對象或追求目的的通往存有之路：任存有存有，以無私趣之心任自己的存有和對象的存有以本然的方式開顯出來。此種思想可以銜接上當代哲學家海德格任存有以自己方式開顯的現象學進路。

缺點：

一、存有變成了判斷的客觀性，而失去了原為存在活動的豐富性和完美。知識論占了優位，而忘記了知識亦為一種存有活動。

二、一、真、善變成了邏輯上的要求和一般知識的判準，而不再是存有的開展和價值的完成。康德此種說法顯示出在實證科學優先的時代，古典價值體系已瀕崩解。

三、康德由於把實證科學作為理論知識的典範，因而限制了理

論理性的思辨功能，斷絕了理論理性與絕對之關係。於是批判與形上學分家，先驗主體與存在活動兩隔。到了黑格爾纔致力把兩者重新協調。

四、康德為了避免理論上的人本主義，把物自身劃在理論理性之外，但立刻又犯了實踐上的人本主義，仍以人的道德實踐與福德兩全來肯定自由、靈魂不朽與神。這種道德化的傾向正是黑格爾所要批判的。

第八章

歷史辯證與
黑格爾的形上學

## 一、前言 —— 歷史和系統的內在關聯

黑格爾形上思想之偉大，在於其開展出歷史的向度，然而又不失系統的嚴整。欲明白其形上學，須先明白歷史和系統的內在關聯。

在哲學領域裡面，歷史的發展和系統的結構有內在的關聯。一方面，哲學有其歷史的一面，在時間中綿延發展出哲學史來；另一方面，哲學在歷史的發展中，每一時代都力求構成為一系統。哲學可以說是由歷史的演進和系統的結構交互對比運作而構成者。黑格爾（Georg Wilhelm Friedrich Hegel, 1770-1831）在西方近代思想史中，可以說是最具歷史意識，同時又最具系統之養的大哲學家。他深深地把握到歷史和系統的內在關聯。現在的哲學體系是由過去演變而來，而過去的哲學在今日的系統中亦有其批判性的地位；黑格爾在《哲學史講演錄》的導言中，很明白地指出歷史和系統的本質關聯：「這種聯繫並非在哲學史中必須加以考慮的一種外在觀點，卻真正地表示了它的內在本性」。[1]

這種內在關聯首先在於人是歷史性的，歷史是人的思想的重要構成成分：「我們之所以是我們，乃是由於我們有歷史，或者，更確切地說，正如在思想史的領域裡，過去的東西只是一方面，同樣，構成我們的現在的那個有共同性和永久性的成分，與我們的歷史性也是不可分離地結合著」。[2]其次，則是由於真理是整全，也就是系統，而在這系統中，有過去的思想經過批判以後而獲取的地位。

---

[1] Hegel, G. W. F. *Vorlesungen über die Geschichte der Philosophie.* Stutgart: Fr. Frommanus Verlag, 1928, p.11.

[2] *Ibid.*, p.12.

　　黑格爾對於系統結構和歷史變遷的內在關聯的強調，也實踐地表現在自己的哲學體系的構成上。黑格爾的哲學體系大致可以分為三個部分：第一部分旨在鋪陳意識及其經驗成長的階段和運動的韻律，此即《精神現象學》一書之內容。此書在剛開始印刷時原名為《意識經驗的科學》，印至中途，黑氏改變主意，更名「精神現象學」，以至有些書印前名，有些書印後名，有些書則雙名並列。第二部分旨在鋪陳歷史與文化的發展，主要集中在黑格爾的柏林授課錄，首先有講解世界歷史及其精神的《歷史哲學講演錄》；其次有討論文化中的藝術部門的《美學講演錄》和宗教部門的《宗教哲學講演錄》；最後，則有《哲學史講演錄》。第三部分旨在鋪陳黑格爾哲學的全盤體系，此即《哲學科學的百科全書》、《邏輯學》兩大巨著所扮演的角色。

　　這個綜合了歷史與系統的三大部分，亦是由一種既系統又發展的內在關聯所貫串，此即在《哲學科學的百科全書》結尾中所述的三個三段論證，而每一部分的重點即在扮演三段論證推演中所需要的中詞。第一部分鋪陳由自然→精神→純理的三段論證，其中詞為「精神」；第二部分由純理→自然→精神，其中詞為「自然」；第三部分由精神→純理→自然，其中詞為「純理」。可見，由意識的歷史到世界歷史到系統構成的發展，其間已有系統結構，而此一系統結構更是由歷史發展而成，歷史在其中占一重要地位。以上這些要點，我們在下文中會有較詳細的闡述。

　　既然系統與歷史有內在關聯性，則哲學家在思考系統性的建構之時，對於哲學史不但要有所認識，而且還需做批評性的定位工作。對於傳統做創造性的詮釋，這是構成系統的主要管道。一方面，歷史構成了一個值得吾人感謝的傳統，正如赫爾德（Johann Gottfried Herder, 1744-1803）所說，這傳統通過一切因變化而成過去的事物，結成了一條神聖的鏈子，把前代的創獲傳給我們。就此

而言，歷史是傳承的。但另一方面，歷史也是創造的，若真能承受，亦必須由精神來加以轉化，所承接的遺產亦因此一轉化而得以改變，因而能以更豐富的面貌保存下來。如此，傳統乃成為創造性的傳統，而歷史亦為創造性的歷史。正如黑格爾所說：「傳統並非一尊不動的石像，而是生命洋溢的，有如一道洪流，離開源頭越遠，就膨脹得越大」。③

　　根據黑格爾這種對待歷史的態度，我們來研究他如何批判在他之前，深受他所重視的康德哲學，並藉此來看出黑格爾自己所要建立的系統之方向。

## 二、黑格爾對康德先驗哲學的批判

　　黑格爾在西方哲學史上的地位十分重要，他上承希臘、中古、近代的傳統，可以說代表了古典理性主義的完成，同時又下開現代哲學紛紜的面貌，因而現代哲學可以說是生自對於黑格爾哲學的反動，而且當代各種哲學思想多少都會發揮或含有黑格爾哲學的某些方面。從康德轉到黑格爾，其中的許多關鍵問題必須從黑格爾對於康德哲學的批判去著手瞭解。

　　德國哲學到了康德，有了嶄新的發展。康德首開德國觀念論的傳統。這正是黑格爾所直接承受的傳統。黑格爾認為，在他所承接的那個時代，除了康德、費希特（Johann Gottlieb Fichte, 1762-1814），以及謝林（Friedrich Wilhelm Joseph von Schelling, 1775-1854）的哲學之外，沒有別的哲學。其他的哲學都是從這些哲學剽竊一些東西，而關於這些剽竊來的東西，又彼此互相攻擊和爭吵。至於康、費、謝三人，以康德最為重要，因為他是此一傳統的出發點。費希特的哲學是康德哲學的完成，只是用較邏輯一貫的方式來

---

③ *Ibid.*, p.13.

闡發康德，並沒有超出康德哲學的基本觀點。至於唯一能有意義地超出費希特的謝林哲學，也是從康德和費希特出發的。

康德稱自己的哲學為先驗哲學（*Transzendental philosophie*）。「先驗」一詞雖有數義，但主要意義則由康德在《純粹理性批判》的下段話中表明：

> 我用『先驗』來指稱一般並不處理對象，而只處理吾人認識對象的方式的一切知識，且這種知識應是先天地可能的。（第二版）
>
> 我用『先驗』來指稱一般並不處理對象，而只處理吾人對於對象的先天概念的一切知識，一個這類概念的系統稱為先驗哲學。④（第一版）

對於康德而言，能夠科學地認識一個對象，就是能夠先天地予以規定。先驗哲學的「先驗性」就在於必須超越對象，而走向對象的先天規定，也就是走向能先天地規定對象的主體性。但是，康德的先驗，不只是由對象走向先天地規定對象的主體性，而且要再由這先天的主體性走向對象，予以建構，此即康德所謂「先驗演繹」的意義。可見，康德的先驗哲學展示出一個「主體性」和「對象性」交互規定的循環圈：認識對象的對象性所在，就在於認識主體的先天規定；而認識主體的主體性所在，就在於能先天地規定對象。總之，認識的對象之對象性之所以可能，是由於主體的知性裡面的構成的行動。此一構成的行動來自先驗統覺的原始綜合統一性。但就康德來說，這先驗統覺——即「我思」（*Je pense*）——並非真正

---

④ Kant, I. *Kritik der reinen Vernunft*, B25 A12.

創造性的，它只是知識的可能性條件而已，對於它，我們沒有任何感性的資料，任何對主體所做的推演，只是一種背謬論證。至於我們能有感性材料，因而能運作先天概念予以規定的，只是「現象」而已，「物自身」依然不可知。所以，人對世界的認知是有條件的，如果我們把無條件的理性理念應用到世界上，就會產生種種矛盾的「二律背反」。康德不再以所知為物自身，而只滿足於探討知識的可能性條件，並且把這些條件安置在有限主體的認知結構中。哲學的重心不再是存有或世界，而是有限的主體性，此即哲學史上的「哥白尼革命」。德國哲學從此踏進嶄新局面。

德國觀念論的總集成者黑格爾對於其開創者康德的批判，十分值得吾人注意，因為這個批判不但可以看出康德哲學在黑格爾眼光中具有何優點和缺點，而且可以據此印證我們前述的黑格爾對於歷史和系統的看法，更因此有助於我們明白黑格爾哲學系統的真正方向。

對於黑格爾而言，「批判」一詞，並非指一般意義的指責和挑剔，也不是康德意義的先驗批判──即在消極上拆解獨斷論，積極上在主體性中探尋成立科學知識的可能性條件──，而是我們在前面所說的：一種轉化式的承接。用黑格爾的術語來說，批判就是一種揚棄，或取消兼昇存（Aufhebung）的工作，對於歷史上已有的成就，例如康德哲學，揚其優而棄其劣，取消其短處而昇存其長處。

以下我們分就在《哲學史講演錄》、《精神現象學》和《哲學科學的百科全書》中所展示的材料，來研究黑格爾如何批判康德的先驗哲學，揚其優，棄其劣，以導向自己的哲學系統。總合來說，本文所論黑格爾對於康德的批判，主要分為四點：先驗統覺、自我的先天綜合能力、二律背反和物自身等四個概念。對於前三個概念，黑格爾皆有褒有貶，但對於「物自身」的概念，則完全予以棄

置。不過，本文所述，主要是黑格爾針對康德《純粹理性批判》所開出的先驗哲學的批判，至於另兩批判（《實踐理性批判》與《判斷力批判》），所涉及線索更為龐雜，非本文所能及之。

　　以下我們依順序，分就「先驗統覺」、「自我的先天綜合能力」、「二律背反」和「物自身」四個概念來看黑格爾如何批判康德哲學，即處理一個自己所思想的哲學傳統。

## （一）先驗統覺（transcendental aperception）

　　對於康德而言，吾人的經驗是由知識的構成來予以規定的。知識有兩個構成因素：一為感性知覺，一為知性中的範疇。所謂「知識」正是兩者的統一。在兩者統一的過程中，自我，或我思，或自我意識的統一性便是最徹底的先驗統一的可能性條件。經驗中紛然雜沓的材料之所以能統一起來成為知識，是由於首先經過感性中的時空兩先天形式之整理排列，再經知性中先天概念的規定。「知性具有思想，但作為知性它只有被限制的思想，對有限事物的思想。思想具有給雜多的材料帶來統一性的形式。這種統一就是『我』，自我意識的統覺。『我』應當伴隨著我的一切概念。」[5]黑格爾認為康德對於自我意識的統一性的發現是一個十分重要的貢獻，因為這已經把握到能發展的思想——概念——的本質。他在《邏輯學》一書中說：

> 《純粹理性批判》最深刻、最正確的洞視之一，就在於把統覺的原始綜合的統一性、把我思和自我意識的統一性，當作是造成概念的本質的統一性。按此說法，則由於概念的統一性，某

---

[5] Hegel, G. W. F. *Vorlesungen über die Geschichte der Philosophie*, p.565.

物不再只是一個感覺、一個直觀或某一個單純表象的規定而已，卻是一個對象。對象的統一性其實就是自我自己的統一性。思想一個對象無它，實際上就是由我來近取對象，予以穿透，並將之導入自己的形式中，也就是導入直接規定的普遍性或導入直接普遍的規定。……對象的對象性（或譯「客觀性」）是在概念中獲得的，而概念就是自我意識的統一性，即對象所被納入的統一性是也。對象的對象性，或即概念，其本身無它，乃自我意識之本然，除了自我自己以外，不另分為其它階段或其它規定……因此，按照康德哲學最主要的命題之一，為了認識概念之本質，必須識得自我之本質。[6]

由此可見，黑格爾肯定了康德的主體性能建構對象性的功能，這是康德哲學中值得發揚的一個重要優點。但是，對黑格爾來說，康德哲學只停限於自我主觀的同一性，而沒有踏入自我絕對的同一性，也就是沒有達到能自行發展、邁向絕對的概念層次。換句話說，康德只從主觀的方式來規定知性的範疇，結果，對象的對象性只是為了一個有限主體、在一個有限主體內而存在，不能更進一步地開展出自己的存在。康德的主體只是經驗的、有限的自我意識，全部的知識皆在主體的規定之內，至於主體以外的便是外在的、未經規定的，亦即無法認知的「物自身」。康德哲學的矛盾之處，就在於一方面肯定了主體性規定對象性，另一方面這主體又需要一個外在的材料，纔能合法地進行規定。而且，所謂的規定具有兩方面：一方面是與我們的感官機體相聯繫的感覺規定，另一方面則是在自我主體之內的思維規定。設定了一個永無法接受規定的物

---

[6] Hegel, G. W. F. *Wissenschaft der Logik, Meiner Verlag*, Band II, pp.221-222.

自身,則凡我們所認識的、所規定的,都只是現象。物自身和現象兩者對於人的認識而言,恆屬對立,無法在經歷發展以後獲得妥協。對於康德而言,我們只能與我們的規定打交道,不能達到存在本身,我們不能達到真正的客觀事物。

黑格爾認為,唯有能發展並開出具體客觀之物的表象,纔是概念,否則只是一個單純而無益的表象而已。康德在批判關於神的存在的存有學論證時,認為擁有神的理念並不證明神的存在,正如吾人雖然擁有一百元的觀念,並不證明口袋中真有一百元。黑格爾認為康德完全自囿於知性的單純表象,並未把握到能發展的概念。因為一個想像的一百元是而且永遠只是想像中的錢,但老是停留在這樣一個單純表象也是不健康的,一個老在這種想像中兜圈子的人一定是個無用之徒。一個人真有勇氣得到一百元,必須動手去工作,掙得這一百元,這時一百元就不再只是一個單純的表象,而是一個能發展而開出客觀之物的概念了。

總之,黑格爾重視康德哲學所倡言的主體的統一性和建構對象的對象性的能力,黑格爾哲學將針對此點,更予以轉化發展。其次,黑格爾摒棄康德哲學所自限的主觀的統一性,和有限的主體性,卻要透過概念的發展性,邁向絕對的同一性,亦即在經歷時間中的發展之後,達到真正客觀之事物。

## (二)自我的先天綜合能力

主體性不但由於統覺而有統一性,而且更可以有產生先天綜合判斷的能力。主體這種能產的能力,更為黑格爾所重視:

> 康德引入了「以概念為具體之自我殊化」的思想,是藉著肯定
> 了「有先天綜合判斷」這個極其重要的思想。統覺的這種原初

綜合是在思想發展過程中最深刻的原理之一，其中包含了對於概念的真實本質的把握的初步，而且完全對立於那本身並非綜合的空虛的同一性或抽象的普遍性。但是，進一步的發展並不止於此一初步。「綜合」一詞已經暗示了一種外在的統一性的表象，和一種對己、爲己皆分離的因素的聯繫。於是，概念若無直觀中的雜多，即使是一先天的綜合，仍是空虛而無內容；其實，就其爲綜合而言，它應該在己內既有規定，而且有殊多。⑦

　　自我具有產生先天綜合判斷的能力。黑格爾認為這是在形上學史裡面的一項重要發現。康德在此點上可以說已經把握到了我思自動自發的性格，甚至可以說已經觸及到我思的創造性。康德能在知性的純粹原理中肯定了自我意識本有的先天綜合能力，按黑格爾言，這是值得發揚的優點。不過，康德的缺點在於把這個先天綜合能力遞減為一種執行外在的聯繫和綜合的空洞形式而已。肯定「自我」這個可能性條件，這個空虛的同一性，只不過是為了把我們經驗中那些各自獨立的、相互差異的內容聯繫起來，這就好像用一根繩子把一塊木頭纏在腿上一樣，只是一種外在的綜合，應予以摒棄。

　　黑格爾首肯了康德已觸及的我思之自動自發性和創造性，但排斥康德所賦予的外在綜合的功能。黑格爾要把這已經能動、能創的自我，提昇到一個邁向絕對思想發展的歷程，求能創造自己的對象的統一性和殊多性。換句話說，把人的自我及其思想，透過一種無窮的發展，把它連同一個能在思想中自我殊化對象的神性直觀連接

---

⑦ *Ibid.* p.227.

起來，也就是把在人性內的神性發展出來，使人性和人的思想，成為絕對的真理的過路。進入概念，也就是進入有自我意識地發展在己內的絕對思想的歷程。

以上黑格爾對於康德有關先驗統覺和自我先天綜合的能力所做的批判，都涉及到自我的實在性的問題。因為康德一方面賦予了自我以統一性和綜合性的能力，另一方面又不願意承認自我的實在性，甚至把「思維主體是實體」這種推論當作是背謬論證（paralogism），黑格爾對此加以敘述道：

> 推論的錯誤在於把先驗主體的統一性這一必然的理性理念認為是一個事物或實體。在我的思想裡我發現我是具有永久性的，而有永久性的東西就是實體。自我是我的思想的空洞的先驗主體，但它只有通過自己的思想纔能被認識，至於它本身是什麼樣子，我們對此毫無所知。（一個多可怕的區分，須知思想就是本身在己的。）我們不能肯定自我是實在的，因為思想、自我意識只是一個純形式，對於能思的自我，不能通過外在經驗予以認知 [8]

康德的矛盾一方面是認為自我不是感性的，另一方面又以感性做為實在性的判準，因而判定自我不是實在的。好像是康德把實在性、實體看得比主體還要高，主體不配具有這些規定。其實，黑格爾認為，單說實體是太過低下，不能說明自我。同樣，存在是我們對於精神所能說得最少、最貧乏的東西了。精神的前途是無限量的，精神的發展是無止境的，吾人不可劃地自限。

---

[8] Hegel, G. W. F. *Vorlesungen die Geschichte der Philosophie*, pp.577-578.

## （三）矛盾與辯證——對二律背反之批判

黑格爾在康德僅滿足於並列一些彼此殊異的因素之處，卻要引入由矛盾而生的活潑運動。黑格爾的用意是要把康德靜態的結構予以辯證化。例如，當黑格爾在《哲學史講演錄》中提到康德的十二範疇時，他說：「偉大的辯證法本能使得康德說：第一個範疇是肯定的，第二個範疇是第一個範疇的否定，第三個範疇是前兩者的綜合。」⑨當然，對黑格爾來說，康德只具有「本能」，卻未自我反省地予以發展。此外，當康德言及多元的綜合時，黑格爾總是轉言對立元或矛盾元的統一。因此，當黑格爾看到康德在論及純粹理性的二律背反（antinomies）是必然的時候，他很樂意在其中看到自己對矛盾和辯證的說法之印證：精神都是在矛盾中尋求出路，精神的路是辯證之路！黑格爾還責怪康德只見到四個矛盾，其實精神世界中無處不存在著矛盾：

> 這個思想認為矛盾……是本質的和必然的，我們應該把這思想認為是近代哲學最重要而且最深刻的進步。但是，此一觀點越屬深刻，我們就覺得其解答太過瑣碎……矛盾的工作並非世界本質上所有，此一工作僅屬於思想中的理性，即屬於精神之本質……如果我們比較世界之本質與精神之本質，即可驚異地看見……並非世界之本質，而是思想、理性之本質，要在自己內與自己相對立。……康德由於對二律背反缺乏深刻研究，使它只提及四個二律背反。他之所以如此，是假定了範疇表，……以致不從概念來衍生對象的規定，卻屈就一個現成的表格。……我必須表明，並不是只有在這四個從宇宙論中借來

---

⑨ *Ibid.*, p.567.

的四個對象中有二律背反，而是在一切種類的一切對象中，在一切表象中，在一切概念和一切理念中皆有之。認清這點並且用這特性來認識一切對象，這是哲學反省裡面最緊要的一部分；這個特性就構成了隨後所言邏輯的辯證階段。⑩

為此，對於黑格爾來說，理性的任務就在於用矛盾的活潑生命來看實在界，哲學的方法就在於結合精神實際的運動規律，精神就是由某種規定進展到另一規定，其間的過渡完全依靠一種矛盾的方式，並由此而獲得生命。辯證就是精神的運動方式，同時也就是哲學的方法。這辯證的運動與方法是依肯定、否定、否定的否定來進行的。這個程序，使我們能由抽象面的知性，進展到辯證面的消極理性，再進展到默觀面的積極理性。

首先，知性是抽象的，固守於一些有限的規定中，思想甚至會把這些抽象規定誤認為自存的和為己存在的。

其次，消極理性進行辯證階段，自行取消這些有限規定，並過渡到這些規定的對立面，求在否定中限定悟性之抽象規定。黑格爾認為唯有如此，纔是科學進步的動力之魂。使科學之內容獲得一內在的關聯與必然性，而能真實地超越於有限之上。

最後，積極理性旨在默觀，把握前述相互對立的規定彼此之間的統一性，並提煉出在前述否定過程中凝化出來的肯定成分。⑪

黑格爾哲學於是把康德所主張的對於現象界的先驗知識，轉化為對於絕對實在的辯證知識。這個轉化最清楚地表明在他對於康德「物自身」概念的完全拒斥上。「物自身」概念被黑格爾認為是「批判哲學的最後鬼魂」。

---

⑩ Hegel, G. W. F. *Enzyklopädie der philosophischen Wissenschaften*, § 48 Rem.

⑪ *Ibid.*, § 79, § 80, § 81, § 82.

## （四）摒棄物自身

　　對於黑格爾而言，唯一的真理就是絕對的、創造性的思想。用黑格爾術語來說，就是理念（Ideas）。理念就是真實的主體性和真實的客體性具體地結合為一，也就是在歷史發展的頂峰，神性自我與神性思想的對象──世界──到最後真實的合一。唯有經過歷史發展出來的，纔是真實的、具體的；也唯有成為理念或絕對理念，主客的真實面貌始得合而為一。

　　從這個觀點看來，康德所謂的主體性只是有限的主體性；與這個有限主體性相對應著的，則有僅為現象的對象性；兩者之合一，則是透過僅為一空洞的可能性條件之先驗統覺，至於理念則僅是純粹理性之幻想。如此一來，先驗主體的統一性只是一種空洞的統一性，我思只是純形式的同一性，只用來作為知識（尤其是以牛頓物理學為典範的知識）的可能性條件而已。至於自我的實體究竟不可得。所以，真實之主體性究竟不可得。與這不可得之自我相對應著的，則有一究竟不可知的物自身。若說有限之主體性對象化後而有具對象性之現象，則可以說由此不可得之自我對象化後而有不可知之物自身。但是，這物自身完全被抽離於意識的掌握之外。對於黑格爾來說，康德這個抽象的物自身，只是抽象的我思之對當。物自身為一完全抽象，完全空洞，完全無法用吾人的意識來予以規定。黑格爾認為這是完全出自思想的產物，思想自己走到一個最抽象的地步，在那裡肯定一個自己達不到的對象，也就是用否定的方式予以規定之。他說：

　　物自身所表達之對象完全抽離於意識之外，完全抽離於一切感性和思想的規定之外。我們很容易看出來，這樣所剩餘的是完全的抽象、完全空洞的存有。除了『在外』，沒有別的規定：它是表象、感性和規定的思想……等等的否定。但我們同樣簡

單地可以反省到，這個『已死的首級』本身只是思想的產品，正是這前進到純粹抽象的思想，這個空洞的自我給予了自己這個空洞的同一性當做對象。[12]

黑格爾認為，康德所言「物自身」除了遮掩了空虛以外，也是一種假謙虛的藉口。為什麼是假謙虛？因為他一方面用這個觀念來指出人類知識的有限性，然後又把這個有限性予以絕對化。也就是說，真實是在人的把握之外，但是，人只能把握現象，這卻又被康德當作是真實而且絕對的。黑格爾說：

> 更特別地，它理所當然地認為一方面有絕對；另一方面則有知識，這知識雖然自絕於絕對之外，但卻又是真實的。換句話說，知識既然自絕於絕對之外，當然也就自絕於真理之外，但（康德卻認為）仍是真的——這個立場，雖然自以為是害怕錯誤，其實是害怕真理。[13]

黑格爾認為，既然知性的知識只是有限的，就不必把它當作偶像來崇拜，反而，要讓理性的無限性在我們內心裡面逐漸開展吧！因為假如理性的無限性不是已經某種程度地開展於吾人內心，我們絕無法肯定知性的有限。因此，讓我們把那僅止於知性之人性，即把那太過主觀性的先驗主體及時超越，而讓那已在吾人內心呈現、超越知性之上的合理之道在內心中開展出來吧！黑格爾破解了物自

---

[12] *Ibid.*, § 44 Rem.

[13] Hegel, G. W. F. *La Phénoménologie de l'esprit, Tome I*, traduit par Jean Hyppolite, Paris: Aubier, 1941, pp.66-67.

身,也就是破解了先驗哲學的最後一個神話,而開展向真正的哲學默想之處,於此,黑格爾要我們逐步任概念自行發展為理念。

## (五)從此一批判看黑格爾哲學系統之方向

在取消了康德的假的物自身之後,黑格爾哲學之旨乃在於以精神不斷前進的運動和哲學的方法,來達到真正的物自身──即絕對理性創造性的思想。黑格爾否定了康德有限主體與物自身的對立,而主張由絕對主體賦予自己以對象,而且發展為絕對理念。哲學思想的要旨就在於向此一概念開展的絕對歷程開放。黑格爾的核心思想就在於:絕對已經臨近我們,絕對即思想,亦即在吾人心中思想的道。為了變成哲學家,必須拋棄在知性的有限性中之自囿,而且要任由道在我內開展。所以哲學的要旨不在於鋪陳有限之我或先驗自我的思想──先驗自我只能在面對異己的現象世界來思想──卻在於追隨絕對理念的絕對歷程。康德的有限之知雖有其地位,但只是這個歷程中的一個階段,迅即會在絕對之知前進的歷程中被超越了。

簡言之,黑格爾把康德先驗主體的雙向的先驗性加以絕對化,變成能創造的、與真實對象合一的主體。他把康德的有限自我與物自身的對立取消,而代之以絕對主體開展的歷程。康德所言的對象性(由我思在現象界中的先驗演繹所構成的)轉化成為黑格爾意義下的「概念」,至於康德所言由主體向對象進行的演繹過程,就變成概念圓滿地客觀化為絕對理念的過程了。黑格爾哲學的核心就在於進入這個由概念開展,進而成為絕對理念的歷程,這個歷程是採螺旋式的前進方式,亦即是圓形的,只不過此一圓形的終點要比原來的起點更為高超。黑格爾最重要的一段話說:

真理就是全體，但全體是經由自身發展而達於完滿的那種本質。絕對在本質上就是個結果，它只有到達終點纔真正成爲絕對；而它的本性就在於此：絕對就是現實、主體或自我發展。⑭

　　真理就是全體，就是絕對，但它必須經過歷史的發展纔能達到，真理只是這個歷程發展以後的結果。至於發展則是一個螺旋形的進程，由自己出發，經歷辯證之媒介，再返回自己，但再返回之時，已比原來居於更高的境界。科學的本質不在於起點是一直接的材料，而在於是一個循環的圓，最起始的就是最終的，而最終結的，就是最起始的，但需層層歷進，境境提昇。這就是黑格爾依他所言的三個三段論證所要建立的圓融體系之要旨。明白了這點，我們便可以進一步明白他的整個體系了。

## 三、歷史與辯證

　　黑格爾對於歷史之重視是承自基督宗教。對於黑格爾而言，歷史是精神在時間中發展的歷程。時間原是一個不停地變遷、流逝之物，但由於理性而走向穩定與秩序。黑格爾在歷史哲學中說：「所以歷史在一般上說來便是精神在時間中的外化，這好比自然便是理念在空間中外化一般」。「（故就希臘神話言）首先統治世界者為克羅諾斯（Chronos）──時間，這是沒有道德的產品之黃金時代，而且這一時代的兒女都被它自己吞食了。首先馴服時間，並使牠的流逝終止的便是周比德（Jupiter）──從他的頭裡跳出了智慧女神（Minerva），而在其周圍則有太陽神阿波羅（Apollo）和繆斯女神（the Muses）。周比德是政治之神，他產生了一座道德

---

⑭ *Ibid.*, pp.18-19.

工程──國家」。黑格爾所述這段神話的意義是：時間的流逝，吞噬了一切在時間中出現之事物，但自從有了理性所產生之秩序與穩定，便能制止時間之變遷與流逝。精神在時間中的發展亦如是，必定要發展為一個體系，也就是發展為一個既具普遍性，又具自我意識的精神成果。為了達到這個既普遍又統一於自我的精神體系，精神須先由抽象的狀態，自行異化，進入到具體的自然之內，然後在自然中逐漸意識到自己的自由，然後再提升到既具體又普遍的精神層次。這個歷程就是精神不斷走出自己，不斷否定自己，不斷地由異化再返回自己的歷程──此即黑格爾所主張的「辯證」的要義。對於黑格爾而言，辯證法是精神發展的方法，也是世界歷史發展的步驟，因為黑格爾認為世界的歷史也就是精神的歷史。因此，辯證法既是方法學──意識成長為精神的方法，也是存有學──歷史運動之步驟。

舉例而言，精神成長的歷程，起初需有一抽象的理想──成為科學家、哲學家、政治家──但是，進一步，此種抽象的理想必得走出自己，進入到具體的生活中，也就是說，此一理想必須化為行動，在其中牽涉到情緒、肉欲、本能、情感、意見……等等黑格爾所謂「自然」之力。抽象的理想異化而為自然。最後，完成了此一理想，但同時又成為一更崇高更偉大的理念之實現的工具。例如，以西方歷史為例，當凱撒（Caesar）完成了自己獨裁的野心之時，也正是羅馬帝國成就之日。凱撒在為個人理想賣力之時，正不自覺地完成了時機已經成熟的事實，而成為世界精神之實現。黑格爾這種想法正代表浪漫主義運動的思想，強調英雄和天才是普遍和具體的綜合。普遍精神原先在無意識的狀態，由於天才的作品和英雄的行徑而喚醒，使眾人蜂湧隨之。此即所謂天縱之聖，在今日多元化的世界則較難有之。

黑格爾在論及康德的十二範疇時嘗指出，偉大的辯證法使得康德認清第一個範疇是肯定的，第二個範疇是第一個範疇的否定，第三個範疇是前兩者的綜合。例如，質的範疇是由實在性、虛無性和有限性構成的。不過，康德由於只執著在知性的範疇，而沒有見到精神的運動律則，所以只能說具有本能，並未有自我反省地發展此種辯證。同樣，黑格爾在見到康德論及「世界」理念的二律背反時，很樂意以之為辯證法的印證。黑格爾認為：精神都是在痛苦中成長，在矛盾中求出路。黑格爾認為精神的歷程便是辯證之路，康德雖然認出二律背反的必然性，卻以之屬於「世界」。黑格爾認為對立並不屬世界，而是屬於精神。而且並不只有四個二律背反，卻是處處充滿對立。「矛盾……並非世界之本質，而是思想、理性之本質，要在自己內與自己相對立。……康德由於對二律背反缺乏深刻研究，使他只提及四個二律背反。他之所以如此，是假定了範疇表，……以致不從概念來衍生對象的規定，卻屈就一個現成的表格。……我必須表明，並不是只有在這四個從宇宙論中借來的四個對象中有二律背反，而是在一切種類的一切對象中，在一切表象中，在一切概念和一切理念中皆有之」。⑮

　　精神只有在與自己對立之中──即在異化的歷程中，始有活潑、發展的生命。精神的運動律則就是由一種限定走向另一種限定，其間的進展完全採取一種矛盾的進程，並由此而獲得生命。辯證就是精神的運動方式，哲學既為精神之發展，亦以辯證為哲學之方法。這個辯證的運動是依肯定、否定和否定的否定來進行，使我們能由抽象面的知性，進展到辯證的消極理性，再進展到默觀的

---

⑮ Hegel, G. W. F. *Vorlesungen über die Geschichte der Philosophie III*, *Werke 20*, Frankfurt: Suhrkamp Verlag, 1971, p.356.

積極理性。這整個歷程是廣義的辯證，而其中所包含的第二個層次——辯證的消極理性——則是狹義的辯證。

首先，知性是抽象的，固守於一些有限的限定之中，這是科學和日常計較的基礎，亦為一切教養之所依，更在部分形上系統和經驗主義哲學之中，而認為一切事物皆有其自己的限定，作為本質。這是哲學起頭的階段。

其次，消極理性進行辯證的階段，自行取消了知性的有限規定，走出自己，並且過渡到它們的對立面，求在否定之中顯示出知性的抽象規定。辯證的做法，在於以另一種抽象來否定或取代原有抽象；或在於穿梭概念之間使其形成互依與關聯的整體，甚至走向概念之發展，由抽象而走向具體，由貧乏而走向豐富。這層次是狹義的辯證階段。

最後，積極理性旨在默觀，把握前述相互對立的規定彼此之間的統一性，並提煉出在前述否定過程中所凝結出來的肯定成份。

從以上的陳述，我們可以看得出來，黑格爾所關心的有兩方面：一方面要把精神從樸素之知導引到哲學之知；另一方面要把個人的意識從隔絕狀態之中拉出來，走向既獨特又普遍的精神。辯證法必須在時間的進程中實現，因為唯有在時間中，精神纔能由抽象而成自然，由自然而成就個人，由個人而進入社會與文化。辯證法既是精神發展的方法，也是世界歷史發展的步驟。而這個方法的終結，在於精神實現成為絕對精神；而世界歷史的發展的終結亦為普遍理性之體現。對於黑格爾來說，絕對精神或普遍理性並非只是抽象觀念，而是一個強而有力、能夠自我實現的原理，其最徹底的實現便是上帝統治世界，天國來臨於此世。世界史就是上帝實現計畫的園地，而能擔當此責的唯有國家。國家就是道德的實現，黑格爾認為世界史唯有形成國家的民族纔值得注意。國家是最高目的之實現。國家是理念與社會實際之綜合，精神與歷史之綜合，集體命運

和歷史推演之綜合。在國家之中，精神與時間同化為一。國家使個人能將其獨特人格表達盡致，亦使全體生活有一實體性的統一。黑格爾在此可能有把某一歷史情況——即普魯士君王統治之國——加以神化而予以保留的傾向，這可以說是他的辯證法中缺乏批判性的地方。

不過，他的辯證法強調否定性，在理論上應可以自我超越，而不至於停留在任何具體的歷史情境。

## 四、黑格爾形上學體系建立的歷程

對於黑格爾而言，形上學不能建立於當下的直觀，因為當下的直觀太過直接，太過樸素，沒有經過精神內在歷程的間介，不足以為形上學。其次，康德的批判式的反省雖然不再停留於直接而質樸的階段，卻能用主體內在的反省來間接媒介其對象，但是這種反省只停留在主體的知性階段，甚至自限於主體的知性之內，而不能達到打通主客的精神層次，因此，形上學亦不能建立在康德式的反省和批判上。對於黑格爾來說，形上學是以精神為主體，用系統的方式來展開絕對理念。精神是主體，理念為對象，系統為方法。精神是既具體又普遍的存在方式，其思想的內涵乃朝向絕對理念而開展之思想。絕對理念亦是一既具體又普遍的整體，乃是一個充滿生趣的有機的整體。精神的完成便在於絕對精神。絕對精神為思想的主體，而絕對的理念為思想的對象，但在這一絕對的層次上，絕對精神就是絕對理念，此乃亞里斯多德所謂「思想思想其自身」的最高完成，思想的主體與對象的全然合一，再無分離。形上學的體系，就是精神在走向絕對精神的發展歷程當中，以絕對理念來作為思想的內涵，而終究完成的思想體系。狹義的說來，形上學就是絕對精神的結果——絕對理念的體系；但是廣義的說來，既然達到這結果的歷程亦為絕對理念自行開展的歷程，因此形上學應該同時包含歷

程與結果。在歷程當中便已經包含了產生結果的系統結構,結果只是這個系統結構顯化的歷程與完成。

廣義說來,形上學體系的建立必須包含三個部分:

**第一部分,意識成長的歷程**:形上學的建立首先必須經歷由意識成長為精神,由精神成長為絕對精神的種種階段,並體驗成長的法則,此即《精神現象學》一書的課題。

**第二部分,歷史與文化發展的歷程**:其次必須進入歷史和文化的發展,如何邁向精神自由之旅,此乃黑格爾柏林授課錄之主旨。例如《歷史哲學講演錄》講解世界歷史及其精神,《哲學史講演錄》講解哲學的歷史發展。《美學講演錄》、《宗教哲學講演錄》分別討論文化中的藝術與宗教兩部門。

以上兩部分所論的是「歷程」──走向形上體系之過程,而非已形成的形上學體系本身。但歷程亦可分為精神現象的歷程和歷史文化的歷程。這是「走向體系」,而非「走到體系」。一旦經歷種種歷程,達其終點,回頭一顧,絕對精神便用系統之方法,把原先隱含在歷程中之結構,一一張舉,成為體系,此即「走到體系」矣。這便是第三部分的內容。

**第三部分,舖陳黑格爾形上學的全盤體系**:此亦狹義的形上體系,即已走到、已完成之形上體系。《哲學科學的百科全書》、《邏輯學》(*Wissenschaft der Logik*)[16]兩巨著即在討論此一部分。這一部分可以說是黑格爾思想的頂峰,尤其《哲學科學的百科全書》可以說代表了黑格爾思想完成的形式,經十五年之經營和修

---

[16] Hegel, G. W. F. *Wissenschaft der Logik. Werk 5 & Werk 6*. Frankfurt: Suhrkamp Verlag, 1969. 通稱為《大邏輯》(*Greater Logic*),以別於《哲學科學的百科全書》第一部分的《邏輯學》(*Wissenschaft der Logik*),通稱為《小邏輯》(*Lesser Logic*)。

潤，可以說是字字皆經作者仔細衡量過的作品。若言黑格爾形上學的確定體系，應該以此為本。但是這並不排斥前兩部分亦為其形上學體系之成員。前兩部分，就其鋪陳歷程而言，可以說是走入此最後成果之引導部分。

我們先論引導之歷程，最後再就「結果」來言黑格爾之形上體系。此引導之歷程分為兩部分，一為哲學家內在之引導——《精神現象學》乃一意識經驗之科學，被黑格爾稱為科學大系之第一部分，它描述意識如何由自然而素樸之狀態逐漸走入哲學之知。其次，則是對外之引導——柏林授課錄乃專為尚無知於黑格爾系統的學生而做的導引，從歷史與文化來導向此一體系，因此，對於門外漢而言，《哲學史講演錄》、《歷史哲學講演錄》、《美學講演錄》、《宗教哲學講演錄》等可以說頗富教育意味，可以把學生引入其系統的較高部分：歷史、藝術、宗教和哲學。這一部分富於教育意味，因此比較有趣，可讀性較高，對於漢語體系研究者而言，較易進入，為此我們在此先略為談論，再及於《精神現象學》，最後再以《哲學科學的百科全書》為依據來勾勒出黑格爾形上體系的基本結構。

「柏林授課錄」內容龐雜，其中關於歷史方面的思想吾人已在上節「歷史與辯證」一節中略為談及，吾人在此不欲就哲學方面的問題來做討論，因為那將需要很大的篇幅。本文只願交代有關如何研讀的步驟，請讀者自行參考，便可知其中內容，並藉之而進入對於黑格爾形上體系之把握。正如前面所言，柏林授課錄所闡述的材料，分別依序闡明了在《哲學科學的百科全書》中的精神哲學的最高層次：歷史、藝術、宗教和哲學。因此，吾人最好亦依此順序來閱讀。首先，應讀《歷史哲學講演錄》（《世界史哲學講演錄》 *Vorlesungen über die Philosophie der Weltgeschichte*）。尤其它的引言，提出一般歷史的概念，頗值得一讀，此文亦曾以《歷史中

的理性》（*Die Vernunft in der Geschichte*）[17]單獨出版，讀完以後再瀏覽歷史的地理基礎、東方世界、希臘世界、羅馬世界、日耳曼世界等部分。讀完歷史，再讀《美學講演錄》，此乃黑格爾諸書中最美麗流暢的一部。然後，再讀《宗教哲學講演錄》，此書較為緊湊，其中東方宗教、猶太教、希臘和羅馬宗教可較快瀏覽，但有關「宗教」概念與絕對宗教的部分則須細心研讀。最後，全部柏林授課錄以《哲學史講演錄》墊底。正如《歷史哲學講演錄》一般，此書的引言部分應予細讀，然後再進行到哲學史本文，尤其注意柏拉圖、亞里斯多德、新柏拉圖主義者、笛卡爾、斯賓諾莎（Baruch Spinoza, 1632-1677）、萊布尼茲（Gottfried Wilhelm Leibniz, 1646-1716）、雅哥比（Friedrich Heinrich Jacobi, 1743-1819）、康德、費希特和謝林。在以上全部讀完以後，再把全部柏林授課錄中最為綜合性的兩篇引言：《歷史中的理性》和〈哲學史講演錄引言〉加以細讀，當可獲益菲淺，而穿透黑格爾關於歷史與文化的歷程。

　　在讀完柏林授課錄以後，繼而可讀《精神現象學》，藉以穿透黑格爾所謂意識成長的歷程。此書原名《意識經驗的科學》，歷陳意識從自然狀態逐步成長為精神，進入絕對精神的歷程。其大略階段如下：

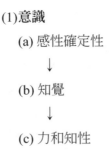

(1)意識
　　(a) 感性確定性
　　　　↓
　　(b) 知覺
　　　　↓
　　(c) 力和知性

---

[17]　Hegel, G. W. F. *Die Vernunft in der Geschichte*. Hrsg. von Johannes Hoffmeister. Hamburg: Felix Meiner Verlag, 1955.

(2) 自我意識

(3) **理性**

    (a) 觀察的理性

      ↓

    (b) 理性的自我意識通過自身活動而實現

      ↓

    (c) 在己為己的個體性

(4) **精神**

    (a) 真實的精神：倫理

      ↓

    (b) 異化的精神：文化

      ↓

    (c) 對本身具確定性之精神：道德

      ↓

    (d) 宗教

(5) **絕對精神**


    在這個歷程當中，意識不斷呈現出新的知識面貌，而在新的知識面貌當中又呈現新的表現──即知識的對象。意識不斷呈現的歷程就是經驗。黑格爾說：「所謂的經驗，便是意識對於它自身──既對它的知識又對它的對象──所實行的這種辯證運動，就其替意識產生出新的真實對象而言。」[18]呈現的歷程就是「現象」。精神現象學就是精神不斷地呈現出新的階段的歷程。因此，黑格爾後來

---

[18] Hegel, G. W. F. *Phänomenologie des Geistes*, Frankfurt am Main: Suhrkamp Verlag, 1970, p.78.

把它改名為《精神現象學》，以致有些版本印《意識經驗的科學》之名，有些版本印《精神現象學》之名，有些甚至印了兩個書名。

　　精神既為不斷能呈現新貌的主體，則其實在性便在於呈現（*Darstellung*），相應著每一呈現的面貌，便有一種表象（*Vorstellung*）的方式。真正的科學在於把握精神之呈現，而不在於停留於表象層次，反而必須用批判的方式，指出表象在呈現之中的依據。精神的真正呈現方式，便是他最後所指向的絕對精神。意識由自然狀態，奔向絕對精神，儼然是走著一條道路，跋涉一番旅途似地進展，而其最終目的則在於全面覺察自己的內在。黑格爾說：「靈魂在這個道路上穿過它自己的本性給自己預定下來的一連串的過站，即經過它自己的一系列的形態，從而純化了自己，變成為精神，因為靈魂充分地或完全地經驗了它自己以後，就認識到它自己的自在。」[19]「意識在這條道路上所經歷的它那一系列的形態，可以說是意識自身向科學發展的一篇詳細的形成史。」[20]至於這個歷程最後的目標則是擁有絕對之知的絕對精神：「正如發展進程的序列一樣，目標也是知識所必須確定的，目標就是知識不需要再超越它自己的那個地方，在彼處概念符合於對象，對象符合於概念。」[21]這就是思想者與所思者全盤相合，主客合一的絕對精神之境。

　　但在達到這全盤的自覺──絕對精神──之前，其它的意識面貌皆是不完全，皆是有缺陷的。對於這些不完整而有缺陷的意識及其所形成的有缺陷的表象，必須進行批判和否定，纔能反過來離開表象，返回能呈現之自我意識。因此，對先前表象的否定不只是消

---

[19] *Ibid.*, p.72.

[20] *Ibid.*, p.73.

[21] *Ibid.*, p.74.

極的，卻亦有其積極作用，能促動精神返回自己能呈現之力，而呈現出更新的面貌。黑格爾說：「不實在的意識的各個形態，由於它們之間有依序前進的必然性和互相關聯的必然性，將自己發展出完整的形態體系來，為了表明這一點，我們可以暫且一般地指出：把不真實的意識就其為不真實之處加以指陳，這並不純然只是一種否定的活動」。㉒

精神現象學雖然只是走向科學體系的歷程，而還不是這個科學體系本身，但是由於意識經驗的發展有以上的步驟和法則，因而亦可稱為科學。「由於這種必然性，這條達到科學的道路本身已經就是科學了，而且就其內容來說，乃是關於『意識的經驗之科學』」。㉓

綜上所說，有三點基本特性呈現在精神現象學中：(1) 精神為一不斷地能呈現新面貌之力，此為真實；至於表象則由每一面貌所生，其依據在於精神呈現之力；(2) 在未達到絕對精神之前，每一面貌皆為有缺陷者，其所生之表象亦有缺陷。辯證法對這些表象必須予以否定，同時指出其所對應的有缺陷的精神呈現方式；(3) 全部精神活動之歷程有一最終目標，此即絕對精神之實現，絕對精神所擁有者乃絕對之知，亦即百科全書式的形上體系。此主客合一之至境，亦即亞里斯多德所言「思想思想其自身」。黑格爾以此為精神聖境，亦為歷史之最高實現階段。至此而言，歷程部分結束，而進入了由歷程所產生之結果——形上體系本身。

## 五、黑格爾形上學體系的結構

在談過黑格爾《精神現象學》和「柏林授課錄」中導引性的形上學建立歷程以後，我們便可以進入《哲學科學的百科全書》所提

---

㉒ *Ibid.*, pp.80-81.

㉓ *Ibid.*

出來的形上學體系本身。我們首先指出構成此一體系的三個部分，再進而指出這三個部分之間的辯證運動，最後再勾勒出此一體系的邏輯結構。

## （一）形上體系的三個部分

黑格爾在《哲學科學的百科全書》第十八節（§18）給我們指出了形上學——亦即百科之知——的三個部分，並且指出此三部分之劃分乃根據絕對理念而做的劃分：

> 唯有科學全體纔是理念之闡明。……在科學內各部分的劃分，也只有從理念出發，纔能把握。……理念顯示出是與自己絕對同一的思想，並且理念同時又是借著自己與自己的對立來實現自己，而且在此別異之中亦只是在自己本身內的活動。因此，哲學科學可以劃分為三部分：
>
> 1. 邏輯學，理念在己為己的科學；
>
> 2. 自然哲學，理念在其別異的科學；
>
> 3. 精神哲學，理念由其別異而返回自身的科學。
>
> ……哲學各特殊部門之間的區別，只是理念自身的各個規定，只有理念表現在各個不同的因素裡。在自然中所認識的無非是理念，不過，理念在自然中是採取了異化的形式（*Entäusserung*）。同樣，在精神中所認識的也是同一個理念，不過是為己的存在，而且向著在己與為己而發展。理念這樣顯現的每一個規定，同時亦是理念顯現的一個過渡的或流逝中的環節。[24]

---

[24] 引自《小邏輯》。Hegel, G. W. F. *Enzyklopädie der Philosophischen Wissenschaften*, Vol. I, Frankfurt am Main: Suhrkamp Verlag, 1970, pp.63-64.

　　我們首先必須明白，黑格爾的理念有如安納撒哥拉斯（Anaxagoras of Clazomenae, c. 500 - c. 428 BC）的「睿智」（*Nous*）、柏拉圖的理相、斯多亞派的羅各斯（*Logos*），或者亞里斯多德的思想自身的思想（*Noesis Noeseos*），它是萬物中之理，亦是思想此理的思想者，亦是造理、想理的行動。它包含了主觀、客觀、絕對三方面。就字源而言，理念（Idea）源自「觀看」（*Eidos* = Vision），但黑格爾的理念既是能觀看者（主觀），亦是「所觀看者」（客觀），亦是觀看的行動（絕對）。它既是能思，又是所思，又是思想的行動，而思想乃一切之根本，思想之外（其實無外）別無它物（其實無它）。換句話說，黑格爾的絕對理念是存有者之存有，乃不朽之生命，自證之真理。

　　按理念而劃分出來的第一個環節，就是研究在己而且為己之理念的**邏輯學**。因為思想無論是什麼，無論想什麼，皆應先肯定自己並確認自己為思想，此即思想與自己的同一。所謂「在己而且為己」指的是理念在這層次的純粹性、抽象性、整體性和普遍性。在邏輯學裡面，思想只肯定純粹之理趣，只研究思想本身的規定和規律，這些是最純粹、最抽象狀態的思想，它包含了種種普遍之共相與抽象的規則。按黑格爾之言，邏輯學是「呈現神在祂創造自然和有限精神之前的如實而永恆的本質」。⑤邏輯學研究在己而且為己的理念是思想與自己的同一。但是，正如同對黑格爾而言，肯定是通過否定的否定始得謂為肯定；無限是透過否定有限物之有限始得謂為無限。因此，思想與自己的同一，是透過對思想與自己的差異之否定而有之同一。所以思想「與」自己的同一含蘊了思想與自己同一化之歷程，這個「與」字正表現此一歷程，亦即思想須先

---

⑤　引自《大邏輯》。Hegel, G. W. F. *Wissenschaft der Logik*, Frankfurt am Main: Suhrkamp Verlag, 1969, p.44.

異化，再否定此一差異的歷程。思想由於異化而得之差異，便是自然。在此階段，思想把自己的對象置放在自己面前，絕對理念走到自己的客觀面。在自然裡面充滿了具體和個別之物。個別物之所以為「個別」，乃是「由於分離」而出之故。研究此分離了、異化了的理念，便是自然哲學的工作，屬於百科之知的第二環節。最後，**精神哲學**則是研究克服了別異而返回自己的理念。思想由普遍性穿透了具體性和個別性，從其中獲得解放而後又返回普遍性。精神便是具體中的普遍性，它代表了絕對理念的第三環節。絕對理念包含了邏輯、自然、精神三個環節，而且也不在這三個環節以外存在，但是，這三個環節各個都只是絕對理念的一個環節，絕對理念超越了每一個單獨的環節，只把它們當作是一個環節來看待。因此我們必須進而指出絕對理念由邏輯、到自然、到精神的進展歷程，也就是這三部分的辯證運動。

## （二）由邏輯到自然到精神的辯證歷程

首先，思想在純粹、抽象的領域，建立邏輯體系。邏輯學是研究純粹理念的科學，所謂純粹理念就是思想的最抽象的要素所形成的理念。《邏輯學》（《小邏輯》）一共分為三部分：

1. **存有論**：質（存有→定有→為己存有）→量（純量→定量→程度）→尺度

2. **本質論**：本質（純反省規定→實存→物）→現象（現象界→內容與形式→關係）→現實（實體關係→因果關係→相互作用）

3. **概念論**：主觀概念（概念本身→判斷→推論）→客體（機械性→化學性→目的性）→理念（生命→知識→絕對理念）

按照黑格爾在《哲學科學的百科全書》第八十三節（§83）的提示。這三個部分分別處理思想的三個階段，第一部分——存有

論——是關於思想的直接性，討論在己的概念；第二部分——本質論——是關於思想的反省和間接性，討論為己和假象的概念；第三部分——概念論——是關於思想的返回自己和發展成功的返本。可見，邏輯學的最高峰是理念的自知，而不只是被我們所知而已。黑格爾說：「由於概念的這種規定性或內容自身和形式要返回到理念，所以理念便被表述為系統的全體，這系統的全體就是唯一的理念。這唯一理念的各種特殊環節中的每一個環節在己是同一理念，復通過概念的辯證法而排演出理念的單純的為己存在。在這種方式下，邏輯科學便以把握它自身的、作為理念之所以為理念的純粹理念的概念而告結束」。[36]

當理念達到自知之時——既在己又為己之時——邏輯學便達到高峰，此時思想達到圓滿之地，能用直觀來自知，亦即思想擁有了自己。對黑格爾而言，思想擁有了自己便是思想之死亡，在直觀中走出自己，把自己外化而觀之，便成為對立之自然。「為己的理念，按照它同自己的統一性來看，就是直觀，而直觀著的理念就是自然」。[37]這種情形就有如思想攬鏡自照，在鏡中觀看自己，照出對面鏡中的思想，並直觀之有如一物——自然。又好比思想完成了，寫成文字，而文字之跡正是具體而個別的——自然。自然就是理念否定的一面、直觀的一面。思想異化而成自然，自然便是自然化了以後的思想。自然亦為一個理念——自然理念。自然理念用直觀的方式來把握到自己，它所直觀到自己的客觀存在便是空間，它所直觀到自己的主觀自我便是時間。因此，時間和空間不再像康德那樣當作是人的感性直觀的先天形式，而是絕對理念直觀的先天形式。空間是為自然理念的客觀鋪陳，時間則為自然理念在主觀上不

---

[36] *Enzyklopädie der Philosophischen Wissenschaften*, Vol.III, § 243, p.392.
[37] *Ibid.*, § 244, p.393.

斷地走出自己,不斷流逝。時間因此是自然走向自我,走向自由的門檻。黑格爾的自然哲學進而描述時空之交織走向複雜化的歷程,由無生物而生物而動物。空間在動物身上變成肉體美麗的形式,時間在動物身上則成為其內在性與自由。

就如同莊子所說的「合則離,成則毀」,對黑格爾來說,當理念的某種形式獲得充分發揮之時,也就是它消失之日。自然既為理念的一種形式,當它最為高峰之時也就是它最為脆弱之日。當動物成熟之時就開始有病與死,也許是由於它無法全部展現理念的普遍性,只得鞠躬盡瘁,死而後已。因此,黑格爾說:「那僅具直接性的個體生命的死亡,正是精神的振奮而起。」[28]又說:「……理念……以其直接性和外在性之死亡為起點……而提昇至精神的存在。精神存在是自然的真理和最後目的,也是理念的真正現實」。[29]在此,理念於是超越了自然而走入了精神存在的境界。

理念從純粹的、普遍的、既在己又為己的邏輯理念,經過異化的、個別的、具體的自然理念,返回自我而成為精神理念。精神逐漸從直接性與片面性中昇起,要返回原來的邏輯的普遍性,透過具體自然的媒介,精神變成為既具體而且又普遍的,其中亦包含三個階段:

1. **主觀精神**:採取與自己相關的形式,並產生理念的理想之全體,其存在在於自由。主觀精神的發展由靈魂(自然魂→感性魂→真實魂)→意識(單純意識→自我意識→理性)→精神(理論精神→實踐精神→自由精神)。

2. **客觀精神**:採取實在的形式,產生世界文化與歷史,其存在在於實現自由於實存的必然性中。客觀精神的發展由法律(私產→

---

[28] *Ibid.*, § 222, p.377.

[29] *Ibid.*, Vol. II, § 251, p.36.

契約→法與非法之對立）→道德（目的→意向→善惡）→倫理（家庭→社會→國家）。

3. **絕對精神**：採取在己並且為己的存在統一性，並且不斷地再度生產出自我，精神在此達到了絕對真理。絕對精神的發展由藝術→啟示宗教→哲學。

總之，黑格爾的形上體系是由邏輯理念、自然理念和精神理念三者構成，由邏輯經自然到精神，似乎是以邏輯為出發點，以自然為接引，以精神為終點。其實不然。因為邏輯不只是起點而已，它從頭到尾皆貫穿了理念整個開展的歷程；精神不只是終點而已，它從起頭就以自由行動來主宰整個精神開展之歷程；至於自然亦不只在接引前兩者而已，而且似乎亦連結了兩者。這一個彼此互入、互攝的體系，其中含有一極為嚴格的邏輯結構，茲敘述如下。

## （三）黑格爾形上學的三段式結構

黑格爾在《哲學科學的百科全書》的最後兩節（§575, §576）中，為我們闡明了他的形上體系所含的最為嚴謹之三段式邏輯結構。由於這兩節是全書之總結，因而亦可由此窺見黑格爾的用心良苦。整個黑格爾形上學既為一互入互攝的體系，其中的結構當然必須十分嚴謹。由於百科全書最後這兩節文字太過冗長，我們不打算在此譯出，請有興趣的讀者自行參閱。但是，其要點在於：黑格爾指出這一邏輯結構就是三段論證（Syllogism）的結構。

在亞里斯多德邏輯當中，三段論證就是大詞（S）、小詞（P）、兩個端詞（terms）透過中詞（M）的媒介而獲致連結。

$$
\begin{array}{lll}
\text{大前提} & S & \text{is } \textcircled{M} \\
\text{小前提} & \textcircled{M} & \text{is } P \\
\hline
\text{結論} & S & \text{is } P
\end{array}
$$

　　黑格爾所謂三段論證，其實只借用了亞氏邏輯三段論證的中詞的「媒介」作用。這個具有三段式結構的知識體系是絕對之知，絕對之知是形上體系的真正完成。精神在走過全體歷程，完成於絕對精神，因而擁有絕對之知之時，回首一看自己所走過的路程，乃用此一三段式結構予以張舉而成。哲學便是如此張舉而成之系統。質言之，哲學便是在己內思想之理念，全面自知自覺的真理，是在具體中印證的普遍性。此時，知識返回自己的源頭，邏輯便是如此返回的結果。絕對之知可以用三個三段論證來表達。吾人若以 L 代表「邏輯」，N 代表「自然」，S 代表精神，則此三個三段論證為：

1. L──Ⓝ──S（Logos 為起點，Nature 為媒介，Spirit 為終點）
2. N──Ⓢ──L（Nature 為起點，Spirit 為媒介，Logos 為終點）
3. S──Ⓛ──N（Spirit 為起點，Logos 為媒介，Nature 為終點）

　　第一個三段論證以邏輯為起點，以自然為媒介，以精神為終點。這是「柏林授課錄」中主要的邏輯結構。關鍵在於用自然為媒介，其旨在於過渡（transition）。

　　第二個三段論證以自然為起點，以精神為媒介，以邏輯為終點，這是《精神現象學》中主要的邏輯結構。關鍵在於用精神為媒介，其旨在於反省（reflection）。

　　第三個三段論證以精神為起點，以邏輯為媒介，以自然為終點，這是《哲學科學的百科全書》中主要的邏輯結構。關鍵在於用邏輯為媒介，其旨在於判斷（judgment）。

　　對黑格爾來說，最後一個三段論證統一了前面兩個三段論證：過渡與反省乃開展出判斷的結果的歷程；「柏林授課錄」和《精神現象學》乃開展出《哲學科學的百科全書》的結果的歷程。總之，

由第三個三段式所統攝的全體三個三段論證便構成了黑格爾的形上學的整個體系。

# 六、黑格爾形上學與古典理性主義之完成

## （一）希臘與近代之綜合

　　假如我們接受胡塞爾在《歐洲科學危機與先驗現象學》一書中的意見，認為西方哲學史大致有兩個重要時期：希臘與近代歐洲，則我們可以說黑格爾的形上體系代表著這兩個時期的綜合和完成，而西方哲學在如此一個大綜合之後又開始轉型，經歷一大危機，變遷以致於今日。希臘的「理論」（theoria）觀念，極成於哲學，開出普遍理性的第一朵奇葩。文藝復興以後的近代歐洲哲學，發現人的主體性並努力求取主體的「自律性」（autonomy），則為西方哲學的第二大里程碑。黑格爾的形上體系正為兩者的綜合。[30]

　　「理論」（theoria）一詞在希臘原有宗教性之意義，但當它由宗教意涵轉化為哲學意涵之時，則構成了西方思想史上一個重大的事件。因為，起初 theoros 一詞指的是希臘城邦派往參加宗教慶典的代表，他們透過 theoria，也就是透過無私的在旁觀看（而非透過實踐的行動 praxis），來參與神聖慶典的進行。其後這個原始意義從對於祭臺的觀看轉向對於宇宙整個舞臺的默觀，不只是觀看祭典，而是觀看宇宙全體存在物。因此，「理論」一詞的意義，一方面是針對行動，在消極上要擺脫行動或實踐中不可避免的個別牽扯；另一方面則是針對一普遍對象。為此亞里斯多德在《形上學》

---

[30] Husserl, Edmund. *The Crisis of European Sciences and Transcendental Phenomenology*. Evanston: Northwestern University Press, 1970, pp.7-10.

一書中特別指出普遍性為哲學的首要特徵。哲學一方面要純化在行動中的特殊性，另一方面又要遍觀存在物的普遍性，最後當然會導向存有學的提出，研究存有者本身及其根本屬性。從理論發展到存有學，哲學活動使得人的生活不再由各種實際的私趣所決定，卻從此服膺於一個既普遍而且客觀的真理判準。正如同胡塞爾所言，希臘的哲學轉化了人類文化。自此以後人性開展了一個嶄新層面，而且為了實現由此一新層面所帶領的新文化，因而產生了哲學家團體及其生活方式。

　　文藝復興推進了人類理性的新探索，因為自此以後，人類發現了自己的主體性，並且致力於使用自律的規則來規範人類自己的理性，來建立一個普遍的科學──近代人稱之為哲學。笛卡爾的名言：「我思故我在」（*Je pense, donc je suis.*）綜合了這兩點：一方面它肯定了主體──我思──的優先地位，另一方面又致力於把全體科學的統一性奠立在「我思」上面，以「我思」做為演繹出全體真命題的起點，正如同吉爾松（Étienne Henri Gilson, 1884-1978）在評註笛卡爾《方法導論》時所指出，笛氏在著《方法導論》之時，就希望由自己建立諸科學體系之統一性，並把科學與哲學和智慧予以統一，蓋諸科學僅只是哲學的一個分枝而已。他希望經由哲學的統領，建立起一個普遍的科學。[31]當代哲學家貝拉華（Yvon Belaval, 1908-1988）指出，十七世紀是方法的世紀──不是小寫的、技術義的方法，而是大寫的、代表一切科學理想的統一性的方法：統科學於哲學之中。

　　黑格爾的哲學體系可謂是古典理性主義之完成，因為他全面談論一種全面的反省，藉以整合內外，協同主客──亦即把主體

---

[31] 參閱 Descartes, René. *Discours de la méthode, Texte et commentaire par Etienne Gilson*. Paris: J. Vrin, 1939, p.158.

性和客體性，內在性和外在性在辯證歷程中和在完成的系統中予以協調綜合。黑格爾的歷史觀其實是把人的精神的法則加以擴充的結果。精神的發展都必須經歷一段否定的歷程，亦即不斷走出自己，不斷異化的歷程。歷史就是絕對精神變遷之歷程，絕對精神亦透過一個不斷反省的歷程而顯明自己，並且在顯明的歷程中自覺自知。在異化的歷程當中，由原先既普遍又抽象的邏輯，走向自己的對立面──既個別又具體的自然──，然後再在精神中統一邏輯與自然，而且在絕對精神中全面地自覺到此一統一性。絕對精神在全面開顯和全面自覺中綜攝了全體存在和全體歷史。在此，近代所發現的主體性原先所擁有的有限主體性的地位被超越、揚棄了，從此，有限的主體性自覺到自己是絕對者的生命展開過程當中的一個過站，是絕對者全面自覺的過程中的一個過站。主體性超過了個別主體的地位，自今而後便以絕對者的生命為生命。絕對者的生命就是整全的理性的生命。只有在此一整全的理性開展之時，黑格爾纔能肯定地說：「凡是合理性的便是真實的，凡是真實的便是合理性的」。

就在這個整全理性的全面反省和全面談論之中，黑格爾綜合了希臘的「理論」和近代「主體性的自律」，成為古典理性主義的完成。

## （二）傳統形上學之整合與黑格爾式的批判

黑格爾的形上體系整合了傳統形上學的三個部分。傳統形上學，尤其自吳爾夫（Christian Wolff, 1679-1754）以降，包含了三個特殊形上學：自然神學、宇宙論和理性心理學。在黑格爾百科全書式的形上體系中，其邏輯科學旨在發展神的理念；其自然哲學旨在發展世界的理念；其精神哲學則旨在把傳統靈魂理念發展為精神。

但是，黑格爾並非用一種武斷的姿態，亦即私毫沒有考慮康德的批判哲學之成果而直接從事形上學，卻是細加考慮，並且予以超越。黑格爾把康德的先驗主體性納入到百科全書體系中，納批判哲學入全知哲學之中。全知哲學之獲致必須透過意識的歷程，以及歷史的曲折，始能媒介到終極目的。絕對精神必須透過意識的有限性以及歷史的變化，纔能達到其最終體系之完成。

　　為什麼黑格爾的全知形上體系沒有傳統形上學的武斷傾向呢？因為此一體系的提出必須通過知識在意識及歷史中的變化發展，而後予以系統化地整理。首先，《精神現象學》研究哲學之知在意識中的源起，有一部分是為了對應康德的批判哲學。《精神現象學》初名為「意識經驗的科學」，可以透見一斑。此書在一八〇七年出版之時，黑格爾在自己所擬的廣告詞中說：「科學大系，第一冊，精神現象學。此書闡述知識之變遷。精神現象學應該取代對於知識之基礎的心理學解釋或其它更為抽象之討論。此書談論知識之預備過程，觀點新穎，亦成為一門嶄新、有趣之科學，此乃哲學的第一科學。它鋪陳精神的各種面貌，把它們當作精神邁向成為純粹之知或絕對精神的旅程之重要階段。在本書之各部分又細分為許多小部分，各處理意識、自我意識、被動與主動理性、精神本身──倫理、文化、道德之精神，最後，宗教之精神及其各種樣態。精神之現象初看起來雖然混雜難懂，但其豐富性則可以用科學秩序予以安排，按其必然性加以闡釋，並按此必然性而由較不完美的現象過渡到較高的現象，成為更高的真理」。[32]

　　正如我們在前文中所說，精神現象學的邏輯結構是 N → S → L，首先指出意識如何逐漸超脫自然的束縛，所以要由主

---

[32] *Phänomenologie des Geistes*, Einleitung des Herausgebers XXXVII-XXXVIII.

體意識出發，然後走向反省，這點主要是為了回答康德批判哲學的問題，並且探討精神如何超越其有限性而逐步走向全知的絕對精神。但是，黑格爾認為批判的運作不能只透過主體意識，而且要透過歷史。康德的批判是在主體性中尋求可能性條件，但黑格爾認為一方面要把主體性提昇到精神辯證發展的歷程上，另一方面必須擴充到歷史的園地中，用歷史來批判，在歷史中批判。為此，黑格爾才在「柏林授課錄」，例如《歷史哲學》、《美學》、《宗教哲學》、《哲學史》等講演錄中重視歷史的媒介，採取 L → N → S 的邏輯結構，先闡述各部分的邏輯概念，再指出其在客觀世界（自然和歷史）中之顯現，最後終結於精神。此一歷程即為歷史的批判。最後，在有了以上兩個層次的批判之後，還需總結在一個體系裡面，《哲學科學的百科全書》就是採取了 S → L → N 的邏輯結構，總結為一全知之體系，而把自然和精神當作分別用客觀和主觀兩種姿態來顯現真理的工具。以宗教為例，宗教在《精神現象學》中是把宗教當作一種精神面貌和階段來研究；在柏林授課錄中則是把宗教當作在歷史上出現的制度來研究；在百科全書中，則把宗教當作是神的自我啟示來研究。可見，意識的經驗、歷史的變遷和全知的反省乃黑格爾形上學的三個不可分的層面。形上學既是自省的，又是實踐的，又是默觀的。

### （三）黑格爾形上學與聖多瑪斯和康德形上學內在困難的解決

　　黑格爾的形上學，以他獨有的方式，解決了聖多瑪斯和康德形上學中的困難。

　　首先，聖多瑪斯所論的超越屬性及其中所隱含的人的主體（靈魂）與存有者彼此的關係，傾向於外在。但黑格爾的邏輯學包含了

全體超越屬性的系統，綜合了一、真（理論）、善（實踐），亦統合了存有者發展的不同階段：主體、本質與存有，並分享了精神和自然。其次，聖多瑪斯認為神的完美使其成為一固定不動的主體，從不動性來設想神的完美；但黑格爾則認為理念並不停留於任何現成的實體上。理念是一個流動的歷程。主體只是此一流動歷程中之一剎那而已。對聖多瑪斯來說，神的完美與其統一性不二，而任何多元性皆在統一性中消失，好像一與多不相容，因而必須消融在一裡面。黑格爾的理念既是一，又是多──因為它具有自行殊化為多之作用──在系統中存主體，在豐富多元性中又有自我的凝聚──此乃辯證法的特性。最後，聖多瑪斯形上學中還有一個兩難的困境：一方面無限的神不需要經由有限的受造物之媒介，就能自我實現，但此時又無法明確地設想此一無限之神；另一方面此一無限之神又需要創造萬物以顯其光榮，人也需要透過萬物的美好來設想其性質，也就是說神需要有限物的媒介，但此時又失去其超越性。黑格爾解決此一問題的方式是：有限媒介無限，但是此種媒介純屬否定性的：並非有限物自能媒介無限，而是由有限物的否定來顯示神的無限。最後，聖多瑪斯對於形上層次和意識層次、歷史層次的關係沒有特別的討論，乏善可陳，這使他的哲學仍然停留於先批判時期。但是黑格爾不但納入意識，並以精神超越之，以歷史超越之，以系統超越之。

關於康德形上學的缺陷及黑格爾形上學對它的批判，讀者可以參閱上章結論部分以及本章第二節。總而言之，康德的先驗主體性在黑格爾思想中雖保有其地位，但僅是精神發展歷程中的一個階段而已，如此，黑格爾避免了康德的人類學化約主義和道德化約主義，克服康德的主客對立，而進入到實在的歷史運動中，因此其成就不止於知識論上之建設。黑格爾用精神發展的歷程，意識成長的經驗來綜合並超越了康德的先驗批判之要旨。這點顯出康德批判哲

學的批判性之不足，因為若要全面展開並實現批判，不但要闡明主
體性之先驗結構，而且要用精神的自覺和實現來批判，用歷史的實
踐來批判，用系統的默觀來批判。總之，黑格爾解決了康德形上學
的困難，超越了其限度，並提出了新的綜合。

　　黑格爾在絕對精神的層次綜合主客，協調內外。因此，他在
《哲學科學的百科全書》的終結，引用亞里斯多德《形上學》第
十二書第七節所言的「思想思想其自身」，作為全書的結論，這也
是全體黑格爾形上學體系的蓋頂冠冕。

> 思想本身所思者厥為至善，最圓滿意義之思想所思者厥為最圓
> 滿意義之至善。思想思想其自身，因為祂分享了所思對象之性
> 質。祂在接觸並思想其對象之時，便成為思想自己的對象，此
> 時思想及思想的對象乃合而為一。……此種沉思默想乃至高的
> 福樂。此種喜樂之狀態在吾人一生中僅有片刻享有，但神則永
> 遠有之，此事令人讚嘆。[33]

　　到此頂峰，黑格爾的思想似乎又返回希臘，接上了亞里斯多德
的思想高峰，從亞氏經聖多瑪斯、康德、到黑格爾，形上思想似乎
繞了一個圓圈，終於完成。但這個圓圈並非封閉的圓，而是一個螺
旋式的旋轉。因為黑格爾的返回是一種辯證的返回，因為黑格爾不
停留於亞氏實在論的存有學中，卻經過反省的哲學，歷史的發展，
而終於抵達默觀的體系。

　　黑格爾雖為古典理性主義的完成，但形上學的發展並不停止於
此。下面我們就要批判黑格爾形上學的缺點。

---

[33] Aristotle. *Metaphysics*, 1072b 10-25.

## 七、黑格爾形上學的缺點

　　黑格爾形上學雖然整合了傳統形上學，亦為古典理性主義的完成，但其代價則在於暴露出思想上的一些重大缺陷。這些缺陷尤其在與現代思潮的基本傾向比較起來，顯示出黑格爾哲學不合今日時宜之處。大凡一個思想體系在己而言似乎皆圓滿無缺，然而一與隨後之發展相互比較，便會缺陷百出。此種缺陷與其說是此一體系作者之無能，不如說是隨後之發展別有創意。現代思潮在基本精神上正求所以擺脫黑格爾形上學缺陷所暴露出來的古典哲學之基本困難，進而積極地開創屬於自己的道路。大略說來，黑格爾形上學崇尚否定性，而現代思潮則重新肯定積極性；黑格爾形上學乃表象思維之極致，現代思潮則擺脫表象，主張體證真實，積極參與；黑格爾形上學提倡全知，知始知終，現代思潮則承認知之有限，主張當下把握。茲分述如下：

　　（一）**否定性之勝利**：黑格爾雖然解決了許多形上學問題，但是其代價則是相當高昂的。因為傳統哲學所肯定的形上動力——存有為存有者之存在活動——的積極性完全被忽略，代之以否定性之大勝利。這種否定性表現在有限之物上，表現在絕對者身上，亦表現在有限物與絕對者的相互關係上。

　　首先，對於黑格爾而言，有限之物的本質就在於否定自己。所謂「有限」（finite）就是「已完成」，也就是「已完蛋」（finished）的意思，略如莊子所謂「其成也，毀也」。黑格爾之所以要否定有限物，是為了突顯出無限的絕對者，因為由於有限物之「無化」（使其不存有），纔構成了絕對無限之存有。有限便是虛無。至於精神的絕對性與無限性別無其它，正是虛無之無化，使虛妄還歸其虛妄。把有限還歸虛無，把虛妄還歸虛妄，便可顯露精神無限之真。

　　這種否定性當然有其強勁的說理能力。但如此一來亦使一切有限存有者失去其全部原創的、特有的積極性。因為在傳統哲學，尤其在亞里斯多德、聖多瑪斯的傳統中，每一存有者皆有其存在活動，亦因而自有其真理。但是現在在黑格爾思想中只有對有限物之不斷否定，因而真理只在於媒介出無限來，於是存在動力變成由抽象走向否定的歷程，其中沒有絲毫奧祕和不竭之源。只有否定、否定、不斷地否定，真理似乎只有在否定之終結始得以完成。但又不知何時終結？

　　其次，對於黑格爾而言，絕對者亦沒有原創的積極動力，所謂「無限」完全發揮在否定的否定的歷程當中，神並沒有任何創造力，祂只在世界的否定當中得以顯示；至於世界本身則又是神的否定。因此，對於黑格爾而言，非但有限存有者沒有任何屬於自己的原始積極動力，其命運就在被否定，其存在之終結就在否定，而且無限者本身即為有限者之否定。（Infinite = In-finite）。

　　最後，有限者與無限者之間的關係，亦只是否定性的。黑格爾思想肯定兩者消極的相互否定，相互競爭，而不肯定積極的相互提昇、殊多分化、增益存有之豐富內涵。黑格爾的思想本質在於紀念基督教所重視的「苦難週」，耶穌之死亡，因為耶穌既為神又為人（God-Man），則其死亡正象徵神和人的雙重死亡。這點有異於天主教所重視的「復活節」——神人共榮之日。

　　總之，在黑格爾形上學中，由於否定性（negativity）壓倒積極性（positivity），使得辯證歷程的進展並非來自積極動力的滿溢，而是由於缺乏與貧困，纔從邏輯階段走到自然階段，由自然階段走到精神階段。因此，神之所以創造天地，並非由於其本身滿溢的創造力，出自其內在積極的動力，而是由於其思想的抽象性所感到的貧乏。因為神若只有自己，不能成其為真神。為了成為真神，神由原來的自足變成不足，也就是感到自己的神性生命的欠缺，為了

走出自己，超越現狀，因而創造了天地萬物。同樣地，在自然界中的有限之物之所以能返歸無限，並非由於內在有積極的能力邁向完全，而是由於它只不過是有限之物而已。有限與無限在相互否定，相互抗爭之下，沒有積極的動力走出自己，亦無慷慨而慈善之創造力。沒有愛的結合，只有否定的鬥爭。因為對於黑格爾而言，積極性如果沒有了否定，只會變味，成為了無生趣的積極性，神若不在否定中走出自己，會變得乏味無趣。「神的生活與智慧可以說是一種自己愛自己的遊戲；但是此一理念如果沒有否定性的嚴肅、痛苦、忍耐和勞作，它就會淪為一種說教，甚至淪為平淡無味」。[30]

　　為什麼黑格爾的形上學會被否定性所貫穿，而導致否定性的大勝利呢？其原因在於黑格爾認為原始的積極動力只是直接的，當下呈現的，自我中心的，尚需經過邏輯思想的媒介，來把當下直接呈現的積極動力拖出自己之外，使其精神化。因此，在他的思想中不可能有原始、直接、當下的精神或愛，因為思想之所以返回絕對並非走向滿全，而是一種否定的痛苦。在黑格爾思想內，沒有像當代大哲海德格所言的凝思聚神，諦聽存有之無限奧妙。思想僅為否定性，因為黑氏遺忘了存有超越本質，存有乃存在活動，是神與諸有之媒介，存有並非實體，而是一種非實體性的活動與完美，自有其豐富性和積極性，這些正是聖多瑪斯形上學深刻之處。但在黑格爾形上學中，思想忘記了存有的積極面、非實體面，便會把原先存有的功能歸於存有者或歸於神，而忽略其為神與存有者之媒介。因此，黑格爾對於否定性的強調，使其忽視存有的豐富性和積極性，因而限制在近代以來的表象思維當中。

　　現代思想大致的趨勢是放棄黑格爾的否定性思想，而重返聖多瑪斯所肯定的存有作為存在活動的積極性和豐富性。例如我們後來

---

[30] *Phänomerologie des Geistes*, p.24.

要討論的，海德格所言的「存有」和懷德海所言的「創新力」皆具
此種積極動力。

（二）表象式的思維：黑氏形上學中否定性勝利的結果，忘記
了存有的積極面，而單只從抽象的表象（*Vorstellung*）來思考存有。
於是存有變成僅是表象，如此則存有或被等同於存有者，或被等同
於神。

如果是第一種情形，把存有納入諸存有者之中，則為了避免
使存有的普遍性和統一性消失在各個單獨存有者的個別性和多元性
中，必須把作為存在活動的存有，用具有普遍性和統一性的存有概
念所取代。於是存有變成一個概念，代表理性對於個別存有者予
以重新建構的結果。把存有當作概念，這是唯名論的觀點。追溯其
因，乃在聖多瑪斯實在論的傳統失勢以後，由於奧坎（William of
Ockham, c. 1285 - c. 1347）和蘇亞略（Francisco Suárez, 1548-1617）
的唯名論導致之後果。整個近代哲學，無論經驗主義、理性主義或
德國觀念論皆屬唯名論的表象思維。

如果是第二種情形，存有被視為神所有，一切存在運動以及
在諸存有者中的實體性，皆納入神內，神成為整體，是祂在宇宙及
其歷史中運動。這種思想在德國哲學中可追溯至埃卡特（Meister
Johannes Eckhart, 1260 - c. 1328）。埃氏根據宗教之內心經驗，欲
將一切返歸於神。因此埃氏亦主張絕對的否定性，蓋若以神為存
有，則一切在神之外之物皆屬非存有。「在受造物結束之際，神
纔開始」。這正是黑格爾否定性思想的來源。由於忘記了存有乃
非實體性的活動與完美，存有乃神與萬有之間積極的媒介，具有類
比和分享的關係，因而造成了神與萬有之間極大的衝突。在從埃氏
開始的德國神祕主義思想中，必須忘我，無我，滅我，纔能表現神
的超越性。有限的萬有因而失去其應有地位。路德（Martin Luther,
1483-1546）的神學思想亦以此為基調：人性與神性的衝突與鬥爭，

其結合點則在於由十字架所象徵的雙重死亡和無化。人必須無化自己，消失在神恩之內。

黑格爾的形上學綜合了以上兩種情形：他首先把存有當作實體，在否定性的勝利中加以神化；然而再把存有予以邏輯化，用理性的概念來予以建構。於是，原來具有積極性和豐富性的存有變成了抽象之神，必須訴諸概念之否定能力，走出自己的貧乏。然後藉著否定有限的歷程而返回自己。因此，一切在開始時的原創性都被當作是抽象的，必須尋求超越，然而超越的功夫卻在於透過理性及其否定性來進行精神化作用。從這裡我們可以看出，黑格爾是把人的精神規律，其所專有的成長方式──精神都是在衝突、矛盾和超越中成長的──擴張到成為神和存有本身的規律。其思想根本上乃在歌頌人之精神，他雖然要把康德的批判哲學轉向形上學的高峰，但其實際做法卻是通過表象思維、邏輯概念，下轉於此世。在表象思維的作祟之下，由黑格爾之膨脹人之精神，到費爾巴哈（Ludwig Andreas von Feuerbach,1804-1872）之推崇人性（Humanity）到馬克思（Karl Heinrich Marx, 1818-1883）之重視感性勞動之全人，實有其一致的思想連貫性。

當代思想儘量要擺脫這種表象思維，反過來重視「參與」和「行動」，主張人應該在參與中奉獻自己，在行動中實現世界，實有大異乎黑格爾思想者。

（三）最後，黑格爾思想中有一點最不為當代思想家所諒解的，就是他的**全知哲學**。黑格爾的全知哲學的發展，從邏輯層次，經自然層次，到精神層次，完成於擁有百科全書式的絕對之知當中，可以說把歷史由起頭一直到終結，全部鋪陳盡致。知道起頭的哲學，當然也就是知道終結的哲學。這種全知的哲學雖然能給人很大的鼓舞，但是卻亦會為一種知識和權力的絕對化傾向撐腰，因此當代人並不屬意於全知哲學，而且要批判任何絕對化的傾向，以之

為集權主義之本質。黑格爾的形上學，就此一觀點看來，亦屬於一種後設歷史哲學，然而，現代哲學不追問起頭的問題，也不追問終結的問題，並且認為所謂「全知」只是一種幻想。現代哲學重視的是把握每一個當前的經驗，從其中獲取意義，而不從一個講起頭和終結的後設觀點來看待當下經驗的意義。

## 八、總結

總結前面我們對於黑格爾形上學的探討，吾人可以將其優缺點綜述如下：

黑格爾形上學的優點

1. 超越了康德有限的主體性與物自身的對立，而主張向整體的真理開放。黑氏認為：整體的真理已經臨在吾人心中，成為吾人心中之道。為了變成哲學家，必須拋棄主體的自囿與自傲，任由道在我內開展。主體應謙沖為懷，成為整體真理的過站。

2. 黑格爾的形上學，貫穿了主體的經驗、歷史的發展、系統的完成三大部分，主體重反省，歷史重實踐，系統重默觀。至於貫穿的方式，則為辯證。辯證既為思想的方法，亦為精神的運動方式和歷史的運行規律，並藉此把邏輯、自然、精神納入系統的結構。黑格爾形上學可謂一以貫之的大體系。

3. 黑格爾的形上學解決了聖多瑪斯和康德哲學的內在困難，又綜合希臘哲學的「理論」態度和近代哲學對「自律性」的強調，而成為古典理性主義的總綜合。黑格爾的形上學不但綜合了希臘與近代之形上學，是完成近代哲學的高峰，同時他對於存在界和人的歷史層面的強調，亦使他開出當代哲學。黑格爾的形上體系，真不愧為架通近代哲學與當代哲學的橋梁。

黑格爾形上學的缺點

1. 在黑格爾形上學中唯有否定性之勝利，喪失了存有作為存在

動力的積極性。當代哲學正努力尋回這個原有的積極動力。

2. 黑格爾的形上學仍然屬於表象的形上學。從概念到絕對理念之實現，皆是表象的發展。當代思想極力擺脫表象思維和表象的形上學，重視參與和行動的形上學。

3. 黑格爾的形上學乃一全知的百科全書體系，既知起頭，又知終結。當代哲學放棄任何全知之計畫，亦不追問起頭和終結的問題，只重視當下的體驗和把握。

在黑格爾死後，他的這個偉大的形上體系，以及全部古典理性主義，皆一一崩毀。而這並不只是由於胡塞爾所謂的「一種在遠離世界的理論中迷失的理性主義，及其必然產生的惡果：膚淺地追求博學，以及重智的假紳士」，並且也因為其後的歷史發展步向非理性，和由於人文科學方面的研究發展，發現了潛藏人類在表面的意識、理性層次之下的潛意識和非理性層次。

毫無疑問的，本世紀的歷史發展遠離了黑格爾所指出的理性的正途。許多重大的歷史事件皆充斥著非理性的因素，各種戰爭、暴力、酷刑，尤其科技的發展似乎瘋狂快速，不顧意義。在自動機器的時代來臨之時，人類的生命和生命的意義在面對科技系統無名無姓的發展之前，似乎顯得微不足道了。這些似乎皆構成對黑格爾形上學的一大諷刺。

較值得哲學反省的，則是人文科學所發現的廣大無垠的潛意識和非理性的領域。意識和理性雖然是人類存在之頂峰，但只是人性中的一小部分。佛洛依德的心理分析指出吾人有意識的活動（及理性活動）是由欲望之力所決定。欲望乃吾人更為原始的動力，若不能獲得滿足，則亦會在意識毫無控制的情形下，直接由肉體癥狀、夢境和失語症等表達出來。這些表達當然皆有意義，但並非屬於狹義的理性的意義。此外，馬克斯在對於黑格爾的《精神現象學》的批判中指出：物質的勞動優先於意識的思想。語言學亦指出語言的

意義亦有賴於像聲音、符號、生理結構等物質的、自然的條件。語言的「能指」與「所指」正如一張紙之兩面，不可能割裂一面而不傷到另一面。

當代思想承認了人的欲望、自然和物質層次，並認出其中有意義之動力。於是，一個更為整全的理性觀當然就必須把它們納入考慮。理性當然也在吾人有意識的層次中活動，在其中建立各種抽象的、理想的表象；但它同樣亦在肉體、欲望、知覺、物質中進行活動。兩者皆應同屬理性，可謂同一理性在表達自己、提昇自己，以達到自我了解。當代的形上思想放棄了狹義的理性，而尋求更為整全的理性觀，胡塞爾所謂的「生活世界」，可謂其典型例子。

話雖如此，黑格爾的形上學所造成的問題，也似乎由他自己提供了解決的途徑：(1) 理性的路途，從邏輯出發，必須穿過自然，始能達到精神。然而黑格爾所謂的自然，不正是當代人強調的肉體、欲望、物質條件嗎？(2) 理性雖然必須穿透前述自然條件以求整全，但既為理性，則仍需忠實於自己，不能泥陷於自然而不知自拔，卻需追求理性的上進精神，纔能建立真正的哲學。當代思想大致跟隨了黑格爾這兩點提示，只不過拋棄了黑格爾的缺點，如否定性、表象性、全知性等等而已，由此可見黑格爾形上體系的現代意義。從下章開始，我們要討論當代的形上學體系，尤其以當代科技文化為線索來探索懷德海和海德格的形上思想。

# 第九章

## 當代物理之後與形上學——導論

　　當代人對於實在界的看法，脫不了與現代科學的發展，以及由於科技進步所帶來的新的生活經驗的關係。現代人對存有者的存有，和真實存有的看法，與當代宇宙觀的改變密不可分。

　　當代宇宙觀的改變，與愛因斯坦（Albert Einstein, 1879-1955）相對論的提出，以及普朗克（Max Karl Ernst Ludwig Planck, 1858-1947）、波耳（Niels Bohr, 1885-1962）、海森堡（Werner Heisenberg, 1901-1976）等人發展的量子論的提出，有極為密切的關係。以下我們首先對於相對論，其次再對量子論，做簡要的評述。

## 一、愛因斯坦的相對論

　　時間、空間、和運動，是物理學中的基本概念。愛因斯坦提出的相對論，對這些概念產生了極大的變革。

　　原先，在牛頓的物理學中，有所謂的重力定律，認為重力有如宇宙裡無形的水膠（hydrogel），把物體與物體之間、星球與星球之間，互相牽引，使其得以包容於宇宙之間。重力之大小與物體的質量成正比，與物體間的距離成反比。由於仍然受到「實體」概念的影響，牛頓認為重要的是天體或物體，而不是時間和空間。我們只要知道天體（或物體）的大小、位置，及在他們之間作用的力，就可以記述宇宙在任一時刻的狀態。

　　相對論認為，如果我們知道空間和時間的本質，就可以預言星球的運行。換言之，以空間、時間和運動為根本問題，而行星、恆星、和其它物體則是次要的。用懷德海（Alfred North Whitehead）的話來說，事件（event）替代了實體（substance）的觀念。此種變革，始自對於牛頓的絕對空間觀之改變。

　　古典物理在光學和電磁學方面，主張光的波動說，此說必須設定波動所在之環境，亦即乙太。凡光之所在，便有乙太。乙太被視為是絕對空間，乃一切運動的究極參考系統。但是，如果有乙太

的存在，運動中的物體應該會遭到乙太風之阻擾，有如摩托車騎士在快速行車時感到有風迎面撲來一般。米契爾松（Albert Abraham Michelson, 1852-1931）的實驗用極精巧之設計、高度精密儀器之幫助，證明了光的運行並未受到乙太風之阻擾，因而證明並無乙太之存在。於是乙太之為絕對空間並為一切運動之究極參考系統之假設便被否證了。這是愛因斯坦的狹義相對論之起點。

相對論在伽利略（Galileo Galilei, 1564-1642）物理學中早已有之，但彼時僅限於機械力學之範圍，其主旨在於任一對某一直線等速運動系統有效之力學法則，對另一直線等速運動系統而言亦為有效。

愛因斯坦之天才，在於把伽利略原先限制於力學之相對論，擴充到電磁學的領域。其不同點在於伽利略是以慣性定理為基礎，然而，米契爾松的實驗結果既已證明光速為一常數，光速常數於是成為愛因斯坦相對論之基礎。由於光速常數之設定，相對論乃被推廣到任何物理運動的範圍，兼含機械力學和電磁運動。但是這仍然被稱為狹義的相對論，因為它尚未涉及非直線（例如：曲線、轉彎）、非等速（例如：加速）之運動。狹義相對論之原理在於肯定所有自然法則，對於一切（彼此相比較為）直線等速之運動而言，皆是相同的有效。光不能使吾人發現一個系統的真正速度。真正速度的觀念於是失去意義。因為若要知道真正速度，必須有一個固定的參考點。光速的常數不能成為任何運動系統的組成因素，亦不能扮演此一絕對參考點之角色。它是全宇宙中之常數，但它本身從來不會因為光源或觀測者的運動而受到改變。所有的直線等速運動皆為相對運動的一部分。在相對運動中的兩個物體，無法絕對地決定誰動誰靜、誰快誰慢，此皆隨參考系統之不同而異。由於宇宙間所有的物體皆正在做相對的運動，沒有一個系統可以當作絕對的參考系統，於是，由於運動系統的不同，時間系統亦隨之而異。每一個

運動系統皆有其自己的時間。就狹義相對論而言，對於正在做同方向、同速度的運動者而言，他們對於事件發生的時間都是一致的，但對此種情形之外的其它運動者而言，則是不可能一致的。如果運動與時間是相對的，距離亦是相對的了。

於是，有兩點值得注意：其一、再也不能肯定絕對空間之存在作為運動之究極參考系統，因而每一運動各有其真實性，沒有一個運動系統比另一個運動系統更為真實。其二、話雖如此，自亦有另一種絕對性在，此即自然律之守恆，獨立於任何系統之外，而立基於光速常數之上，這似乎亦表現了自然界中遍在的和諧。但是「實體」思想與究極參考系統之放棄，顯示出牛頓物理乃由機械的、物質的、日常的方式來設想之物理觀，今後吾人必須超越此種層面，進入更為宇宙性的、非擬人中心的層次。

狹義相對論有幾項重要的結果，茲分述如下：

1. **同時性之相對**：設定有兩事件（例如兩閃光）在定距 A、B 兩點發生。有一觀察者 C 在距 A、B 兩點等距之處進行觀察，若兩閃光在同一時刻抵達觀察者 C 之眼睛，則他會說此兩事件為同時發生。但若有另一觀察者 D 正沿著 A、B 連線進行直線等速運動，因其運動使其接近 A 而遠離 B，則對觀察者 D 而言，A 事件是在 B 事件之前發生，而非同時發生。由於光速不影響其它運動，無論觀察者在靜止狀態或在運動狀態皆無影響，因此，無論靜止的觀察者說兩事件為同時，或運動的觀察者說兩事件有先後，皆屬真實而無誤。此種情形亦可推廣至全宇宙的任何運動體系、任何觀察者，而仍有效。

2. **測距的相對**：測量空間距離旨在使兩個長度（測尺與所測之物）相符，時間測量亦如是，因其通常以鐘錶指針行走的距離來表示。結果，對於一個正在運動中的觀察者而言，空間會朝運動方向緊縮，而時間則會趨於延緩。

3. **速度的相對**：所謂速度是距離除以時間所得之商數，前兩者之相對亦帶來速度之相對。每一觀察者所測之速度皆隨其相對運動而不同。若在加速度的情形，速度越大，物體的質量亦隨之增大。若速度近於光速，則其質量會趨向無限大。愛因斯坦於是提出其有名的公式：$E = mc^2$ 能量等於質量乘以光速的平方之積數。由此可以肯定，質量與能量相等。

這些結果多無關乎吾人日常生活的經驗，而是關係到基本粒子和天文宇宙，尤其關乎高速度的運動情況。相對論把吾人從日常狹窄的有限世界，轉向浩瀚之宇宙，顯示出吾人經驗情境之狹小與相對，亦顯示出吾人可以超越此種限度而達致更為整全的宇宙觀。[1]

狹義相對論僅限於在機械力學和電磁力學中所及的直線等速運動，愛因斯坦於一九一六年加入考慮加速變向運動，設法綜合慣性運動與重力運動。牛頓已經認出兩者的相等，但是並未予以證明。他認為重力有如物體與物體之間、星球與星球之間彼此的吸引力，有如無形的水膠，把它們彼此包容於宇宙之間。此種吸引力的看法有人類中心主義的意味，亞里斯多德早已否認此種在距離外的吸力作用，愛因斯坦亦否認之。愛因斯坦認為重力實為空間之屬性：重力就是彎曲的空間。因為重力和惰性皆是由質量所生，質量影響空間，使其彎曲，因而重力只是空間的彎曲。空間為物質體臨在時顯現之場所，至於時間，則與此場所有關，成為第四次元。宇宙是時空的連續體。

此種宇宙觀顯示出自然中的第二個常數：兩事件之間有時空之連續為介質。吾人雖然可以標示兩事件在時空中的座標。但沒有任何觀察者具有特權，因此亦無絕對的參考指標。相對論告訴我們：

---

[1] Aubert, Jean-Marie. *Philosophie de la Nature. Propédeutique à la vision chrétienne du monde.* Paris: Beauchesne et ses Fils, 1965, pp.145-151.

如果每一度量孤立看來皆與某一觀察者相關,則兩者皆隸屬於同一個四度空間的宇宙。宇宙為一整全的連續體,包含了一個內在的時空結構。

　　就其哲學意涵而論,相對論要求吾人放棄地上的參考指標,亦放棄任何人類中心論點。人不再為萬物之權衡。人所做的任何度量——例如同時性——皆是相對的。相對論指出吾人對於現象的量化之知有其限制。

　　相對論所展現的宇宙圖像大異於吾人前面討論過的希臘物理和近代物理。亞里斯多德和普托勒密(Claudius Ptolemy, c. 100 - c. 170 AD)之物理以地球中心為參考指標;哥白尼(Nicolaus Copernicus, 1473-1543)和伽利略之物理以太陽中心為參考指標;牛頓物理以乙太——亦即絕對空間——為其參考指標。但是,愛因斯坦卻使我們從任何參考系統中解放出來。因此,相對論以事件代替了過去的實體觀,以時空之連續體及其變形,代替了實體在其中的作用和運動,其間的改變,不為不巨。

## 二、量子論及其哥本哈根詮釋

　　量子論的提出,造成了比相對論更為根本的物理思想革命。愛因斯坦的相對論所談論的是有關光速與運動物體之間的關係之現象,但是對於發光的程序本身則未及之。相對論使我們對於巨觀的宇宙有嶄新的認識,但對於微觀的次原子結構,則吾人只在量子論中才見及一嶄新的真象。大致言之,此一革新可綜攝為以下三點:(一)普朗克(M. Planck)的不連續觀,取代了傳統對於光的放射和電磁現象的連續觀;(二)海森堡(N. Heisenberg)所提出的不確定原理,解消了牛頓物理、甚至相對論中所假定的嚴格決定論;(三)由波耳(N. Bohr)提出,海森堡加以發展的互補原理,取代了古典物理對於次原子系統所提出的圖像。

（一）**不連續原理**：古典物理認為能量的擴散是連續的，因而將一物體——例如將一塊鐵——加熱，使其由紅到橙到紫，其間的變化亦是連續的。但是普朗克卻指出，此種發光的歷程，表示出原子震盪的能量不是任意值，而必須是某一小值的整倍數。只能用能量包（energy packet）的方式，其為某一基本量 v 的 h 整數倍。換言之，光的放射是採不連續和跳躍的方式進行的。用懷德海的比喻，這就好像說，你每小時只能走三英里或四英里，卻不能走三英里半。[②]古典宇宙觀所假定的連續性原理，亦即萊布尼茲所謂的自然不跳躍（*Natura non facit saltus*），在此便被推翻了，因為按照量子論的發現，量子跳躍，由量子論所顯示的自然之真相，是不連續的。

（二）**不確定原理**：海森堡提出不確定原理，對於古典物理產生極大之變革。在牛頓物理裡面，我們可以量度一運動體——例如一個行星——的運動速度和位置，用數學公式予以記錄，如此，我們可以依據該物體在一定時刻之座標和運動量的數值，推算出其在爾後另一時刻的座標及其它狀態，例如測定下次日蝕。但是，在量子力學中，則不可能再有如此的絕對決定論。海森堡說：「那些成為自牛頓以來的古典物理學基礎的許多觀念在運用時必須有所限制。我們可以像牛頓力學一樣的談及電子的速度和位置，並去觀察和量度它們，但我們不能同時在任意要求的高正確度下固定這兩個量。事實上量度這兩個量的誤差的乘積絕不會小於普朗克常數除以該粒子的質量。在其它的實驗情境中也可以找出類似的關係式。

---

[②] Whitehead, Alfred N. *Science and the Modern World*. New York: The Free Press, 1967, p.129，中譯本參見懷德海，《科學與現代世界》，傅佩榮譯，臺北：黎明公司，頁 134。

這就是通常所稱的不確定原理或不確定關係。」③此種不確定性既存在於事實之內，亦顯示吾人對於事實的知識也是不確定的。換言之，從古典物理到愛因斯坦的相對論都認為上帝不玩骰子，但是不確定原理卻指出，無論實在本身或吾人對於實在的認識都顯示，上帝的確是在玩骰子。海森堡認為，由於此一原理，他又把潛能帶回到物理之中。

（三）**互補原理**：波爾認為光的波動說和粒子說是互補的。表面上看來兩者互相排斥，因為一物不能在同時是粒子，又是波動。但是，既然薛丁格（Erwin Schrödinger, 1887-1961）已經把原子描述為原子核和物質波的系統。波爾就把這兩種圖像看作是同一實在的兩種互補描述。任一種描述只是部分地真，粒子觀念的運用有所限制，就一如波動觀念的運用有所限制一般，否則就無法避免矛盾，海森堡的不確定原理更證成了此種互補觀。因為吾人在承認了由不確定原理所帶來的限制之後，便可以運用兩種圖像：由一圖像之不足轉到另一圖像，再返轉原有圖像，如此往返互補，就較能得到藏匿其後的正確圖像。同一個實在可以有兩種不同的描述。

不確定原理和互補原理顯示出吾人科學研究的行動介入了實在之中，亦介入了吾人對於實在的知識。海森堡說：

> 物理學的工作在於用我們擁有的語言詢問關於自然的問題，和嘗試從我們隨己意所設計的實驗中求取答案。在這種方式下，正如波爾所說的，量子論已提醒了我們以下這個古老的智慧：在追尋生命的諧和之時，我們不可忘記，在存在的戲劇

---

③ Heisenberg, Werner. *Physics and Philosophy*, New York: Harper & Brothers, 1958, pp.42-43，中譯本參見劉君燦譯：《物理與哲學》，臺北：幼獅公司，頁 33。

中，我們自己既是觀眾，又是演員。因此我們就可瞭解，在人與自然的科學關係中，我們自己的活動是多麼重要了，尤其在我們必須處理需用精巧工具才能穿透的部分自然時。④

　　由此可見，在量子論的宇宙觀中，知與行有了新的關係，人與自然亦有了新的關係。知識是行動的一種模態，行動亦是知識的一種內在因素。人是他所認知的自然的一部分，他對自然的認知，亦成為自然的行動的一部分。

## 三、現代科學技術與形上學

　　當代科學在人與自然之間建立了新的關係，不但革命性地改變了吾人的宇宙觀，而且創造了新的存在條件，以及人面對自然的嶄新處境。當代科學的發現促使人不得不徹底修改其對自然和科學的看法。它顯示出吾人日常生活中的巨觀經驗之不足。古典物理正是此種巨觀經驗之表白。在新發現的震撼之下，傳統一向肯定的宇宙格局，例如，機械的模式、絕對時間或歐氏幾何空間作為現象出現之框架，皆已崩解。⑤如此造成了知識與生活的二元，日常知覺中形成的世界觀與科學所建構的世界觀兩相分裂。科學的世界觀是建立在極精巧的儀器、極嚴格的推算上面，但人們並不能愜意地生活於其間。日常生活是立基於淺顯易明的知覺，但如今卻被科學扯破謊言，結果使得人們漂泊無依，無處為家。主體不再能賦予實在界以先驗基礎，實在界亦不復有主體安身之處。康德的主體進路，尤其他所謂時空為感性先天形式之說，再無法立足。科學家深知其

---

④ Heisenberg, Werner. *Physics and Philosophy*, p.58，《物理與哲學》，頁 45。

⑤ Aubert, Jean-Marie. *Philosophie de la Nature*, p.159-160.

所面對的實在界不再能由主體思想的先天結構得到安頓，實在界的複雜性雖然包含了人的生活與思想，但有其更複雜的，深邃的奧祕在。

另外一方面，由於科學與技術在工業化歷程中的實際結合，已經產生了許多弊端。由於人濫用科技來宰制自然，已經造成像環境汙染、能源危機、生態平衡慘遭破壞……等等弊病，其嚴重的程度甚至已經危害到自然和人共同之倖存。由於人濫用科技來宰制人群，也已經造成像官僚體制、國際戰爭、殖民壓迫……等等弊端，使得人間社會擾攘不安，瀰漫著不幸之感。

當代科技既含正面之功，又結負面之果。無論其功過如何，現代科技已經成為現代社會的主要動力，亦為現代生活不可或缺的一環。無論是揭發了宇宙新面貌的當代科學，或是帶動人類新生活的當代技術，都使我們對於自然、人、甚至存有本身的看法有了深遠的改變。科技活動是具有形上學意含的。當代的形上學也與此息息相關。

我們在本書中，選出懷德海和海德格（Martin Heidegger）作為了解當代形上思想的代表。懷德海深切明白當代科學的正面意義。他本人是大數學家，對科學研究和科學教育的貢獻，舉世欽仰。懷德海嘗著《普遍代數論及其應用》（*A Treatise on Universal Algebra, with Applications,* 1898），與羅素（Bertrand Arthur William Russell, 1872-1970）合著《數學原理》（*Principia Mathematica,* 1910-1913），皆為數學方面的重要著作。其所著《自然知識原理探究》（*An Enquiry Concerning The Principles of Natural Knowledge,* 1919）、《自然的概念》（*The Concept of Nature,* 1920）、《相對性原理在物理科學中的應用》（*The Principle of Relativity with Applications to Physical Science,* 1922）則對於當代科學所含的知識論和自然哲學意涵加以探索，並提出自己原創性的看法。自

一九二五年出版《科學與近代世界》（*Science and the Modern World*）以後，他就踏入真正的形上學時期，該書與《歷程與實在》（*Process and Reality*, 1929）和《觀念之冒險》（*Adventures of Ideas*, 1933）三書合成一個巨著系列，闡明其對實在界的整體看法。大體說來，懷氏肯定當代科學的宇宙圖像，由一般人類中心觀的傾向擺脫，融入整個宇宙歷程，以整個宇宙為一創進不已之歷程，設法針對全體存在，提出一個「使吾人經驗的每一因素皆可據以獲得詮釋的普遍觀念的融貫、邏輯、必然的體系」。

海德格是一個科班出身的哲學家，但亦深切明白科技的負面後果。他對科技採取批判的立場，認為科學在本質上便與技術相連，兩者皆有宰制自然和人群的取向，然而這種取向是根源於西方人回答存有者的存有的問題之方式，亦即根源於西方的形上學，此即構成了西方人的命運。科技的控制傾向是出自遺忘存有學差異的形上學，後者妨礙了真理——存有的自顯。

海德格於一九二七年出版的《存有與時間》（*Sein und Zeit*）中重新提出存有的意義的問題，並以人的時間化歷程為題，提出此一問題之境域。在《何謂形上學》（*Was ist Metaphysik*, 1929）、《康德與形上學問題》（*Kant und das Problem der Metaphysik*, 1929）、一九五三年出版的《形上學導論》（*Einführung in die Metaphysik*, 1953）《尼采》（*Nietzsche I, II*, 1961）《同一與差異》（*Identität und Differenz*, 1957）和《論存有問題》（*Zur Seinsfrage*, 1967）等書中都顯示出他重新理解形上學，批判傳統形上學，指出存有的嶄新向度之努力。在《論真理的本質》（*Vom Wesen der Wahrheit*, 1943）《柏拉圖的真理說》（*Platons Lehre von der Wahrheit*, 1942, 1947）和〈論人文主義信函〉（*"Einen Brief über den Humanismus"* 1947）等文中則多處理真理觀的問題。在《物之問題》（*Die Frage nach dem Ding*, 1962）和《論文與演講集》（*Vorträge und Aufsätze*,

1954）中包含了許多他對於科學和技術的反省。在《林中小徑》
（*Holzwege,* 1950）、《何謂思想》（*Was heist Denken,* 1954）、
《通往語言之路》（*Unterweg zur Sprache,* 1959）、《論思想之物》
（*Zur Sache des Denkens,* 1969）、《論藝術與空間》（*Die Kunst
und der Raum,* 1969）等書中，則多論語言、藝術、詩與思想。總
之，海德格對於存有本身的思想，與對人的存在的思想是相連而不
可分的。他所冀圖的是以一種新穎的方式重新思想存有，使存有自
行開顯，藉以根本轉化人性及其在科技世界中之前途。

形上學研究存有者的存有，在此層意義之下，它代表了人類理
性最為徹底的一個努力，試圖對於實在界整體做根本的確定。大體
來說，懷德海和海德格分別代表了兩種不同的把握整體的方式。懷
德海的形上學言說是默觀的（speculative），海德格的則是詮釋的
（hermeneutical）。

詳言之，懷德海的形上學，其實就是他所謂的默觀哲學
（speculative philosophy）。他所提出的默觀哲學的定義，可以說
是當代哲學所提供的最為典型的形上學的定義：「默觀哲學是建
構一套使吾人經驗的每一因素皆可以獲得詮釋的普遍觀念的融貫、
邏輯、必然的體系。我此處所謂的詮釋，是指一切凡我們所意識
到、所享有、所知覺、所意願，或所思想者，皆具有成為此一普遍
總綱的一個特例之特性。」[6]換言之，它涉及了全體存在和全體經
驗，至於人的經驗僅只是其特例之一而已。懷德海稱之為宇宙論
（cosmology），意思不僅止於傳統的自然哲學，而是涉及宇宙全
體存在與歷程的存有學。在這一點上，它與當代科學所顯示的宇宙
圖像是一致的。此外，懷德海的形上學也是系統性的。它一開始就

---

[6] Whitehead, Alfred N. *Process and Reality.* Corrected Edition. New York:
The Free Press, 1978, p.3.

給出整個形上學體系的骨架——範疇總綱，其中每一個觀念皆環環相扣，彼此相牽，形成一個圓融之體系。範疇總綱旨在顯豁全體經驗的結構與動力，和全體宇宙可理解之架構。懷德海並不用歷史的發展歷程來陳述某種意義的形成，因為對他而言，個人或社會的歷史，甚至任何事件與現象，皆僅只是此一普遍觀念體系——範疇總綱——的個別釋例而已。

　相反地，海德格的存有思想則是詮釋性的，因為它涉及到存有的意義之問題。意義的構成，一定涉及到人。海德格的形上思想可以說是從人的觀點出發來規定整體——存有本身。因此，他認為存有的意義，必須透過此有（*Dasein*）——特指人的存在——纔得以顯豁。至於此有的意義，亦在追問存有的意義中彰明，其間有一種詮釋的循環。即使海德格晚年，在思想迴轉之後，致力於存有本身的自行開顯，並以此為原始的語言。然而，這仍然脫離不了人對於存有本身的沉思。人在靜謐之中向存有本身開放，使其自行開顯。此乃人類密契經驗之特性——被動性（passivity）——此時，人不再持守於自我樊籬，相反地，他被存有本身的律動帶走。此種對於存有的言說仍然脫離不了人對於存有的經驗，雖然它絲毫沒有人文主義的氣味。此外，海德格的形上思想絲毫不是系統性的，卻重視對於歷史的重構和解構。它不重視系統概念的建立，卻要對於西方追問存有者的存有之歷史，亦即形上學史，從先蘇哲學家開始，歷經巴爾曼尼德斯（Parmenides of Elea, c. 515 - 450 B.C.）、柏拉圖、亞里斯多德、中世哲學家如聖奧古斯定（St. Aurelius Augustinus, 354-430）、聖多瑪斯、董司各都（John Duns Scotus, c. 1265/66 - 1308），近代哲學家如笛卡爾、康德、謝林、黑格爾、尼采，無一不從其特有觀點，加以註釋，並予解構。這種在歷程中看意義的形

成與解消，正是詮釋性思想的特色。⑦

　　在以下兩章之中，我們將分別處理這兩種型態的形上思想。懷德海的默觀哲學基本上仍然是一個十分典型的形上學體系，我們先行予以探討。海德格的存有思想便不再是一個傳統意義的形上學，但是其中既包含了對於傳統西方形上學的批判，並對於存有提出了嶄新看法，可謂仍與形上學有關，而且為形上學打開了新的境域，因而放到最後處理。

---

⑦ 亦請參照沈清松，《現代哲學論衡》，臺北：黎明公司，民國七十四年，頁 85-159，第四、五兩章論懷德海；又見頁 231-256 第九章論海德格的存有哲學。本書為求完整，其中有部分內容不得不再重述於此。

第十章

# 懷德海的形上學

## 一、前言

懷德海的形上學可以說是二十世紀所提出的最為典型的形上體系。他在當代形上學的地位，可比擬於亞里斯多德之於古代，聖多瑪斯之於中世紀，康德、黑格爾之於近代，都是分別綜合各時代學術，指陳其根本預設，並納入於一兼綜的形上體系之大師。因此我們推許懷德海為二十世紀形上學家之代表。要明白懷德海的形上思想，首須明白他對形上學所提出的定義、判準和方法。

懷德海把自己的形上學稱為「默觀哲學」（Speculative Philosophy），他所提出的默觀哲學的定義，可以說是當代哲學所提供有關形上學的定義最為典型的一個：「默觀哲學是建構一套使吾人經驗的每一因素皆可據以獲得詮釋的普遍觀念的融貫、邏輯、必然的體系。我此處所謂的詮釋，是指一切凡我們所意識到、所享有、所知覺、所意願、所思想者，皆具有成為此一普遍（觀念）總綱的一個特例的特性。」[1]換句話說，形上學針對全體存在和全體經驗提出一個整體性、統一性和基礎性的觀念。懷德海的形上學旨在提出一個普遍概念的有機體系，構成一套範疇總綱（Categoreal Scheme），也就是兼及描述、解釋與規範功能的範疇體系。此一形上學──普遍觀念的體系──具有整體性，因為它涉及了全體存在和全體經驗。對於此一種範疇總綱而言，一切歷史、經驗、社會的模式都只是詮釋的特例而已。因此，懷氏稱之為宇宙論（cosmology），意思不僅止於傳統的自然哲學，而是涉及宇宙全體存在與歷程的存有論。其次，此一形上學具有統一性，因為它不再有理論與實踐、經驗與存在、歷程與實在……等等的區分，相

---

[1]　Whitehead, Alfred N. *Process and Reality*. Corrected Edition. New York: The Free Press, 1978, p.3.

反地，此一普遍觀念體系由於具有終極的統一性和反省性，應該能為以上的區分奠立最後基礎，而且供應各種區分以最後判準，並能將各種區分總攝於自己的解釋原理和系統原理之中。最後，此種形上學是基礎性的，因為它所提供的範疇總綱等於是提供存在（現實存在與可能存在）和經驗（人的經驗與人以外之經驗）之結構及歷程最為完整的綱領，供給了全體存在與經驗的可理解之架構，因而應該成為其它一切言論與行動之基礎，不論理論上或實際上皆是如此。

總之，懷德海所提供的形上學，亦即他所謂的默觀哲學，旨在提供足以顯示全體經驗之結構與動力和全體宇宙的可理解性之觀念體系。至於個人、社會、歷史，甚至任何事件與現象皆只是一普遍觀念體系——範疇總綱——的個別釋例而已。就此看來，懷氏的形上學所要提出的範疇總綱，實在相似於一種觀念的典範，只不過並非盲目地接受之典範，而是有意識、有自覺地建構而成、藉以統攝吾人全體經驗的典範。就經驗面而言，此一典範包含了吾人所能想見的一切經驗：無論是真實的、可能的、想像的。就理性面而言，此一典範是用嚴格的概念架構來形成的，以便顯豁出全體經驗的結構與動力。因此，懷氏的默觀哲學所提供的觀念典範大不同於孔恩（Thomas Samuel Kuhn, 1922-1996）所提出的科學典範觀。孔恩所謂之典範乃一科學團體之究極信念或世界觀，決定了此一個團體所接受或所認為行得通的正規科學。正規科學皆潛意識地受此科學典範之引導，在典範的規定下，來決定何者為有意義之事實，把事實與理論相連，並把理論彼此連結起來……等等。孔恩所謂的典範是某科學團體盲目地接受一種科學母模（disciplinary matrix），對於

該科學團體的科學研究具有意識型態上的約束作用。[②]但是懷德海所提出的範疇總綱則旨在打破一切學科彼此的封限、一切個別經驗的差異，而使它們展向一個全體經驗的整全架構。

懷德海認為默觀哲學具有四個判準：融貫性（coherent）、邏輯性（logical）、應用性（applicable）和充分性（adequate）。

首先，「融貫性」意指範疇總綱中所包含的每一個基本觀念皆彼此假設，彼此牽連，形成體系，以致於沒有一個觀念可以抽象、孤立地使用，否則就無意義。這並不表示每一觀念可用其它觀念來予以定義，而是說沒有一個觀念可以脫離它與其它觀念的相關性。

其次，「邏輯性」在消極上指不觸犯矛盾；積極上指全體觀念體系皆用邏輯來定義。此處所謂邏輯不指形式邏輯，而指形上邏輯，至於形式邏輯僅為其釋例之一而已，不過，當然亦需合乎一般演繹與歸納之要求。總之，它一方面要求每一普遍觀念可用較狹之觀念來予以例釋；另一方面亦需遵循推理的規則。

再次，「應用性」指每一普遍觀念至少有一個具體經驗作為釋例，或有一個具體經驗可適合其應用。

最後，「充分性」指沒有一個具體經驗不適用，亦即全體具體經驗皆適合於此普遍觀念體系之詮釋或應用。

懷氏認為形上學包含了理性面和經驗面。形上學的理性面在於其普遍觀念體系必須合乎融貫性和邏輯性兩個判準；至於形上學的經驗面則在於其必須合乎應用性和充分性兩個判準。

為了能滿足以上四個判準來提出範疇總綱，懷德海認為形上學的方法就在於想像的理性化（imaginative rationalization）。首先，為了符合經驗面的兩個判準，應該從人的各種特殊經驗出發，例如

---

② Kuhn, Thomas S. *The Structure of Scientific Revolutions*, 2nd Enlarged Edition. Chicago: The University of Chicago, 1970, pp.176-191.

物理學、心理學，尤其語言，這些都已經各有其適用之特殊經驗，然後再透過想像力的普遍化，獲取適用於全體經驗之普遍觀念。其次，為了符合理性面的兩個判準，哲學家必須不斷地追求邏輯上的完美與融貫，尤其可以用數學為榜樣來求邏輯的完美性，至於融貫性的達成則必須對於經驗事實的完整，以及普遍觀念系統的各基本原則之間的邏輯關係，不斷進行批判的工作。

　　懷德海認為一切哲學體系皆應設法提出其普遍觀念系統，或者，換句懷氏術語來說，提出自己的範疇總綱。只要任一哲學體系尚未覺察到明確提出範疇總綱之重要性，則尚未配稱為一成熟之哲學。但這並不表示範疇總綱是哲學裡面的武斷成份，相反地，懷氏贊同一種哲學的民主，他希望見到有各種相互對比、爭奇鬥豔的範疇總綱系統，而且可以從多元的範疇總綱系統再求更高、更統一的範疇總綱系統。[3]

　　哲學家在建立了範疇總綱之後，可以據以推衍出適用於特別範圍之經驗的真命題，例如有關知覺、社會、與宗教之歷史與經驗。人的文化歷史又可分為幾個時代，每一時代皆由一基本觀念體系所主宰。因此，懷氏認為範疇總綱在解釋和論證上，優先於歷史與任何個別經驗。這一點亦表現在懷氏的形上學巨著《歷程與實在》一書的寫作上。該書一開始便在第一部分中提出其全體範疇總綱，然後再應用於解釋哲學史（如洛克、休謨、笛卡爾、康德……之相應觀念），此即第二部分之內容。最後再用以解釋經驗之攝受面、社會結構面與終極詮釋（關於上帝）各分屬該書的第三、第四、第五部分。可見連該書結構亦決定於其形上學的型態。

　　懷德海的範疇總綱計含四類範疇：存在範疇、解釋範疇、規

---

[3] Whitehead, Alfred N. *Process and Reality*, p.8.

範範疇，與總攝前三者的究極範疇。前三者可謂涉及了存有者的分類、原理與規範，究極範疇則涉及了存有者的存有。

以下我們分別從懷德海的創新的存有論、創進的自然觀、創新的社會層面、創新的神性層面等部分，來闡釋他的形上體系。

## 二、創新的存有論

懷德海的存有論，可以分別從他對存有者的分類、存有者的原理與規範、存有者的存有來予以討論。

### （一）存有者的分類

懷德海對存有者的分類，表達在其所謂的存在範疇（Categories of Existence）中。他以窮盡的方式列舉了八種存在的範疇，一切真實存在或可能存在皆僅為任一存在範疇之釋例。此八種存在範疇又彼此相互假定，息息相關，而無一能單獨抽離看待者：

1. **現實物**（Actual Entities），它們是現實性的最後攜帶者，乃現實界的最後構成分子，至於科學上所謂原子、核子，或未來可能發現的再小粒子，亦僅為其釋例而已。懷氏又稱之為實物（*Rēs Verae*）。若就現實物乃在經驗之流中──緣現而言，亦稱之為現實緣現（Actual Occasions）。現實物可謂為實際的存有者（real beings）。

2. **攝受**（Prehensions），是各種現實物內在最根本的活動，一方面有主動之攝取，另一方面亦有被動之接受，一如萊布尼茲（Gottfried Wilhelm Leibniz, 1646-1716），在所著《單子論》（*Monadology*）中所謂：單子同時具有知覺（perception）和願望（appetition）兩種活動。

前者屬被動，後者屬主動。由於攝受的活動，纔使得現實物彼此有內在的、動態的關聯，因而形成有機之體系。懷氏亦把攝受

活動稱為一現實的向量（vector），一現實物由於此種動態的活動而指向其它的現實物，因而產生有意義的活動，並形成有組織的社會。懷氏亦把攝受稱為「相關性的具體事實」。攝受其實就是實際存有者的活動。

3. 集結（Nexūs），由於攝受活動而使得許多實物集結在一起，形成社會，甚至形成社會的集結。Nexūs 是 Nexus（集結）之複數。吾人在經驗中所見皆不是個別的現實物，而是現實物的集結——社會，或社會的社會。因此，懷氏又稱「集結」為公開之事實（Public Matters of Fact）。吾人亦可稱為社會性存有者（social beings）。

4. 主觀形式（Subjective Forms），這是指一現實物攝受其它現實物以及其它現實物所交待的資料（對象）的各種方式。總之，它是每一現實物攝受的情調，其中包括起各種形式，例如：情緒、評價、意向、厭惡、意識……等等。懷氏又稱之為隱私之事實（Private Matter of Fact）。

5. 永恆對象（Eternal Objects），這是指一切任何性質與限定的純粹形式或純粹潛能。它們以具現為某一特性的方式來參與現實物的變遷歷程。懷氏又稱之為事實之特殊限定的純潛能或確定性之形式（Forms of Definiteness）。吾人亦可稱為理想存有者（ideal beings）。

6. 命題（Propositions），是由於某些永恆對象與某一現實物（或其集結）以對比方式結合而構成的，亦即被潛能所限定之事實；或為規定事實之不純粹潛能，一般稱之為理論（Theories）。命題或理論其實是一種心理的存有者（mental beings）。

7. 雜多（Multiplicities），是指分散狀態的許多現實物，或是許多現實物雖然在表面上有所聚集，其實乃毫無社會秩序可言之堆積。

8. **對比**（Contrasts），是許多現實物或潛能在一個攝受中的綜合狀態，懷氏又稱之為有規模之諸現實物（Patterned Entities）。由於各現實物或永恆對象都是彼此既不相同但又內在相關的，因此其在一次綜合中所表現的既差異又統一的狀態，懷氏稱之為對比。

以上八個存在範疇中，以現實物、攝受、集結、永恆對象四者最為重要。綜言之，各現實物在彼此相互攝受之時，會不斷地形成集結，而構成越來越複雜的社會。但為了說明此種社會整合活動的客觀結構與確定形式，吾人必須訴諸永恆對象。其餘的存在範疇要不就依屬於現實物（例如，雜多乃社會化以前之諸現實物），要不就依屬於攝受（例如，主觀形式乃攝受之方式或情調，命題與對比皆是攝受的結果或不同的成就狀態）。就差異而言，只有現實物和永恆對象是迥然相異的基本存在範疇，至於其它的存在範疇則只表示現實物彼此之間或現實物與永恆對象之間的中介存在範疇。至於就吾人現實經驗中的具體因素而言，則常見的有現實物、攝受、集結三個範疇。現實物代表了吾人所經驗到的個體之最基本構成，攝受則為吾人經驗本身的最根本型態，而集結之社會則形成了吾人所經歷到的複合個體（complex individual）──亦即所謂的社會。

不過，就我們的看法來說，以上八個範疇雖然都名列存在範疇，但是，嚴格說來，其中只有現實物、集結、永恆對象、命題堪當稱為存有者。現實物既為現實性之最後攜帶者，為真實物，可以說是一切真實存有者的終極構成因素。集結則是這些因素結合的組群，懷德海以它們為社會性的存有者，但是，我們一般經驗中所遭逢到的存有者，皆屬此類。永恆對象則是我們一般所謂理想的存有者，或可能存有者。命題則是我們一般所謂心理的存有者（mental beings）。至於攝受則是各種存有者所進行的活動，懷德海以活動為存有者，實則它們只是存有者的活動。但是，我們既然不能否認有這類活動，則攝受活動必也是某種模態的存有者。主觀形式亦僅

為存有者活動的方式。雜多是存有者在分散時的狀態，而對比則是它們在綜合時的狀態。就此看來，攝受、主觀形式、雜多、對比僅屬第二義的存有者，只有現實物、集結、永恆對象、命題才是第一義的存有者。

## （二）存有者的原理與規範

懷德海在解釋範疇（Categories of Explanations）中，提出了存有者的存在與變化所遵循的最高原理，又在規範範疇（Categreal Obligations）中，提出存有者在邁向自我實現和共同成長的歷程中所必須遵循的規範。原理計有三個，分別是相關性原理、歷程原理、存有學原理。茲分述如下：

1. **相關性原理**（principle of relativity）：在第四解釋範疇中提出，不過亦與其它涉及現實物的解釋範疇密切相關。此一原理指出，一切現實物（和非現實物）皆含有一個普遍的形上學特性，它們都有成為「整合多數物項成為一個現實」的真實共同成長（real concrescence）中之因素的潛能，而且在它們範圍中的每一個細節皆參與了此一共同成長。換言之，任一「存有」皆具有成為「變遷」之潛能。每一已是現實物皆因其攝受的向量活動而參與它與其它現實物共同成長的變遷歷程。所謂「共同成長」原本來自拉丁文 *concrescere*，其字面意義指共同成長，原意指生物上的共同成長，或是原先分立的部分（例如，細胞）結合一起，以整體的方式成長。在懷氏形上學中，它指由原先雜多的現實物形成一個複合統一體之歷程，亦即由許多現實物形成一個社會，許多社會又集成更大的複合社會之歷程

2. **歷程原理**（principle of process）：在第九解釋範疇中提出，不過亦與第八、第十解釋範疇相關。此一原理與前一原理相輔相成。歷程原理所說的是：一個現實物「如何」「變化」，構成了其

「存有」是「什麼」。吾人對於一個現實物可以有兩種描述：其一是涉及到它如何對象化到別的現實物之變遷歷程當中。所謂對象化（objectivation）是一現實物的潛能得以實現在另一現實物上，成為後者所攝受之對象的方式。其二是涉及描述一個現實物構成自我之變遷歷程。按照歷程原理則此兩種描述並不彼此分立，而是結合在同一歷程之中。一現實物之存有（being）是由其變遷（becoming）所構成的。每一現實物皆已經是在攝受中與其它現實物共同成長的結果。由於攝受活動之力，每一現實物皆在變遷歷程之中，以便構成其存有。但在構成自己的存有之時，它亦進入了別的現實物的變遷歷程。

3. **存有學原理**（ontological principle）：或稱現實性原理，在第十八解釋範疇中提出，指出只有現實物纔能賦予理由，因此尋找理由也就等於尋找現實物。此一原理亦是嚴格義的現實性原理。因為它規定一切解釋性或規範性的理由，終究說來皆建立在現實物及其活動上。這個原理使我們明白永恆對象並不能供給最終之理由，因而避免了落入柏拉圖觀念論之嫌。相反地，永恆對象仍需在現實物上有其理由。永恆對象雖然代表了宇宙和經驗中的理想性，但這些理想性終究必須在一最偉大的現實物——上帝——的概念攝受（conceptual prehensions）活動中有其根源。懷德海又謂此一原理為「動力因與目的因原理」，因為一個現實物在其參與共同成長歷程中所必須遵循的條件，要不然就在於其它現實物的真實內在構成，亦即該現實物所受之於其它現實物者——此即此一歷程的動力因；要不然就在於該現實物本身的主觀目的——此即此一歷程的目的因。

以上三個原理合起來，構成一個變遷發展中的宇宙圖像。此一變遷發展乃一種不斷形成社會的歷程，組成越來越寬廣、越來越緊密的社會，在其中每一成員越來越在社會中扮演一個融貫的功能，藉以實現自我。

　　除此之外，懷德海並在規範範疇中，提出所有現實物在自我實現和共同成長的歷程中所必須遵守的最普遍的規範。懷德海一共提出了九個規範範疇，其中第一、第七、第八有關經驗成長的主觀面，是為主觀規範；第二、第三有關經驗成長的客觀面，是為客觀規範；第四、第五、第六則是關於經驗成長歷程本身的規範；第九範疇則是有關經驗成長中的自由與決定論。

　　1. **主觀規範**：由三個範疇構成，首先有主觀的統一性（第一），規定主體為一切積極攝受（或謂感受 feeling）得以相互配合，終於整合在共同成長中的可能性條件。各種感受雖因整合階段之不完整而顯得蕪雜，但只要主體的統一性尚在，便終可相互配合，達到完全之整合。其次有主觀的和諧性（第七），規定一主體的各種主觀形式（即其各種攝受之方式）皆可彼此相感，並且一起為了主觀的目的，而彼此和諧地相互規定。最後，主觀的強度性（第八），規定一切概念攝受所來自的主觀目的，主旨皆為了尋求當前以及期待中之未來的主體的感受之強度。

　　2. **客觀範疇**：一方面有客觀的同一性範疇（第二），規定在一共同成長達到滿足的階段之時，其中每一因素只能盡一個與自己一致的功能；另一方面有客觀的殊多性範疇（第三），規定不同的因素不可能盡一個絕對同一的功能，卻必須在其殊多性中形成對比。

　　3. **經驗歷程規範**：提出經驗成長所必須經歷之階段。首先是概念的評價（第四），規定必須從物理性攝受中產生概念性攝受。概念性攝受是以具理想性的永恆對象為對象。此為經驗成長的第一階段；其次是概念的翻轉（第五），規定必須從前一階段所得的概念性攝受，翻轉向更高層次的概念，藉以提昇主觀目的，指向更高的理想，而此一理想（永恆對象）必須與前一階段之概念部分相同，部分相異；最後有化成範疇（第六），規定由前兩階段所獲取的概念或理想，必須化成為某一新社會的特性。換句話說必須把此

一理想實現為一新創社會之特性，使其具體實現於一新的現實集結
當中。

按照以上的經驗歷程規範，吾人較易於明白自由與決定範疇
（第九）。經驗歷程中的決定在於：每一現實物在成長的第一階段
中，皆必須順應於物理性的感受。其後，主體透過概念性的感受而
採取距離，乃有自由產生。主體使用概念性感受來進行評價與翻
轉，透過對比而有所創新。因此，自由就在於能經由概念與理想而
標新立異。不過，概念與理想仍需經由物理的綜合而化成為具體的
作品，使其它主體能以物理方式攝受，並藉此接受其中之資料。在
化成歷程當中，又必須順應於環境的物理條件，換言之，其中又有
決定論了。可見所謂的創新實乃採取距離與共同隸屬無止地交互進
行的運動歷程。對懷氏而言，宇宙全體存在的所有經驗歷程皆一方
面有其決定，另一方面亦有其自由。決定的部分在於經驗有其順應
性：經驗成長所需之資料因素必須順應於主體在物理性攝受中所接
受者，以便據以構成自己；自由的部分在於經驗有其獨特性：經驗
內容若要能決定性地實現其獨特性，則經驗的主體仍有自由來實現
這最後的決定。「最後的決定是整體的統一性對於其內在決定的反
應。此一反應是情感、評價與目的之最後修正。不過整體的決定是
出自部分的決定，纔能與之密切相關。」[4]懷德海此言可以說扼要
地表明了他對自由與決定的看法。由此可見，懷德海的自由與決定
涉及到全體存有者，而不僅限於人類。自由和決定對懷德海而言具
有存有學的意義，而不僅止於人類學的意義。

---

[4] Whitehead, Alfred N. *Process and Reality*, p.28。前此諸範疇參見同書
pp.22-27.

## （三）存有者的存有——創新

懷德海將「創新」（Creativity）列於究極範疇（The Category of the Ultimate），至於其它涉及存在、解釋、規範之範疇皆假定了此一究極範疇，並為其釋例。因此，「創新」實為懷德海形上學之冠冕，亦為究極範疇之頂峰。創新實為存有者的存在活動，亦即存有者的存有。究極範疇可以說是一個三合一之範疇。分而言之，它是由「一」、「多」、「創新」三者構成；合而言之，此三者皆由創新力來統攝。蓋創新乃由多而一、由一而多之歷程，致使一中有多，多中有一。《華嚴一乘十玄門》作者智儼有言：「一中多，多中一；一即多，多即一。」為此，懷氏弟子哈茨洪（Charles Hartshorne, 1897-2000）認為懷氏思想與佛學有相似之處，似有所本。且懷氏本人在《歷程與實在》（Process and Reality）書中亦謂其有機哲學切近於印度與中國之思想。然而，懷氏思想之所以為有機哲學，實由「創新」概念來統攝一與多，致使一中有多，多中有一，於是形成有機互動之體系。至於前引華嚴宗語，似皆在展衍「緣起性空」之義，仍有別於懷氏思想。

為此，欲瞭解懷氏所謂創新，便須把握多元的現實物（actual entities）如何統一為一社群，並由此新社群之產生，而增益存在界之豐富性的歷程。換言之，懷氏的創新觀，正指陳出每一現實物之本然存在就在於它各自獨有之創新力，並且能在社群中分享別的現實物之創新力。至於永恆對象（eternal object）則僅為存在範疇之一，是吾人用以說明社群之產生及其型態的抽象本質與結構，吾人不能因為懷氏主張有永恆對象，便以為懷氏形上思想為一種柏拉圖主義或一種觀念論。

以下吾人分就四個要點，來闡明懷德海對創新之看法：

1. **創新既為共相之共相，又為究極之事實**：創新既是最為普遍之範疇，又是至為具體之事實。換言之，懷氏以「創新」概念，取

代了自亞里斯多德以來的「存有」概念。存有既為最普遍之概念，又為最具體之事實。但誠如吾人在論及亞里斯多德時所指出，亞氏之存有學有走向強調實體存有者，甚至第一實體（神）之傾向，使得存有學一轉而為實體學，再轉而為神學，卻忽略了存在之原始動力。懷德海既然主張有機哲學，強調普遍之相關性，則每一現實物必彼此息息相關，因而無法接受一不需其它存在物而能獨立的第一實體之想法。

創新歷程是指多元的現實物，由於彼此內在動態的關聯，而在行動中結合成為統一體，而此一統一體又制約了此多元性在未來的擴充。創新既對各現實物有決定力，復接受現實物之決定，但本身並非一現實物。任何現實物皆有創新力，而上帝亦只是最原始、超越時間的現實物而已，祂同其它一切現實物一般，皆是創造力具現的例子。因此，懷氏說：「在一切哲學中，皆有一究極……在有機體哲學中，此一究極即稱為創新；至於上帝則是其最原始的、非時間性的特例」。[5]所謂特例（accident）是指範疇總綱在演繹系統中的特殊詮釋例子，而不是指沒有必然性的「偶然性」。相反地，懷氏認為上帝是終極之釋例（final interpretation），一方面為了解釋永恆對象的源起與結構，另一方面亦為了滿足其它現實物的主觀目的，皆屬必要。

創新既為共相的共相，又為究底之事實，因而超越一切名相，言語道斷，只能訴諸直接把握。因為語言隸屬於命題和對比兩存在範疇，僅為創新之釋例。懷氏認為像亞里斯多德有關「第一實體」之謬誤亦源於過度信賴在語言中「主詞—謂詞」的命題結構所致。創新亦不限於時間，因為它既可由有時間性、歷史性之世界所詮釋，亦可由超越時間之上帝所詮釋。

---

[5] *Ibid.*, p.7.

梅斯（Wolfe Mays, 1912-2005）認為懷氏所言創新只是現代物理中的力場或能量之流，代表了自然中的能量由一事件轉換至另一事件之歷程。[6]其實梅斯此種解釋僅說出懷氏創新的部分指涉。因為它只限於現代物理中所涉及之經驗歷程，但懷氏的創新所言的是普遍的經驗歷程：一切經驗皆屬創新之歷程。力場和能量之流可以說是創新之釋例，但不能因此就說，創新就是力場和能量流。

此外，尊森（Allison Heartz Johnson, 1910-1983）認為創新是一最普遍之觀念，可由一切現實物來予以例釋，因而，創新力其實只是一永恆對象。[7]此種解釋只講到創新力的普遍面和形式面。因為永恆對象僅為形式，僅是存在範疇之一釋例，而存在範疇又為究極範疇（創新）之釋例。因而不能說創新是一永恆對象。懷德海說：「創新力是超越一切形式的終極事實，不能被形式所說明」。[8]

2. **創新是集結原理**（principle of togetherness）：亦即由多出發走向一的活動。若我們用「潛能－實現」的辯證來分析現實物，則後者似乎是處於分散與集結的對比處境。現實物在潛能狀態時是處於分散中的多元；在實現狀態時則由多集結為一。創新就是由多到一之歷程。懷德海說：「創新是一個究極原理，藉此原理使得多──分散狀態中之宇宙──，變成一個現實緣現──集結狀態中之宇宙」。[9]

---

[6] 參見 Mays, Wolfe. *The Philosophy of Whitehead*. London: Allen & Unwin, 1959, p.65.

[7] 參見 Johnson A. H. *Whitehead's theory of reality*. Boston: The Beacon Press, 1952, p.70

[8] Whitehead, Alfred N. *Process and Reality*., p.20.

[9] *Ibid*., p.21.

　　換言之，多元的現實物，由於彼此的相互攝受（攝受乃一動態之促動力），因而集結成為一組合體──即一社會。但是，創新並不止息於由多而一，因為一旦由多元形成統一體──社會──，此一統一體對於先前之多元狀態而言，又成為新的存在，因此又與先前之多元形成一個新的多元狀態，等待未來更大之綜合。例如：由許多社會再組成更大之社會。

　　3. **創新亦是新穎之原理**（principle of novelty）：創造的歷程是雙重的，由多而一，再由一而多。更好說，創新正是此兩面之辯證，因為一旦多元集結成統一體，此多元之統一體又成為另一集結之資料，此時，對於先前之多元而言，此新統一體乃一新穎的條件，是今後創新歷程所必須再度納入統一者。懷德海說：「新穎之現實物同時是它所發現之多的集結，同時是它所超越之分散狀態之多中之一」。⑩

　　4. **創新是共同成長之原理**（principle of concrescence）：前述集結與新穎兩點是不可分的，因此吾人可以將之合而為一：共同成長就是產生「新穎」的「集結」，因而綜合了由多到一（集結）和由一到多（新穎）之雙重歷程。

　　共同成長是微觀歷程和巨觀歷程之辯證。微觀歷程由許多條件構成一個真實物。巨觀歷程是指此一真實物又成為未來更大之真實物構成之多元條件之一。

　　共同成長亦是動力因和目的因之辯證：動力因指一個現實物之形成所受諸其過去與環境之多元條件者；目的因指一個現實物為了主觀目的性之理想而邁向更高之綜合。

　　共同成長亦為主體和超主體之辯證：就其為先前一切多元條件

---

⑩ *Ibid.*, p.21.

之綜合而言，一現實物為此一綜合之主體（subject）。就其為另一更高綜合之對象言，則是一超主體（super-ject）。此外，正如吾人前面所言，共同成長亦為自由與決定之辯證歷程。

因此，創新的觀念，既然是共同成長之原理，便是綜合「微觀與巨觀」、「動力因與目的因」、「舊往與新穎」、「主體與客觀」、「自由與決定」之對比和辯證之動力，這些對比在同一創新動力中形成了實在界整體。實在界整體皆由對比之因素與律則所構成，而創新歷程亦是一透過對比而進行之運動歷程。對比可以說就是存有者的存在活動之韻律。

## 三、創進的自然觀

創新既為一般而言的存有者的存有，當然亦為特殊而言的自然存有者之存有。懷德海以自然為一創進無已的歷程，是想當然耳的道理。其實，早在懷德海進入形上學時期之前，在《自然知識原理探究》（1919）、《自然的概念》（1920）和《相對性原理在物理科學中的應用》（1922）三書中，他便已提出以自然的創進為核心的自然哲學。因此，我們可以推論，懷德海是先在其自然哲學中肯定了自然的創進，然後才擴而充之，體察到全體宇宙皆是在創新歷程當中，因而賦予創新以存有學的地位，使其成為一般而言的存有者的存有。本節既然以自然的創進為主題，便須回頭探討懷德海的自然哲學的思想。

懷德海在《自然的概念》一書中追問：「我們所謂的自然是何意思？我們所要討論的是自然科學的哲學。自然科學就是研究自然的科學。但是，什麼是自然？」[11]緊接著，他就回答：「自然就是

---

[11] Whitehead, Alfred N. *Concept of Nature*, Cambridge: Cambridge University Press, 1971, p.3.

那我們透過感官在知覺中所觀察到的。」「在感性知覺中，自然展現為許多事物的複合體，其相互的關係可以用思想予以表達，但無須涉及心靈，換言之，無需涉及感性覺察或思想」。[12] 由此可見，自然雖可以與思想有關，亦可以與知覺有關，但其本身則是一種獨立之歷程，其豐富的內涵甚至是思想和知覺所不能窮盡的。對於此一自然，一個自然科學的哲學之首要任務便在於：

> 釐清自然的概念——自然被視為認知的一項複合事實——展現基本事物及其彼此間的基本關係，一切自然律則皆須據此而得以陳明，並且進而保證，如此展現的事物和關係，對於表達發生於自然中的事物的一切關係而言，是充足的。[13]

懷德海認為，傳統的科學理論在解釋自然中所發生的事實之時，皆假定了有一「物質」安置於絕對的時間和空間之中。此種想法其實假定了實體的形上學，後者實為希臘哲學（尤其是亞里斯多德邏輯）影響的結果。懷德海認為科學上的物質說的形成，首先是哲學家們盲目地接受亞里斯多德的邏輯的結果，其中肯定命題的形成是由一主詞和一謂詞透過繫詞連結而成。謂詞被認為是隸屬於主詞，因而就認為：在感官的各種資料中，所有的屬性皆立基於某一底基——主詞——之上。此即把思想或語言的結構轉變成事物本身的結構。其次，科學家們進而把此一底基當作存在於時間和空間之中。此種物質觀亦假定了絕對時間和絕對空間。但是在相對論的時空觀提出之後，不可能再設定物質或物質微粒為時空關係的基礎。

---

[12] *Ibid.*, p.3.

[13] *Ibid.*, p.46.

時空關係實際是創進不已，變動不居的「事件」彼此的關係，而不是物質實體彼此的關係。

要正確地認識自然，必須摒除立基於實體——屬性之別的物質觀，亦須排斥傳統科學所假定的自然的二分論：區別初性與次性，區別做為認知之因的自然與被認知的自然。其實，自然與心靈是獨立而相關的。心靈的認知活動亦為在自然中發生的活動。自然中所發生的事件與心靈中所發生的事件有密切的統一性和連續性。它們皆屬於自然創進不已的歷程。

歸根結底，近代科學之所以會誤解自然，是由於其中含有唯物論的假設。懷德海特別予以批判，指出這是自然科學中的錯誤假設。所謂科學唯物論假定了有一個不可化約的原始物質，做為物質世界的最終實在，此原始物質以各種不同的型構及變遷延展在空間之中。懷德海指出，此種科學唯物論認為物質本身是無感覺、無價值、無目的，只能循著固定的法則發展，而這些法則都不是出自萬物的本性，卻是來自外在的關係。懷德海認為這種觀念無法解釋自然在時空中的變遷性和相關性。相反地，懷德海採納新的自然科學發現，例如，物理學中的「向量」觀念、分子與次分子層次的能量振幅、「場」的觀念、相對論和量子論……等等，進而提出了意義理論，指出每一事件皆由於整體宇宙的內在關係而指向其它事件。因此，一切現象的出現與變遷皆來自每一事件指向其它事件——其它事件此時便成為此事件的意義——之內在動力。每一事件皆因內在關係而指向意義，懷德海以此來奠立其所謂普遍相關性的看法，並藉此賦予相對論以獨創的詮釋。一切事件的意義活動指出了自然連續不斷的變遷和創造的前進，至於自然的可分割性則是由於人的精神介入自然，產生具有原子論特性的科學對象，以便使自然成為可理解的。

科學裡面所使用的是可計量的時間和空間。但是自然本身，做為一創進不已之歷程，則是不能計量的。遷流不已不但是自然的特

性，也是認知的特性。懷德海說：

> 每一段延續之發生與過渡皆是做爲自然的歷程之展現。自然
> 的歷程可以稱爲自然的遷流。在此階段，我斷然停止使用『時
> 間』一詞，因爲科學與文明生活中的可計量的時間，一般說來
> 僅只展現出自然遷流的基本事實的幾個面相而已。我相信我這
> 個學說完全與柏格森（Bergson）相符，只不過他用時間一詞
> 來指稱我所謂自然的遷流之基本事實。而且，自然的遷流是同
> 等地展現在空間轉移和時間轉移上。自然正由於其遷流而不斷
> 創進。在此一創進的意義中還含攝了兩點：不但是任一感性知
> 覺的行爲是自己而非別物，而且每一行爲的終點亦是獨一無二
> 的，而非其它行爲的終點。[14]

因此，我們所知覺到的，並非瞬間的事實、瞬間的自然，而
是一種連續的存在，其間有一毫不間斷的延續，而非毫無延續之瞬
間。因此，不可以把時間設想爲許多瞬間的接續；正如我們不能把
空間設想爲許多分割的擴延單位之接續一般。懷德海說：

> 把時間當做許多瞬間之接續，絲毫不符合我所直接認知到
> 的。我只能用隱喻來予以設想，有如許多點在一直線上之接
> 續……我們所知覺到的，是一段自然的延續，帶有一段時間性
> 擴延。『現在』在己內就包含著前件和後件，前件和後件各自
> 又是時間性之擴延。[15]

---

[14] *Ibid.*, p.54.

[15] Whitehead, Alfred N. "Time, Space and Material," in *Proceedings of the Aristotelian Society*, Supplementary vol. II, 1919 , pp.45-46.

可見，自然對我們而言是一整體，一個由許多不斷遷流的事件複合的整體，時間為一延續體，並非一段可計量的抽象時段。時間的延續段段相含、層層相包，有如多重娃娃玩具，剝去一層，還有一層。自然的延續不但包含了時間的向度，而且包含了空間的擴延，它亦是綿延不斷，段段相含、層層相包。總之，自然是用許多事件之遷流所形成之歷程，時間和空間則為此歷程的延續。

自然的創進，由事件和對象的對比所產生的辯證前進之歷程。懷德海所謂對象（objects）就是在物理或心理現象中的可理解之特性與結構，使我們能辨認現象、分析現象。就其使吾人知識成為可能而言，對象是獨立於、並優先於吾人的知覺和思想。對象就是在物理和心理經驗中的同一、恆常、普遍、抽象和潛能的一面。事件則是在物理和心理經驗中的異質、變遷、個別、具體和現實的一面。對象可以不斷再造和再認，然而物體和心理事件一旦發生，便已經一去不返。同一個對象可以在好幾個不同的事件中再認出來。懷德海認為對象是恆常的，因為它並不與事件一起變遷，因此可以說是在時間、空間以外的理想潛能。對象唯一能有的改變，是它與不同事件的各種關係。

不過，就事件一面言之，對象雖屬同一而恆常，照樣會在人類的知覺活動中（亦即在知覺的事件當中）被覺察、被再認、甚至被建構。對於懷德海而言，認識就是「再認」。再認使得對象與認知主體建立關係。「對象就是在自然中不流逝之因素。我所謂的再認正是意識到一個對象是在自然中不流逝的因素。……再認就是認識同樣（的對象）」。[16] 再認的行動及其發生的情境決定了對象如何進入自然之中，使對象成為自然的事件的因素。懷德海用「入構」

---

[16] Whitehead, Alfred N. *Concept of Nature*, p.4.

（ingression）一詞來代表此一歷程。所謂「入構」，指的是對象進入自然，變成其中事件之構成因素的歷程。

在此自然哲學時期，懷德海僅把再認當作是人類心靈的認知活動。到了形上學時期，此種「再認識」就被擴充、納入其「攝受論」中，成為萬物普遍皆有的活動。每一現實物皆含心極與物極，且皆能攝受由其它現實物所交付之對象。一切現實物不但皆能攝取別的現實物所交付的對象，並且能透過對象化之活動，提供對象，供其它現實物來攝受。就其能攝受而言，是心極；就其被攝受而言，是物極。由此可見，心物之關係亦不僅限於人之構成，而是涉及全體現實物。

對象和事件的對比，既表現在兩者的特性上──因為對象的特性是同一、恆常、普遍、抽象、潛能；而事件的特性則是異質、變遷、個別、具體、現實──此外，兩者的對比亦表現在其彼此的採取距離和共同隸屬上。就其採取距離而言，我們能產生越來越抽象的對象，這使得我們能分析並割裂萬物彼此的內在關聯性，進而產生原子性。自然的不連續性和原子性便是來自可分析之對象的抽象層級。至於自然的創進歷程的連續性，則是來自萬物由於彼此內在的關聯性而產生的彼此相索相求的有意義之活動。因此就其共同隸屬而言，事件會在其指向意義的活動中追求對象，對象亦會隨時準備入構於事件之中。在入構之時，事件便與對象結合，達成在現實層面兩者的共同隸屬關係之體現。

懷德海在《自然的概念》一書中，一共區分三類的對象：感覺對象、知覺對象、和科學對象。三者構成了逐層上昇的抽象層級，其中上層對象假定了次層對象，反過來則不然。此三層對象之內涵，吾人不擬在此詳論。[17]大體言之，對象是事件的約束，自然的

---

[17] 參見沈清松，《現代哲學論衡》，頁 98-99。

變遷必須以對象為其限制和目的，對象亦是事件變遷之統一性，乃多重事件得以綜合，甚至形成社會的依據；對象亦是自律且有效的結構，使人類的行動得以介入自然，改變自然歷程。由此可見，吾人一旦在知覺中覺察到某一對象，就會約束事件發展的方向，或賦予事件以統一性，或予以改變。因此，知識並非被動的冥想，而是主動的行動。對懷德海而言，知識就是行動，即知即行。認識就是再認對象，也是一種介入自然歷程的方式。認識活動本身亦是在自然中發生的事件。懷德海說：

> 我們對於自然事件和自然對象的知覺是在自然內的一種知覺；而不是自外無涉地冥想全體自然的一種知覺。[18]
> 我們在本質上就能知覺到我們與自然的關係，因為這些關係是在形成之中。行動的意義在於做為吾人對於自然之知的本質因素，顯示出對自然之知是自然中的某一因素對於自己與全體自然的各方面的動態關係的自我認知。吾人對於自然之知僅只是行動的另一面而已。[19]

這兩段話把懷德海的即知即行說發揮的很清楚，此種行動的知識觀把科學知識當作只是整個經驗的創進歷程的一部分，也把人的知行活動同自然的創進歷程銜接了起來。而且，自然的創進歷程和人的知行活動都是藉著對比的結構和韻律來進行的，一方面有差異、有分殊，另一方面亦有相同、有統一；一方面有採取距離，另一方面有共同隸屬。對比也就是生生不息的創新歷程的本質。

---

[18] Whitehead, Alfred N. *An Enquiry Concerning the Principles of Natural Knowledge*, Cambridge: Cambridge University Press, 1919, p.12.

[19] *Ibid.*, p.14.

## 四、創新的社會面——永恆對象與社會

### （一）社會組合與社會結構

　　創新的社會意義早已包含在「創新」一詞的定義之中，因為所謂創新就是產生新的集合，一方面把多綜合為一，另一方面又以新的一增益原有之多。換言之，創新關涉到由諸現實物集結為社會，並由諸較低層次之社會集結為較高層次之社會的歷程。懷德海甚至認為整個宇宙歷程就在此種社會化歷程之中實現價值。他說：

> 宇宙藉著協調社會的社會，和社會的社會的社會而實現其價值。因此，一個軍隊是由許多部隊組成的社會，部隊是由許多兵士組成的社會，人是由細胞、血液、骨骼組成的社會，加上位格的人性經驗之主宰社會，細胞則是由諸如中子之類的微物理項目所構成之社會。[20]

　　就其社會層面而言，創新就是此一形成社會的綜合力，將多元或諸多低層社會化入統一體，以前者為其組成成分。但是，究竟何謂社會？按懷德海之意，一社會就是一具有社會秩序之集結。所有的社會皆是集結，但並非所有的集結皆是社會。一個沒有社會秩序的集結就是一群現實物單純的堆積。至於一個具有社會秩序的集結則必須滿足以下三個條件：

　　1. 有一個共同形式隱含在每一組成的現實物的固有性質當中。

---

[20] Whitehead, Alfred N. *Adventures of Ideas*, New York: The Free Press, 1967, p.206.

2. 此一共同形式隸屬於該集結的每一份子，乃對其成員彼此的
攝受活動有強制性之條件。

3. 這些攝受活動亦會強制成員們的再生條件，因為在這些成員
的積極攝受（感受）中，皆含有此一共同形式。

簡言之，「社會秩序」的定義包含了三個要件：一是有一個共
同形式；二是攝受的條件活動；三是社會的再生。社會的產生乃由
現實物的攝受活動而來，因為構成一社會之諸現實物皆由於攝受活
動而內在地彼此相關。可是，在攝受活動中所攝受到的某一社會的
共同形式，也正是實現為成員們所共有之因素的永恆對象。而且，
那允許社會在再生歷程中繁衍者，亦是此一共同形式——全體成員
所攝受的永恆對象——作為再生之模型。因此，產生社會的具體行
動，是由積極攝受以及其所衍生的活動而來。然而，用以說明社
會秩序及其可再生性的，則是成員如此攝受並分享之永恆對象。由
此可見，永恆對象在社會的形成歷程中扮演著極為重要的角色，此
點下文再予詳述。在此，我們僅指出：永恆對象及其彼此的內在關
係，一方面決定了攝受和心靈活動的邏輯結構，另一方面亦決定了
諸可能社會的社會結構。

除了以上三個條件之外，我們還可以推論出社會的其它兩個特
徵。首先，社會與現實物不同，因為現實物皆彼此依賴，而社會則
尚能相對地自持。其次，由於其可再生性，使社會能在持續的再生
歷程中綿延。因此，一個社會有其歷史，不像一個現實物僅止剎那
生滅。

在社會秩序之上，還有位格秩序。位格秩序（personal order）
可以說是在社會秩序之上較為特殊的一層秩序。一個社會之中，若
其成員彼此的生發關係構成了某種系列秩序，便可謂擁有某種位格
秩序。但是，位格不一定就是意識。懷德海由於其宇宙論式的存有

學傾向，並不把人及其意識放在優位。人的意識僅只是位格的社會秩序之延伸而已。

「位格」一詞來自拉丁文 *persona*，意指攜帶某種面具，扮演某種角色，換言之，就是持有某種性格。一個位格的社會就是一個性格是由各成員按系列方式持守的社會。因此，對懷德海而言，一個人就已經是一個位格的社會。但這並非全部真象，因為人除了有系列連續的經驗緣現之外，還擁有一個並非位格的身體。人是一種十分複雜的社會系統，其中有數個系統被一個位格的社會秩序所宰制，此即懷德海所謂社會協調（social coordination）。懷德海認為不單是人，即使大部分的動物，尤其脊椎動物，皆有某種社會協調，含有一些諸如細胞、血液、骨骼等社會秩序，被某種位格社會秩序所宰制。至於較低級動物和植物則缺乏此種社會協調。因此，一棵樹可以喻為一種民主，因其缺乏一種宰制的社會秩序。

因此，為了明白社會歷程，除了要有一個共同形式，做為一個社會的決定性特性之外，吾人還需要考慮到社會協調的問題，由於社會協調之歷程而形成許多不同層次的社會，社會的社會……等等。自然是一個持續地形成各層社會的複雜體。社會化歷程亦為人與自然所共有的歷程所在。

創新力的表達，在身體的層次，主旨在於如何形成一個有意義的世界；但是在社會的層次，則旨在產生一個互動與整合的世界。意義的世界的組成原理是象徵指涉。精確言之，創新力在身體層次，必須透過採取距離始能拓展自我的自由空間，在此，意義的世界是分辨、殊化和抽象的結果。然而，社會的世界則是由協調而成，亦即由一主要次系統對於其它數個次系統施行宰制的結果。在此種脈絡中，自由被重新理解為順應某一社會秩序的能力，並且能在順應之後，產生一原創性之詮釋，藉以產生協調與整合。

創新的社會面的主要問題，在於如何把許多社會協調整合為

一結構化社會（structured society）。結構化社會是一個複合的社會，其中包含了數層次級社會與集結，並且擁有決定其彼此關係的範型，包含了一個主宰的社會和其它被宰制的社會。一個結構化社會複雜的程度，需視其次級社會之多寡及其範型的複雜性而定。一個結構化社會對於其它成員社會有兩大功能。其一，提供其成員社會綿延之有利環境，就此觀點而論，一個結構化社會常可以被納入另一更廣大之社會環境，使其有利於綿延；其二，高度複雜的結構化社會能藉自己的複雜性，便利其成員的滿足強度，因為此種強度是取決於秩序的複雜性能否維繫最大多數的對比。全社會整體的滿足強度是其成員經驗強度之綜合，至於綜合之結果則為一對比之狀態。

　　創新既然被定義為產生新穎集結之原理，則在社會層面，創新力必定實現為社會秩序、社會協調與社會整合，由較低的結構化社會，整合為較高的結構化社會。我們可以將此社會集結歷程圖示如下：

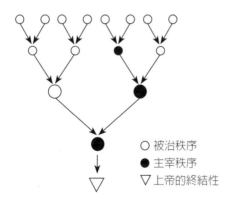

○ 被治秩序
● 主宰秩序
▽ 上帝的終結性

　　當然，此圖僅只局部地象徵創新力不斷地產生新的社會組合的複雜歷程。但它至少顯示出社會如何由多致一，由原有的多元狀態

興起第一層社會群體，再由這些社會群體興起第二層的社會群體。
每一層社會群體都是加諸原有的多元成員的新一。此圖亦顯示一個
主宰秩序如何協調並整合諸多被治秩序，成為一結構化社會。對於
新興之社會秩序言，舊有秩序是其素材，亦為其動力因之源；新興
秩序則為目的因。在綜合的剎那，一切因素皆處於對比的情境。至
於在社會秩序之外，則只有混亂。秩序與混亂乃相對之辭。作為社
會之基礎的共同形式在該社會之外是無意義的，在該社會消亡之後
亦再無意義。因此秩序純屬社會產物。社會綜合之歷程可以一直綿
延到上帝的終結性。上帝的終結性是一切新穎原理之原理，一切社
會協調之原理，此意吾人將於下文處理。以下我們要進一步澄清永
恆對象在社會協調歷程中所扮演的角色。

## （二）永恆對象與社會協調

　　懷德海在一封寫給其學生哈茨洪（Hartshorne）的信中，說明
他所謂的永恆對象，茲引述如下：

> 有一點，你和其它人都誤解了我，顯然該怪罪我在解說時常犯
> 的錯誤。我指的是我的永恆對象論。這是第一個嘗試超越傳統
> 處理共相時那種荒謬的簡單想法的第一個努力。……必須注意
> 以下幾點：
> (1) 永恆對象是帶著潛能，走向實現的攜帶者；(2) 藉此它們
> 亦把心靈帶入實物之中；(3) 沒有一個永恆對象在任何有限的
> 實現之中能夠展現出其本性所有的全部潛能。它具有個別本
> 質──藉此而在許多不同緣現中仍然是同一個永恆對象；也
> 具有關係本質──藉此永恆對象能以無限的方式進入實現狀
> 態。一旦實現之後，就引進有限，而在關係本質中仍有與此實

現不合的無限性的範圍。(4) 每一永恆對象的關係本質包含了其（潛在地）與全體其它永恆對象的內在關聯。傳統上把共相絕對孤立的學說是一大錯誤，正如同把第一實體孤立一樣大錯特錯。「複合個體」之實現涉及到把許多永恆對象的一個完整模型做一種有限之實現。把各永恆對象彼此絕對地抽離所犯之錯誤，正類似於把永恆對象從某型實現抽離，或把真實物（按指現實物）彼此抽離所犯之錯誤。(5) 傳統哲學——如休謨、柏克萊（Berkeley）等人，用簡單心思來處理共相，此乃一切惡之根源。這是主張「完型」（Gestalt）者的一大功勞。[21]

就社會層面而言，一個永恆對象的個別本質就是實現在每一社會或複合個體中的共同特性，而由每一成員所攝受者。社會正由於永恆對象的個別本質而有其可再生性。一個社會之所以可以再生，是因為其所具現的永恆對象是普遍、永恆且有不盡不竭的潛能。此外，永恆對象的個別本質亦決定了每一成員的主觀形式，並因此使我們能辨認出它們是共同隸屬於同一個社會的。

至於永恆對象的關係本質，則是存在於諸永恆對象之間的相互關係之範型，社會結構及邏輯結構僅為其釋例。吾人經驗中的邏輯結構與實際存在中的社會結構兩者彼此有互動——因為吾人由於有邏輯結構才會向社會結構開放，更因為社會結構而明察邏輯結構——然而兩者僅只是永恆對象的關係本質之具現與釋例而已。一切運作的步驟，無論理論的或實際的，皆衍生自此一範型。

永恆對象實為理想元目，並具廣袤的容納性，藉其內在結構而將一切萬物執持於某種相互的關係之中。懷德海的永恆對象理論可

---

[21] Kline George Louis. (editor). *Alfred North. Whitehead: Essays on His Philosophy*. Englewood Cliffs: Prentice-Hall, 1963, pp.198-199.

謂當代最為雄辯的共相的形上學理論，真正賦予了理想存有者、可能存有者、形式存有者以形上地位。大體言之，永恆對象，藉著其個別本質和關係本質，成為一切共相語詞及結構關聯的典範所在。

永恆對象有一逐層殊化的步驟，正對應著現實物逐層整合的步驟。因為現實物不斷地自行組群為社會，有永恆對象為其創新的誘因和範型。現實物之所以能組成日愈複雜、日愈廣大、日愈緊密的社會，一方面乃拜永恆對象所開展的可能性之賜，另一方面則由於上帝的終結性。永恆對象的歷程是下降式的，現實物的歷程則是上升式的，兩相對應，只是方向相反。

懷德海稱呼永恆對象的結構範型為「抽象層級」（abstract hierarchy）。所謂「抽象層級」就是永恆對象的複合結構整體，其下包含了各種層級的次級結構，各有不同程度的複雜性。最低程度的複雜性，有具最簡單特性之永恆對象及其彼此的關係，例如 R（A, B, C），其中 R 代表關係，A, B, C 代表簡單對象。以顏色為例，A, B, C 可代表藍、白、紅三種顏色。最高程度的複雜性，則有包含主體複合對象、簡單對象及其彼此關係的次系統之範型。在以上兩者之間，則有各種不同程度的複雜性。如此構成的王國便形成了懷德海所謂「關聯性之條件」。每一程度的複雜性之層級彼此之間以「隸屬」和「包含」的關係貫串起來。除了簡單對象之外，每一層結構皆包含了其它較低的結構，其自身則隸屬於另一更高的結構。就此而言，共相或理想存有者顯示出一種集合論的存有學特色，採取集合論的「隸屬」和「包含」為其根本關係。設若以「⊃」代表包含，「　」代表隸屬，則：

$$Sn \supset (Sn\text{-}1, Sn\text{-}2, Sn\text{-}3, \cdots\cdots)$$
$$Sn\text{-}1 \supset (Sn\text{-}2, Sn\text{-}3, Sn\text{-}4, \cdots\cdots)$$
$$Sn\text{-}2 \supset (Sn\text{-}3, Sn\text{-}4, Sn\text{-}5, \cdots\cdots)$$

......

......

而且此種關係不能逆轉：

$S_n \supset S_{n-1}$，但 $S_{n-1} \not\supset S_n$

$S_{n-1}$　$S_n$，但 $S_n \not\subset S_{n-1}$

至此，我們便可以把永恆對象的抽象層級圖示如下：

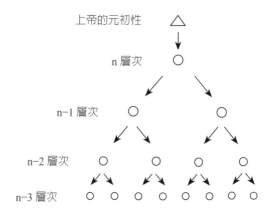

上帝的元初性

n 層次

n−1 層次

n−2 層次

n−3 層次

此一圖表僅以吉光片羽的方式象徵永恆對象的抽象層級。由上可知抽象層級基本上是立基於「整體—部分」的關係。吾人援引此一關係，便可以將社會分析為其它次級整體，例如把軍隊分析為部隊，部隊分析為士兵，士兵分析為……等等。此一歷程正與現實物整合為社會，諸社會整合為社會的社會……的上昇歷程相反。由此可見，宇宙的歷程是由不同複雜度的社會組成的全體歷程，在現實中不同層級的社會對應著在抽象層級中不同層級的永恆對象，但是方向相反。於是，我們一方面有一個上昇的程序，另一方面亦

有一個下降的程序。我們可以將懷德海心目中的宇宙歷程大致重構如下：

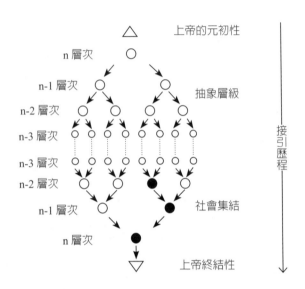

此圖顯示出上帝的元初性是一切永恆對象之根源，其終結性則為一切社會協調的目的。對懷德海而言，上帝同時是新穎之原理，亦是社會創新的最後目的。我們因此亦可以說，社會歷程是上帝的元初性和終結性之間的接引。這點把我們帶入對於創新的神性層面的思考。但是，在這之前，且讓我們談談懷德海論創新的社會面之見解有何政治學、社會學上之後果。

## （三）政治、社會學上之後果

根據以上永恆對象的社會功能，以之為基礎，吾人可以抽繹出以下幾點政治、社會學上的後果：

1. 既然永恆對象的本質所含蘊的潛能從未完全地實現在此有限的世界，並且必然地超越一切實現，則任何一個社會歷程皆沒有完成的一日。雖然在歷史上已經有些社會消失了，但是迄今未有任

何一個社會達到永恆對象的滿全實現。同時，每一個社會都需要立定理想，使其超越日常老套之外，昂揚生命，奮進發展。若缺乏思想，文明的生活或將消解於快樂的追求中，或僅能在貧瘠之中苟延殘喘，缺乏任何感受的強度，僅能不斷重複再生。但是，社會不能僅止於再生，卻需不斷地再創造。

2. 懷德海認為規律是一切社會系統的主宰，社會機制必須行止有如鐘錶之運行。如果規律完美，則一切理性運作可以排除，因為此時一切系統皆由制約自反的調節而自行維繫。不幸的是，規律總有限制，因此還要有先見之明。社會生活的智慧之開端在於明白社會生活所立基其上的精神，但其終結則在於能給予社會一些嶄新的理想，藉以引導社會的演進。一個普遍的理想既具有提昇社會的功能，亦具有維護社會的功能。為此，一切的社會革命往往從改變其原有的象徵體系開始，因為它們往往就是社會秩序的維護力量。當一個革命行動徹底地毀滅這些共同象徵之時，該社會便難逃脫拆解的命運。因此任何革命中的社會──例如法國大革命的情形──最後終須訴諸暴力與恐怖，藉以推翻其原有的象徵體系，否則若其原有象徵體系仍然毫髮未傷，終難造成真正的革命。它至多僅能掃除某些原有缺陷，但卻不能傷及原有社會組織所立基其上的文明。但是，新的社會組織即使成功地推翻了原有的象徵體系，亦無可避免地要引進新的象徵體系，和新的缺陷。

3. 在任何結構化的社會中，總是需要一個主宰的秩序，纔能把諸次系統協調為一個社會系統。可見對於任何社會秩序而言，宰制皆是必要的。但是必須避免宰制的濫用。一旦宰制者封閉於自私自利的興趣之中，則社會組織的權力皆會傾向於濫用。權力的濫用自然會導向剝削。以剝削來宰制，對於自生物體以上層次的社會協調而言，都是致命傷。懷德海說：「權力之快樂對於生命的細緻而言，實乃致命傷。宰制階級由於懶惰地沉溺於膚淺的快樂而墮

落」。㉒由此可見,做為組織原理的宰制,大不同於做為剝削行為的宰制。一切社會秩序皆會包含一些因素,使得前者容易墮落降格成為後者。為此,一切社會皆應警覺地使宰制僅限於協調的範圍內。懷德海說:「人對人必要的宰制有雙重的意義:它首先具有的善結果,在於它保障了為社會福祉所必要的行為之協調;但是如果將此一宰制伸展到協調的範圍之外,則會成為社會的致命傷」。㉓

4. 社會存在的意義在於其為理性對於盲目暴力的勝利。一如柏拉圖所提議的,世界的創造在於以說服戰勝暴力。懷德海亦認為人的偉大在於能以理服人。藉著顯豁善惡吉凶,人可以理服人,亦能受人說服。文明的責任就在於藉著內在啟發,具現趨善向吉的能力,來維繫社會秩序。但是有時暴力亦不可免,它為文明的失敗作證。此種失敗的文明既於社會無益,復於社會有害。因此,在一切社會之中,皆會存在著某種不安的因素,經由該社會對於普遍理想的感受而引發,含有著好奇、冒險與改變。文明秩序因功而維持,因過而改變。前者以理服人,後者以力求變。歷史因而是普遍理念冒險之場地,這是懷德海的歷史哲學的基本論調。

懷德海認為有三種態度提昇了人類歷史:(1) 家庭情感,此種情感立基於兩性關係以及教育後代的責任;(2) 智性的好奇,可以導致觀念的改變;(3) 商業的來往,能在巨型社會之中,尤其在國與國之間,提供相互了解。

除此以外,最為珍貴的是人對人的同情感,對人性本身的尊重。此種人性之愛對於懷德海而言,是立基於對宇宙的創新力之尊重,其中含有理想目的,並使個人能夠辨認理想。正是由於宇宙的創新力,其理想目的,以及這些目的在人類意識中的浮顯,人類才

---

㉒ Whitehead, Alfred N. *Adventures of Ideas*, p.84.

㉓ *Ibid.*, p.85.

會彼此以人性相尊重，不因為隸屬於不同的家庭、階級、國家而有別。此種尊重之情保障了「生命在此大地上昇的前進所需要的思想和行動的自由」。對懷德海而言，此亦來自普遍觀念或永恆對象在每一層社會中的作用。由上可知，創新有其社會層面，涉及社會的產生及再生之歷程，懷德海強調社會的秩序及協調的結構，因其規約社會面的創造力。但是社會層面亦有其自由，就人而言，它就在於把人當人，尊重人性尊嚴，使人人能發揮其創造力。創新正顯示出自由的本質。

不過，對於懷德海而言，創新的源起與目的皆在於上帝。上帝的原初性是一切永恆對象及其內在結構的源起，上帝的終結性則為一切社會集結活動之目的。因此，上帝是一切新穎性之根源和社會集結之目的。上帝是創新的究極詮釋。

## 五、創新的神性面 —— 究極詮釋與上帝

懷德海以上帝作為永恆對象及其彼此關係的根源，並為社會集結的最後目的。永恆對象實乃宇宙中的理想因素所在，由於它們，才使得宇宙中的社會歷程邁向大綜合前進，並能與理想性因素和結構水乳交融。宇宙中有對於理想的經驗，這就是經驗能提昇到神性層面的明證。懷德海說：

> 有各種對於理想的經驗：心懷理想，追求理想，達到理想，泯滅理想，這正是對於宇宙的神性的經驗。對於此一終極經驗而言，成敗交織是個中本質。藉此我們才經驗到與一個不同於吾人的宇宙之關係。吾人在本質上就是用吾人所不是者來衡量自己。獨我論者的經驗既無成亦無敗，因為自我就是一切，沒有比較的標準。人性經驗明顯地與一外方的標準相關。因此，我

們認為，宇宙已包含了理想的泉源。[24]

　　為了明白創新的神性層面，懷德海提出了上帝的三個特性：上帝的元初性、上帝的終結性、上帝的超主體性。上帝的元初性，是指上帝構思整個永恆對象王國，並且把可能性與現實性連結起來。上帝的終結性，乃上帝作為一切社會集結的終極的物理綜合。就此而言，上帝實為一切社會活動之終極目的，使得每一社會終會傾向於另一更高的社會綜合。上帝的超主體性，是指上帝在被世界所增益、豐富之後，又重新把自己客化在每一現實物及社會群體上。因此，上帝與世界的對比，是究極的對比，創新力藉此纔能達成終極的綜合。

　　（一）**上帝的元初性**：懷德海的形上學設立了上帝的元初性，是為了說明創新力所包含的理想面與現實性原理的關係。按照前述存有學原理──亦即現實性原理──「一切皆應在某處，而此所謂『某處』意指某現實物。順此，宇宙的一般潛能亦應在某處」。[25]上帝的思想──或謂其概念攝受──於是就被設定為永恆對象王國存在之處。設若一切理由皆應於某現實物身上尋之，則永恆對象及其相互關係的理由，亦須在上帝的攝受活動中求之，上帝在其概念攝受中，構思一切永恆對象及其相互關係。因此，懷德海把上帝的元初性定義為：「對於全體諸多永恆對象無條件的概念評價。」[26]由此可見，上帝的元初性是由它在概念攝受中構思永恆對象而形成的，此種攝受的主觀形式就是概念評價。由於上帝的概念攝受，永恆對象纔擁有了個別本質和關係本質。

---

[24] Whitehead, Alfred N. *Modes of Thought*. New York: The Free Press, 1968, p.103.

[25] Whitehead, Alfred N. *Process and Reality*, p.46.

[26] *Ibid*., p.31.

　　換言之，用以說明社會活動的結構範型的全體抽象層級皆由上帝的概念評價所構思。不僅是每一永恆對象的理想性，或是其彼此的關係，皆是由上帝的概念攝受所實現。上帝就其以概念方式實現一切可能結構而言，亦可謂為一切結構化過程的究極原理。就此而言，上帝是秩序原理。

　　上帝不僅確保了永恆對象彼此的協調，而且亦把永恆對象和現實物拉上關係。上帝是可能界和現實界的接引，而且是雙向的接引。首先，上帝的元初性在攝受永恆對象之時，亦使其彼此相關起來，藉此，永恆對象始變成真正的潛能，可與現實物關聯起來，藉以進一步入構其中，不再以概念性潛能之方式存在，卻成為現實物的社會之構成成份。可能世界的成員彼此的關係之建立本身，亦是一個足以制約創新力的事實，藉此那些超越事實的各種可能性可以介入於創新的歷程，並得以實現。為此，上帝的元初性使得可能性以各種不同的適切程度，合宜於在現實世界中實現，此為其連結可能與現實的第一步。其次，上帝亦藉著在現實物的主觀目的中下工夫，來執行此一接引之功。現實物在上帝那裡接受可能性，作為理想。每一現實物或每一社會的主觀目的性皆是來自它們在攝受活動中所獲取的原先為上帝所攝受的可能性。上帝是最為太元初始之現實物，每一個在時間中的共同成長過程皆須從祂那裡領受主觀目的之理想性，藉以預備其所預許的自我實現。至於目的性，就其為決定每一個體之未來的理想而言，皆元初地來自上帝。每一個體之存有皆由於上帝的媒介纔能夠用理想來自我規定，以便符合理想，獲致終極性的滿足。

　　上帝的元初性用以上的雙重接引過程來媒介可能與現實，於是就把新穎性引進了世界之中。就此觀點而言，上帝是創新的原理。此外，由於為了規定一個體或一現實物的目的性，祂亦主導了在個體的概念攝受中的永恆對象之抽象層級的結構化歷程，並藉此規定

了共同成長之歷程。為此，上帝亦是共同成長的原理。

總之，上帝的元初性對於創新的貢獻有二：1. 首先，協調諸永恆對象在一抽象層級中。2. 其次，再把永恆對象與現實世界相協調。後者的方式亦有二：(1) 首先，使永恆對象藉其內在結構而適合介入於現實世界中。(2) 其次，使現實世界以永恆對象為目的，立之為世界的主觀目的之理想。一現實物或一複合個體的主觀目的為自己再生了原先上帝的概念攝受的對象。因此，是由於上帝創造性的接引，纔使得諸種理想能夠變成宇宙間創進的動力因素。

上帝藉著其元初性而維繫世界之秩序，引進世界之創新，藉以在世間實現價值，並透過世間價值之實現而在己內實現價值。如果上帝在賦予各人各物以主觀目的之時，亦意願各人各物的滿足程度和多樣，那也是為了間接地接引並實現自己的存有。上帝願實現每一存在物的至善，並藉此而實現自己之善。

（二）上帝的終結性與超主體性：若上帝的元初性代表了上帝用以構思永恆對象的概念攝受，則其終結性就代表了上帝的物理攝受，上帝藉此把一切現實物及各層社會皆集結在己。上帝的元初性是上帝的心極，至於其終結性是上帝的物極。就物極而言，上帝成為全體宇宙之綜合，在己內接納全體宇宙客化的內容。為此，上帝是多元化世界之最後綜合，時間性的世界被上帝所接納並轉化於上帝之內，成為元初理想的實質體現。世界是諸層現實社會所合成的一大社會，亦為可能的抽象層級之具體實現。上帝的元初性用自發而必然的方式評價了永恆對象的相關性，然而，其終結性則透過已實現世間的接引，而意識到全體宇宙的實質內容和理想結構。因此，世界的歷史過程是上帝的元初性得以統攝於其終結性的接引過程。在上帝的終結性中，世界被納入究極的統一，並因而獲救。由於客化在一全能全知的現實物中而得以不朽。上帝的元初性發動了世界創新之動力，其終結性則為上帝對於世界的歷史過程的結果之

審判。上帝在實現歷史歷程的最終綜合之時，以萬劫不復的決定審判了世界。不過，上帝在綜合了世間所發生過的一切事理之時，亦實現了一己的存在。懷德海說：

> 按此方式，上帝始被有限事實的個別、遞流之滿足所滿全，時間性的緣現則因能與轉化過後之自我的永恆結合而滿全，由於淨化而變得符合於最終絕對智慧的永恆秩序。[27]

由於吾人在第二節所論的相關性原理，上帝一如其它現實物一般，內在於全體現實物之中。此一事實既決定上帝的元初性，亦決定了上帝的終結性。前者使永恆對象能與世界相關，後者使上帝能綜納全體現實物。最後，此一事實亦決定了上帝的超主體性，使其再度客體化於世界的歷史過程之中。上帝的超主體性指上帝把在終結性中所綜合的結果，又客體化在現實物的共同成長上。如此上帝又重新進入了時間性的世界之中，按照不同程度的緊切性，客體化在各種共同成長的緣現中。上帝再度內在於世界，使得每一存在物的行動皆印上上帝的表記。上帝在超主體的行動中顯示出上帝對這世界的愛，及其對各個緣現的眷顧。如果先前世界已轉化並統一在上帝的終結性中，它又在上帝的超主體性中，重新變成世界，面目全新，一如新天新地。

綜合言之，上帝推動宇宙，實現宇宙的運動，有以下四個階段：

1. **概念生發階段**：指上帝的元初性。在此階段中，宇宙尚缺乏現實性，但是充滿了無限的可能性。

---

[27] *Ibid.*, p.347.

2. **物理生發階段**：現實存在處於多元性，吾人在此階段已經發現滿盈的現實物，但個體彼此之間的團結尚未充分實現，以致於在此時間性的世間，我們常可發現各種社會歷程，走向越廣大、越緊密的社會整合。此一階段亦可稱為歷史階段。

3. **物理綜合階段**：此階段中多元整合為一，但既不失去成員的獨立性，亦不沉溺於統一性之中，此為上帝的終結性。

4. **重新客化階段**：此為創新歷程之最後階段，完美的現實性重返世間，每一物皆充滿神的具體實現性。上帝不再以抽象的方式，以其元初性而被攝受，而是以具體的方式傾注其存有的滿盈。

按照懷德海的想法，上帝自其元初性觀之，是最高智慧，概念和諧，全能理性。上帝自其對歷史過程之功能觀之，則是穿越一切接引，直至最後統一的偉大耐心。上帝自其終結性觀之，則是救主與慈愛。上帝用慈愛來關懷萬物，不使一切淪喪。祂拯救世界，承受其中一切缺陷及一切不完美，使一切不致喪失，而能納入其懷。最後，就其超主體性而言，上帝就是愛。在上帝與世界之間，世界與個體之間，上帝與每一社會之間，實現著一種相互關係，那就是愛，因此，「世界之愛變成天上之愛，再度注滿世間」。[28]在此意義之下，上帝成為世界之伴侶，伴隨其樂，亦伴隨其苦，且明白世界之苦。這種觀念，克服了在亞里斯多德和聖多瑪斯形上學中的難題：神的完美之靜態傾向，神的完美與世界的不完美之間的不相容性。懷氏這種想法，對其後的歷程神學（Process Theology）頗有影響。

（三）**創新的終極對比**：由上述上帝的三種特性之解析，顯示出世界與上帝的關係實乃一種對比的關係：既有對立，又有共屬。

---

[28] *Ibid.*, p.351.

創新力——存有者的存有——就在此張力之中實現其最高功能,將分立的多元,及其相對立的差異,轉化為共同成長的一元,及對比中的差異。在吾人對宇宙的經驗中,有許多對立元可由直覺所把握到:樂與憂、善與惡、分與合、動與靜、大與小、自由與決定、上帝與世界。整全地瞭解起來,對立乃轉化為對比,有異亦有同,有分殊亦有統一,有距離亦有共屬,創造力便藉此而進行其生生不息之歷程。在這種種的對比中,上帝和世界的對比不再是直覺的,卻是終極的對比,能提供其它對比以終極詮釋。此一終極對比對於全體宇宙論問題具有終極性的詮釋作用。它是針對全體概念組織(永恆對象及其彼此關係)和其物理實現的關係(社會綜合之動力)所提出的最根本的形上學說。上帝與世界之對比是創新的永恆遊戲之最終對比:

> 說上帝是永恆的,世界是流變的,和說世界是永恆的,上帝是流變的,同樣真實。

> 說上帝是一,世界是多,和說世界是一,上帝是多,同樣真實。

> 說上帝與世界比較起來,是卓越地現實的,和說世界與上帝比較起來,是卓越地現實的,同樣真實。

> 說世界內在於上帝之內,和說上帝內在於世界之內,同樣真實。

說上帝創造世界，和說世界創造上帝，同樣眞實。㉙

　　由此可見，上帝和世界兩者乃居於對比的情境。對立之中有統一，統一之中有對立。由於此一動態對比，無論上帝和世界皆不能以靜態的方式實現自我，相反地，兩者皆沉浸在新穎疊出、創新無已的歷程中。神對世界，世界對神，彼此皆可以作為新穎之資具。此一可為一切宗教的基礎所在的宇宙論旨，就是世界動態地努力朝向統一的永恆歷程，此一歷程亦為上帝以其全能理性，在吸收世界的多重努力之中自我實現之歷程。不過，本質上這是一個宇宙歷程，與之比較起來，人類意志的努力，以及其它可能的理性存有者的努力，皆僅只是釋例，甚至是適然之物而已。神和世界的關係是由其宇宙論性質所規定的，它們的本性皆超越了人類有限的意志之外。懷德海不認為人的意志可以無窮地擴充，終極的對比超越於任何人性的把握之外。以下這段話更明白地證清了懷德海形上學的性質：

　　　形上學所要求的解答，旨在展現多元的個體與宇宙的統一性實為圓融，並展現世界對與神合一之要求，和上帝對與世界合一之要求。健全的學說還要明白，存在於神的本性中之理想，由於其在神本性中之地位，亦成為創進歷程中之折服因素。柏拉圖把這些衍生物立基於神的意志之上，然而形上學則要求神與世界的關係必須在意志的偶性之外，而是立基於神的本性和世界的本性的必然之上的。㉚

---

㉙　*Ibid.*, p.348.

㉚　Whitehead, Alfred N. *Adventures of Ideas*, p.168.

　　吾人對於創新的神性層面之討論，就終止於神與世界的終極對
比，在此之外的奧秘則是言語道斷，超越形上學語言的負荷之外，
僅能訴諸於宗教的投注，始能參悟一二。

# 六、結語

　　從以上的討論看來，懷德海的形上學的確是一個十分典型而完
整的形上學體系，其中包含了存有學、自然哲學，理性神學。唯一
美中不足的是，人類哲學被安置到存有學、自然哲學以及對創新的
社會層面的討論中去，其中心物關係之問題、自由與決定之問題變
成涉及全體存有者的問題，認識活動則在自然哲學中處理，人的構
成則在討論社會時予以處理。

　　綜合言之，我們可以將懷德海的形上學之優缺點，分別列述
如下：

## 懷德海形上學的優點

　　（一）懷德海所提出的形上學定義，可以說是當代有關形上
學之定義最為典型的一種嘗試。懷氏認為形上學就是默觀哲學，而
所謂默觀哲學是建構一套使吾人經驗的每一因素皆可據以獲得詮釋
的普遍觀念的融貫、邏輯、必然的體系。懷德海因此提出的範疇總
綱，可以說為現代人的存在和經驗的結構與歷程提出了最完整的綱
領，其貢獻一如希臘時代亞里斯多德提出的範疇論，或近代哲學康
德提出的範疇論，但是懷氏所提出的範疇論更是適合於現代人在愛
因斯坦以後形成的宇宙圖像，正如同亞氏的範疇適合於希臘的物理
學的宇宙圖像，康德的範疇論適合於牛頓物理學的宇宙圖像一般。

　　（二）懷德海的形上學總攝於「創新」。以「創新」替代傳統
的「存有」概念，可以說有其劃時代的意義。因為傳統的「存有」
概念雖仍有其適用性，但已經產生了許多弊病。懷氏以「創新」為

共相之共相，又為究極之事實，可以說道出了宇宙生生不息、創進不已的究極真實。「創新」的究極範疇使懷氏全體範疇總綱不致成為封閉的體系，而是一開放的形上體系。創新的思想正是現代人所需要的形上思想。懷氏並不只是空洞地提出創新，且能繫之以嚴謹的範疇體系。可見，創新必須要有體系可循，而體系又得開放於創新。

（三）懷德海對於自然哲學的看法，乃真正能把握相對論和量子論以後的自然觀的特性，以自然為一創進無已之歷程，是事件追尋意義而形成之變遷歷程。他對創進的社會面的見解獨到，顯示出社會集結與永恆對象之對比張力為創造的基本法則。他對上帝的元初性、終結性和超主體性的看法亦為當代宗教哲學提出了一個最具原創性和包容性的神觀。至於他以神與世界的對比為宇宙創新的終極對比，亦是當代形上學中最為精彩的一種洞見。

## 懷德海形上學的缺點

（一）懷德海的形上學僅為一種宇宙論式的存有學，把人類的經驗當做僅是其中一個釋例而已，這點並不能完全滿足現代人的需要。因為現代人的經驗中，不但有科技的普遍化現象，而且有人文覺醒所帶動的歷史意識。因此，現代人雖然需要宇宙論式的形上學，但總覺得此種形上學太過冷漠，人終需從人的存在出發，來重新理解全體存在的意義。懷德海的哲學人類學，上被存有學所綜攝，下被自然哲學所吸納，中被社會形上學所沖淡，缺乏獨立的地位。吾人雖然藉此可以明白人類和全體宇宙的相關性，但終究難以明白人本身的獨特性。

（二）懷德海形上學提出了範疇總綱，是屬於體系性的形上思想，但較為忽略歷史性的形上思考。對於懷德海而言，歷史僅只是

其範疇總綱的一個釋例而已，這種想法不能親切地逼近人的歷史及其命運的問題。注意人之歷史與命運，就不能不注意人由生命到意識到精神之演進，但懷氏似乎把這些當作只是某種攝受方式的延伸而已，似乎不能窮其底蘊。

（三）懷德海認為對比是一個攝受中的綜合狀態，因為各個現實物或永恆對象都是彼此不同但又內在相關的，因此其在一次綜合中所表現的既差異又統一的狀態，懷氏稱之為對比。由此可見懷氏偏重結構的對比，而忽略了動態的對比，換句話說，他太強調經驗綜合的對比，而忽略了歷史發展的對比。其實，不但經驗之綜合是按照對比而進行，而且歷史之發展亦是按照同與異、採取距離與共同隸屬、斷裂與延續的對比來進行的。懷氏雖然重視歷程，但是僅止於宇宙之歷程，並不能真正鋪陳歷史的動態發展。

（四）懷德海的形上學提出範疇總綱，作為用以解釋全體經驗和全體存在的普遍觀念體系，此乃人類理性所能做的最徹底的努力之成果，然而，他對於理性本身的結構與限度，並沒有充分的予以考慮。懷德海在認識論方面的主要見解，是以認識為一種存有的模態——用他自己的語詞來說，認識的活動本身亦是自然中發生的事件——這點固然是正確的，但是並不表示人的主體性的結構與有限性可予以忽略。換言之，懷德海的普遍觀念體系必須能通過康德的批判哲學，而不能夠予以忽略。然而，事實上，由於懷德海哲學在人類哲學方面有其缺陷，以及其中歷史向度的體系化，使其無法妥善地處理康德對形上學所提出的緊要問題，因而不能像黑格爾那樣，在精神的歷史發展中予以轉化。

# 第十一章

# 西方形上學之超越與海德格的存有觀

## 一、前言

　　海德格一生致力於對存有的探詢。他的思想雖然不能框限於吾人所謂的形上學之內，但是，仍然因為以下兩層理由而與形上學有密切的關係：（一）他對傳統形上學有極為深入、深中要害的批判。他的思想也是旨在針對傳統形上學的根本問題而發展出來。誠如他的學生兼好友，法國哲學家波佛烈（Jean Beaufret, 1907-1982）所指出：「海德格認為沒有任何一門科學的嚴格性可以抵得上形上學的嚴肅性」。[1]海德格曾著《形上學導論》一書，雖然他在書中明白表示：「這本書的基本問題在性質上大不同於形上學的主導問題」。[2]但那是因為他認為傳統形上學只質問存有者的存有，而他所致力的則是「存有的揭露」（*Erschlossenheit von Sein*）——意即「對於由遺忘存有而來的封閉和遮隱加以開啟，並且在透過這個詢問之後，使得一線曙光首度照臨那至今猶被隱埋著的形上學的本質」。[3]（二）他對於存有本身的探索，使當代人在存有學方面展開了一個嶄新的領域。此一探索，由早期《存有與時間》所提出的基礎存有學，到回轉以後的存有的真理，甚至到晚年對存有的非形上學式的沉思，雖迭有轉變，不能用一般的存有學來予以理解，但是其中仍然含有極為深刻的存有學意涵。

　　簡言之，海德格的思想可以有兩重形上學意涵：其一是在消極方面批判形上學，其二是在積極方面為當代存有學打開了嶄新的領域。

---

[1] Beaufret, Jean. *Dialogue avec Heidegger*, Vol. III. Paris: Les Editions de Minuit, 1974, p.25. Heidegger, Martin. "Was ist Metaphysik." In *Wegmarken*. Frankfurt: V. Klostermann, 1967, p.120.

[2] Heidegger, Martin. *Einführung in die Metaphysik*. Tübingen: Max Niemeyer Verlag, 1976, p.15.

[3] *Ibid.*, p.15

在吾人開始詳論此兩要點之前，我們必須明白，海德格對於西方科技和西方文化本身的反省，以及他為西方人的命運另尋出路的深沉動機。他認為科技的猙獰面目於今已然完全暴露，然而，此種科技之產生實為西方文化本質發展的結果。所謂西方文化的本質，就是形上學的思考方式。為此，批判形上學，倡言存有的探詢，皆是為了對治西方及其科技，並為之另尋出路。

海德格對西方科技與文明的思索，帶著苦口婆心的批判。他認為西方近代以來的科技發展已經造成了許多弊病，這些弊病追根究底實皆出自人的宰制（domination）傾向，像環境污染、生態平衡遭破壞、能源危機……等等乃出自人濫用自然科技來宰制自然的結果；至於官僚體制、國際戰爭、殖民壓迫等等則是出自人濫用社會科技對人的宰制。科技這種控制自然和人群的取向，實際上是根源於西方人自希臘以來回答「何為存有者的存有？」一問題之方式，認為存有者性（beingness）就是存有者的存有。至於何為存有者性，則是根據思想的法則來予以規定的。換言之，首先根據矛盾律來排除虛無性（nothingness），而肯定存有者性，這是存有學之所為；其次，根據充足理由律而指出全體存有者有其最後原因——上帝。上帝是存有者性之第一因，此乃自然神學之所為。海氏認為這正是形上學的「存有—神—學構成」（onto-theo-logical constitution of metaphysics）。換句話說，西方科技是根源於西方形上學「想用思想來規定存有，並藉此規定來宰制存有」的衝動，這就形成了西方人的命運。

海德格認為科技所假定的形上學，只把存有當作呈現於現前，可用思想予以控制的對象，而忽略了存有本身的開顯。存有是一切開顯的原始動力。科技和形上學都是遺忘存有的後果。由於遺忘了存有，因而無法掌握開顯的真理觀（truth as manifestation），

因而只能持有符應的真理觀（truth as correspondence）。符應的真理觀亦為科技活動的根本預設。

其次，由於遺忘存有，只求控制，科技實際上代表了人類對自己的主體性的信仰，因而封閉在自己的主體內，不求存有的開顯。因此，現代人對科技之崇拜，實含蘊著一種封閉的人文主義。海德格曾指出，此種人文主義自柏拉圖哲學起，便已見其端倪，因為柏拉圖哲學「以人類為宇宙之中心，又以理性為人之中心」。發展至西方近代，則有主體哲學之出現，此種主體哲學必然連結著一種表象的形上學。人類透過控制表象來控制自然與人群，以實現一己之主體性。

總之，海德格批判科技所假設之符應的真理觀、封閉的人文主義與形上學的思想皆遺忘了存有，因而重新提出存有的問題（Seinsfrage）。全體西方的形上學，以及以之為假設的西方文化，尤其是西方的科技，都遺忘了存有本身而不自知，為了打破僵局，重整命運，必須探問存有的問題。他在《形上學導論》一書中說：

> 但是如果以探詢存有本身的方式來思考存有的問題，那麼對於任何與我們一同真正思考的人而言，顯然地存有本身確已為形上學所隱埋，而且仍然被遺忘著，並且遺忘得這麼徹底，以致連遺忘存有的這事本身亦被遺忘了，這點反成了形上學的詢問不自知卻持續不斷的推動力。④

海德格對於形上學的批判的主旨就是在於批判存有的遺忘，至於他對存有的沉思的主旨則在於重新在此一遺忘中開啟，達到存有的揭示。

---

④ *Ibid.*, pp.14-15.

## 二、海德格對西方形上學的批判

海德格認為存有的問題在今日已被遺忘了，而此種遺忘在西方傳統的存有論中有其基礎。海德格對西方傳統形上學的批判，其實主要是在批判其中的存有論。就某層意義言，海德格認為形上學就是存有學。至於他的批判，旨在指出存有的問題被遺忘之條件，以便重新尋求對於存有的開啟。因此，他所謂的批判，並不像康德那樣，以批判為知識論之運作，藉以消極地拆解獨斷論，並積極地指陳知識在主體性中的可能性條件。海德格的批判，是直接立足於存有學，指陳存有遺忘之可能性條件，並進而指陳傳統形上學的存有神學構成，以便在予以解構之後，揭露存有本身。

海德格在《存有與時間》一書中指出，傳統存有論認為存有是普遍的、不可定義的、自明的，因此使得對存有的追問變成不必要，而且可以理直氣壯地予以忽視。茲將此三特性及其困境分述如下：

（一）**存有是普遍的**：傳統存有論認為「存有」是最為普遍的概念。並且，對於存有的理解早已包含於吾人對任何物的覺識之中，只不過存有的普遍性不是類的普遍性，而超越任何類、象之外，成為超越元（*transcendentalia*），此種看法自亞里斯多德到聖多瑪斯、董司各部（John Duns Scotus）及其門人，皆宗奉不違，即連黑格爾亦然。黑格爾雖然不再尊奉亞氏以存有為多元範疇的統一性所在之說，但仍然把存有定義為「無規定的直接性」。並以此定義為解釋其後任何範疇之基礎。但是，海德格認為，即使存有是最普遍的概念，這並不表示存有是最為清楚或不需要討論的。相反地，它是最為幽闇難明的。

（二）**存有的概念是不可定義的**：這點是由前述的普遍性而來，因為存有的普遍性超越任何類和種概念，但是所謂的定義則是

類加種差的結果，因此存有的概念是無法定義的。然而這並不表示
存有沒有問題。存有的不可定義性並不排除存有的意義之問題，反
而要求吾人面對此一問題。

　　（三）**存有的概念是自明的**：因為當任何時候，吾人認識任
何物或做任何肯定之時，吾人對物、對人做任何行為之時，皆已涉
及了存有，而且這一點無需費吹灰之力便自可明白，正如同每個人
皆明白「天是藍的」、「對不起」的意思一般。但是，海德格認為
「天是藍的」、「對不起」之類的話語之明白易懂，僅屬於平庸的
自明，是在吾人對存有者的行為中之自明性，但是存有本身仍然是
個謎。存有的意義仍然隱晦難明，這就證明吾人仍然有必要重新提
出存有的意義之問題。[⑤]

　　海德格認為，由於傳統的存有論對於存有持有以上的偏見，才
使得存有的意義的問題被遺忘，而且被遺忘得理所當然。這是他對
於傳統形上學初層的不滿。但是，在經過了一番思想的回轉之後，
他更進而為傳統形上學進行解構。

　　海德格由於其後思想的回轉，主張超越任何形上學，返回存
有本身的真理，這使他極力擺脫西方傳統形上學的窠臼，努力從形
上學的思考框架中走出。這種努力使得海氏能夠指出西方形上學的
命運。海德格致力於研究西方傳統形上學的基本構成，並設法予以
解構。從某種觀點看來，海德格的形上思想可以說是一種對於西方
傳統形上學的解構主義。西方形上學可以一言蔽之，就是由存有學
和神學構成的。所謂解構就是要瓦解此一構成，而返回形上學的根
源──存有的真理。

　　首先談談西方形上學的存有神學構成（onto-theo-logical
constitution of metaphysics）。對於海德格而言，西方形上學並未真

---

⑤ Heidegger, M. *Sein und Zeit*. Tübingen: Max Niemeyer, 1972, pp.2-4.

正地思考存有，而只思考存有者本身，換句話說，只思考存有者的
存有者性。形上學對於存有者本身的思考分兩路進行：首先，形上
學從最普遍的特徵來思考存有者全體，指出全體存有者皆具存有者
性。存有者性乃一切存有者之所以為存有者的基礎所在；其次，形
上學思考如何以一個至高存有者來奠立全體存有者於一可理解的基
礎之上。神就是至高存有者，祂是一切存有者的第一因。前一條路
屬於存有學；後一條路屬於神學。此兩條路彼此密切相關，皆屬於
用思想之理（*Logos*, Logic）來規定存有的方式，換言之，就是用
一科「學」來規定存有。「存有」、「神」、「學」合而為西方形
上學的基本構成。海氏名之為形上學的存有神學構成。這點在海氏
所著《同一與差異》一書中，有清楚的闡明。他說：

> 差異者顯示為至普遍的存有者的存有，和至高的存有者的存
> 有。因為存有是基礎，而存有者則是被奠基者；至高存有者則
> 是以第一因的身分來賦予理由者。當形上學思考一切存有者共
> 同之基礎——存有之時，它是一種存有學。當形上學從至高存
> 有者如何賦予萬物以理由的角度來思考存有者全體之時，它是
> 神學。因為形上思想仍然依託於差異，而差異本身卻未嘗被思
> 考，……形上學同時是存有學和神學及兩者之統一。[6]

　　海氏在《同一與差異》一書中又指出：此處困難在於語言。因
為西方的語言都是形上思維的語言，各自以不同的方式來表達此種
形上性格。西方語言所允許的思考方式自然會走上存有神學之路。
「存有」（to be, *Sein*）一詞的現在式用法（is, *ist*）包含了此一命

---

[6] Heidegger, Martin. *Identität und Differenz*. Pfullingen: Gunther Neske, 1957, p.69.

運所在。海德格研究自巴爾曼尼德斯（Parmenides of Elea, c. 515 - 450 B.C.）以至尼采，整個西方形上學史的發展就在此一命運中打轉。因此，西方形上學目前面對了抉擇，要不然就是受限於語言而繼續走存有神學之路，要不然就超越語言，走向無言之言（telling silence）。

　　海德格對於西方形上學的詮釋，其實是他對形上學的批判，認為形上學只問存有者的存有，而不問存有本身。但是，海氏認為，吾人每次追問存有者本身，甚至普遍的存有者性與以至高的神作為第一因，不但無法擺脫存有，反而皆假定了存有的真理。換句話說，只有當存有先自行開顯了，我們纔能進而思考存有者的存有者性及其原因。海德格主張我們必須隱退到此一存有開顯的根源。此種隱退便是超越傳統形上學窠臼的方式。可見海氏的思想大不同於黑格爾，黑格爾的思想旨在邁向歷史的目的之盡頭，而海德格則是要退回到存有顯發的源頭。

　　海德格在《什麼是形上學》（Was ist Metaphysik?）的引言中，更清楚地表明了他對傳統形上學的態度，並不是要推翻西方形上學，而是要追溯其所賴以成立的光明之源──存有的真理。笛卡爾曾經寫信給把他的《哲學原理》（Principia Philosophiae）譯為法文的皮果特（Claude Picot, 1601-1668）：「整個哲學就像一棵樹，其根為形上學，其幹為物理學，其枝為其它各種科學」。[7]為了忠實於此種比喻，海氏認為必須進一步追問：「此樹的根扎於何處？樹根、樹幹與樹枝從那裡獲取營養？形上學思考存有者本身。無論何處，只要我們提出存有者是什麼問題，舉目就可以看見存有者。

---

[7] Descartes, René. « Lettre de l'auteur à celui qui a traduit le livre. Laquelle peut ici servir de Préface. » *Les principes de la philosophie*. Paris: Hachette, 1920, p.62..

形上學的表象之所以能有此視覺之見，乃由於存有的光明。光明，也就是說這樣的思想實際上經驗到光明，但光明本身卻不曾進入此一思想的視野當中，因為思想只能在存有者的角度之下來表象存有者……存有不曾被就其能照明的本質來思想，換言之，就其真理來思想，然而，形上學在提出存有者的問題之時，卻是依據所未覺識到的存有之光為起點來發言的」。[8]

哲學的任務就在於思想存有，或經驗存有的思想，以便直接溯源至形上學的根基。海德格所謂的走出西方形上學，實乃走出對於存有者的表象思維，而返回到存有的光明之中。這是一種思想存有之真理的思想，雖然不再滿意於形上學，「但是並不違反形上學的思想，用意象來說，它並不拔除哲學的根，卻只要為她挖掘基礎，鬆鬆土地。形上學仍然是哲學中的第一要素，但它並未達到思想的第一要素。……只要人仍然是理性動物，他就是形上的動物（*animal metaphysicum*）」。換言之，海氏同意康德之說，形上學是人的天性。但是，海氏明白地說：「如果思想可以回轉到形上學的根基，可能可以造成人性本質的改變，乃至逐漸導致形上學的轉化」。[9]

但是，若要返回形上學之根源，深入其生長的土地，則必須從追究存有學差異的遺忘開始，亦即從對存有本身的遺忘中覺醒。正如同我們在《論真理之本質》一書中所見，存有的遺忘不但是由於人的忽略，而且是由於存有本身。是存有本身在遺忘，存有由於遺忘而走出自己，形成歷史（*Geschichte*），存有遺忘的歷史，便成為存有的本質之命運（*Geschick*）。存有與時間相互隸屬，存有必須在時間中開展，亦在時間中遺忘。

---

[8] Heidegger, Martin. *Wegmarken*. Frankfurt-am-Main: V. Klostermanns, 1946, pp.195-196.

[9] *Ibid.*, p.197.

海德格在《形上學導論》一書中曾就文法學和字源學兩方面研究了「存有」一詞。他在總結中指出兩點：

第一：「存有」一字的形式之文法探究顯示，該字在不定詞時的意義模態不再出現，卻被抹殺了。此外，實體化又使此種抹殺全然加以強化、並予客觀化。該字變成了一個名詞，用以命名某些無規定之物。

第二，對於該字的意義的字源學探究顯示，在今天，以及自長久以來，我們以「存有」一詞所命名者，在其意義上，是三個根本不同的意義的齊平混和體（按：指生長、擴展、居存三義）。[10]「這三者當中，沒有一個以適切而決定的方式進入該詞的意義。此種抹殺和此種混和彼此呼應。此種雙重歷程使我們隨後能充份地解釋了我們起頭的事實：存有一字是空洞的，其意義則是飄忽不定的」。[11]

海德格在同一書中亦曾經研究 *Sein, Being* 一詞在西方思想史上之含意，其要旨在於指出，當形上思想在希臘早期哲學萌芽之時，都是以「現前」（presence）來理解「存有」，忽略 Being 的動作義，只注意現在分式的「現在」、「現前」、而忽略其「成為現前」、「展現為現前」之意。例如柏拉圖的分享論就是指許多小現前，分享一最高的現前。原先「展現為現前」變成只是「呈現在現前之物」，而忽視了兩者的差異。早期希臘乃思想史之黎明期。這就表示，存有之歷史乃以存有的遺忘開始。我們所能明白認識的皆是被區分開來之物，然而差異本身卻被遺忘了。存有的歷史確從差異的遺忘開始。這種遺忘本非缺點，而是極為豐富和廣闊之事件——形上學的事件。形上學霸占了整個西方思想史，

---

[10] 參見 Heidegger, Martin. *Einführung in die Metaphysik*. pp.54-55.

[11] *Ibid*., p.56.

甚至發展出科技的時代。一切在這時代中能出現之物，皆以遺忘存有為前提。由於遺忘存有而表現存有之命運，此乃一切現前之物的來由。進一步，由於存有的遺忘，就把「存有」當作是現前之物的「理念」（Ideas），一切變化中的存有者皆應順應此一理念典範，如此便走上了表象思惟之路。誠如，海德格的學生波格勒（Otto Pöggeler, 1928-2014）所言：「形上學思想自一開始，便是表象（*Vorstellendes*）的思維。」[12]表象的形上學便是科技最深沉之假設。海德格指出，表象意指把某物置放在主體面前，以便肯定、確認、保障藉此而固定之物。為了要能如此地保障、確認，就必須使用計算，因為只有計算才能保障所表象之物的可預測性和穩定性。表象就是從主體出發，透過概念化和數學化之程序，在一個有保障的部門中的研究步驟，使世界因此而成為客觀的對象。[13]

　　形上學以表象代替存有本身，造成以真理為符應，以 *Logos* 為判斷。形上學於是從實體、實現、目的（希臘）、本質、存在（中世紀）、確定性、主體性、客觀性、絕對理念（近代由笛卡爾、康德到黑格爾）到權力意志（尼采）一路發展下來，皆以遺忘存有為前提的。海德格此種形上學史的確有其太過簡化之處，但仍不失其深意。其太過簡化之處，對歷代大哲彼此的差異略而不言，一概命名為存有的遺忘，實有欠公允；其深刻之處，在於要吾人擺脫形上學中的表象思維，深入體會到存有開顯的經驗。換言之，走出傳統的形上學，而走入對於存有的非形上學式的思想。

[12] Pöggeler, Otto. "Being as Appropriation." In *Heidegger and Modern Philosophy*, edited by Michael. Murray. New Haven: Yale University Press, 1978, p.85.

[13] 參見 Heidegger, Martin. "Die Zeit des Weltbildes." In *Holzwege*. Frankfurt: V. Klostermann, 1938, pp.83-85.

## 三、海德格的存有觀

　　海德格除了在消極上批判並解構傳統的西方形上學之外，並且積極地提出了他的存有觀，試圖超越前者，展開新的可能性。他的存有觀隨著年紀之增長而變遷，由早期提出的基礎存有學，到中期回轉之後，致力於存有的真理，到了晚年則更進入對於存有的非形上學式的沉思，融入詩心化境。吾人如此敘述，並無意把海德格的思想分為三期，僅欲藉此更清楚明白其存有觀的形成及其所包含的要旨。茲分述如下：

### （一）早期的基礎存有學

　　海德格的存有觀的基本問題在於存有學差異（ontological difference），也就是存有與存有者的差異。在《存有與時間》一書裡，海德格是從人的超越性來討論此一差異。人的超越性就是人向存有的開放。存有即超越。任何揭發出「存有即超越」之知，皆是超越之知。現象學的真理就是超越的真理。但海氏所言之超越（transcendental），再也不是聖多瑪斯所言的超乎象、類之外，或是康德所言的在主體性中的可能性條件，或是胡塞爾所言構成所思之純粹自我，而是人的存在不斷走出自己，理解並投現存有的特性。人的存在的超越性標示出存有與存有者的差異，但是此種超越性是由於人理解、並投現存有者。人的存在之所以為人的存在，是由於他對存有的理解和投現。因此，存有之問題並非人類學的問題。

　　海德格認為西方傳統形上學所理解的存有（Being）其實只是現前（presence），換言之，乃現前性，亦即其存有者性（beingness）。但是海德格認為這是遺忘了存有之表現。海氏將存有物分類為三：1. 是現成之物（Vorhanden），希臘哲學所言的

實體（*ousia*），或近代哲學所言的擴延物（*res extensa*）和思想物（*res cogitans*，亦即我思 *Cogito*）均屬此。它們是人以事不關己的態度、冷漠地觀察的現前之物。2. 是可用之物（*Zuhanden*），像榔頭、金錢等等，它們不再只是旁觀所見之實體，而是加入了人的關心，與人有關，對人有用之物。3. 人的存在（*Dasein*）或譯為「此有」，指稱人自己，用不斷超越自己的方式來顯現存有，成為存有（*Sein*）的在那兒（*da*），亦即開顯存有。

　　海德格的現象學不同於胡塞爾。對於胡塞爾，現象學等於是本質的科學（science of essences），其中並無存有的問題，只有先驗我所對的純粹對象（也就是本質），後者從不呈現，因而是「非世間性的」。胡塞爾現象學使用存而不論（*epoché*）方法，把存在放入括弧，再用現象學還原法（phenomenological reduction）從經驗我溯回先驗我，從呈現的現象歸到意識的指意性，在彼處構成一切對象的客觀性。但是，對於海德格而言，現象（phenomenon）不是本質，而是那自行開顯者，亦即存有；學（*logos*）並非科學，而是開顯性之言說（apophantic discourse）。因此，現象學就是透過開顯性之言說，使那能自行開顯者——存有——能從自己出發，以自己的開顯方式來開顯自己。可見，對海氏而言，現象學就是存有學。但是，它必須以對人存在的詮釋為起點，以對人存在的解析來開顯存有。換言之，必須先建立解析人存在的基礎存有學（fundamental ontology），纔能邁向現象學的存有學。基礎存有學研究的不是客觀對象之構成，而是此有在世界上與存有的相遇（encounter），存有是世界的光和展望，基礎存有學詮釋此有對於存有的理解，以便開顯出存有的意義和人的存在的基本結構。「哲學就是普遍的現象學存有學，以對人存在之詮釋作為起點，此一詮釋，作為一種對存在（*Ex-istenz*）的解析而言，已經成為一切哲學探究的導引線，把哲學建立在此一存在上，一切探究皆由存在湧

出，並對此存在有迴響」。[14]

可見，在此時期，存有的問題和存有學差異是從人的存在提出的，是人的存在在超越、在理解，並在投現存有時超越自己。存有之投現便構成了人的存在之存在性。對於人的存在的存在性作解析纔能提出存有的問題。人在超越的歷程中構成了時間化之歷程，由於人的時間化而構成了時間性。由於人有「已是」，才有所謂「過去」；由於人有「能是」，所以才有所謂「未來」；由於人有「正是」，才有「現在」。時間於是成為存有的問題提出之境域。海氏對於人的存在性之解析，解出人的存在的原始結構為針對「已是」而有的「境遇感」（Befindlichkeit），針對「能是」（Seinskönnen）而有之「理解」（Verstehen），以及在「正是」的現在針對以上兩者的表詮（Rede），顯示出存有在人存在原始結構的逐步開顯。由此可見，存有的意義是與人對存有的理解相互隸屬的。

雖然存有的問題並不是人類學的問題，但在《存有與時間》一書中，仍然多少有些人類學之傾向，因為在此時存有的差異是從人的存在的超越性開顯出來的。但是這種思路是否足夠原始呢？海德格在《存有與時間》一書結束時自問道：

人的存在整體之存有學結構乃立基於時間性之上。因此，存有的走出自己之投現，必須藉著走出自己的時間性用以時間化的原始方式，纔得以成爲可能的。時間性的此種時間化方式應該如何詮釋？有沒有辦法從原始時間引導出存有的意義？究竟時間是否顯示出是存有的境域？[15]

---

[14] Heidegger, Martin. *Sein und Zeit*, p.38.

[15] Ibid., p.437.

　　總之，問題在於：根據海氏對人的存在的詮釋，是否足夠真實地提供吾人對存有的理解與闡明？由於有此一問而促成海德格的回轉（Kehre），放棄基礎存有學，轉回到存有的真理。

## （二）回轉後的存有之眞理

　　為了擺脫任何人類學中心傾向，海德格於是回轉向存有本身，放棄原有的基礎存有學計畫，代之以對於存有本身的真理之開放。

　　海德格思想的回轉本已在《存有與時間》一書未出版的第一部分第三節，名為〈時間與存有〉的計畫中宣告出來了。由《存有與時間》變成〈時間與存有〉豈不很有意義地顯示出了此種回轉？但此一部分並未出版，直到一九六二年纔在弗萊堡大學以演講形式，用〈時間與存有〉（"Zeit und Sein"）為題發表。關於此事，海德格在一九四六年的〈人文主義信函〉（"Brief über den Humanismus"）中有所說明：

> 此一放棄主體性的別種思想之充分達致與完成必定是要更爲困難的，因爲事實上在《存有與時間》出版之時，第一部分的第三節——時間與存有——並未出版（參見《存有與時間》第三十九頁）。就在此處一切都倒轉過來了。此節之所以未出版，因爲思想並未成功地充分表達此一回轉，而且無法憑藉形上學語言之助來表達之。《論眞理之本質》（Vom Wesen der Wahrheit）在一九三〇年思考並演講，不過直到一九四三年纔印行，大致指出由《存有與時間》到〈時間與存有〉的此種回轉。此種回轉並不是修改《存有與時間》的觀點，而是在此達到的思想境界看出《存有與時間》是依據「存有遺忘」的基礎

經驗而得到試驗的。[16]

　　此一回轉顯示出必須從另一個角度來思考存有學差異。這種改變特別表現在〈人文主義信函〉對於《存有與時間》一書中的一些基本概念，如此有（*Da-sein*）、存在（*Existenz*）、投現（*Entwerfen*）、時間……等等，所做的根本的改變。《存有與時間》一書中的名言：「此有（人的存在）的本質就在於其存在。」變成了：「人展現其本質的方式，致使他成為『在那兒』（*Da*），亦即存有的開顯。這個『在那兒』的存有，只有它帶有存在之基本特徵，亦即成為存有的真理走出去的一步」。[17]由此可見，是存有的真理本身在走出自己，在進行超越，而人只是存有走出自己的一步，所形成的「在那兒」。因此，存有學的差異不再表現於人的超越性，因為人的超越性實際來自存有，是存有在進行超越。存有就是差異。

　　同樣，「投現」的概念亦有很大的改變。因為再也不是人在邁向自己的能是當中投現，而是存有本身在投現了：「人毋寧是被存有本身投現到存有的真理之中，好使得在如此走出之時，他能照管存有的真理，使存有者能在存有的光明照耀之下如其所如」。[18]

　　在此投現中，投現者並不是人，而是存有本身，是它指定人的命運要走出去（存在）成為在那兒之存有，一如成為人之本質。人的命運即在於成為存有的開顯，人就是此一開顯。[19]

---

[16] Heidegger, Martin. *Wegmarken*, p.159.

[17] *Ibid.*, p.157.

[18] *Ibid.*, pp.161-162.

[19] *Ibid.*, p.168.

　　從此以後，存有學差異的問題變成存有及其存在（走出去在那兒）之間的關係之問題。不是人在存在，在走出去，而是存有本身在存在，在走出去。存有在自行投現中走出自己，而不再是人在走出自己。人的投現和存在只是一個被存有所投現之投現，被存有所存在之存在。人的投現和存在只是存有藉以開顯自己的投現和存在而已。

　　海德格此一回轉代表了他原先的基礎存有學計畫之放棄。原有計畫之所以是「存有學」，因為它旨在開顯人的存有（此有）的存有結構（Seinsverfassung）；它之所以是「基礎」存有學，因為它把人的存在的有限性詮釋為時間性，據此奠立了「把存有的意義詮釋為時間」的基礎。但是在回轉以後，海德格便放棄了此種基礎存有學的想法，因為他看清了，一切存有學皆只思考存有者的存有，而不思考存有的真理本身。海德格認為必須返回存有的真理，纔能超越傳統形上學的格局。

　　有關存有的真理之問題，海德格在《存有與時間》一書出版不久便開始予以思考。前所述及海氏講於一九三○年，刊於一九四三年的《論真理之本質》講稿，曾清楚地予以討論。在該文中，海氏首先指出一般人所持的都是符應的真理觀，其最妥善之表達是聖多瑪斯所提出的定義：真理是事物與理智的符應（veritas est adaequatio rei et intellectus），其中包含兩方面：事物符應於理智（adaequatio rei ad intellectum）和理智符應於事物（adaequatio rei et intellectus ad rem）。但是此種真理觀終究還是根源於基督宗教的信仰，認為萬物之存在與本質皆是受造的，必須符應於上帝理智所想之觀念，因此，受造萬物符應於上帝理智（adaequatio rei creandae ad intellectum divinum）的真理觀，保障人類理智符應於受造萬物（adaequatio intellectus humani ad rem creatam）的真理觀。海德格認為，這也是傳統形上學所含有的真理觀。他認為我們必須

超越此種真理觀，因而指出符應的真理觀應以開顯的真理為基礎，而且自由纔是真理之本質。但是此處所謂自由並非從人類學的觀點來說的。作為真理之本質的自由並非人的自由。自由並非人之所有物。

> 自由只有當它從更原始的真正本質的真理之處（按：即存有之真理）接受了自己的本質之後，纔成爲符應的內在可能性之基礎。[20]

所謂自由就是任其自然，任其存有，使存有得以開顯，使存有者如其所如。「面對那在開顯者中自行彰顯者的自由，使存有者能如其所如，現在自由就是任存有者得以存有」。[21]

至於真理，則是開顯者的除去遮蔽（a-letheia），得以開展。自由就是此種任其開展之狀態。在此種狀態中，不能說是人擁有了自由，更好說是自由擁有了人。唯有此時，人纔能以原始的、真純的方式與全體存有者建立關係，並在此原始關係上來建立全部歷史。「自由乃此有之走出與開展，自由擁有了人，唯有如此，原始的擁有始能使人與存有者全體本身產生關係，並在其上奠立和設計全部歷史」。[22]

真理既是存有的開顯，則錯誤便是存有的遮蔽。錯誤並非出人的無能為力或人的不當疏忽。錯誤便是非真理，非真理亦是來自真理的本質，蓋任何特殊行動若能促使某物得以如其所如，開顯存有，對其它全體存有物而言，則亦為遮蔽。正如同手持火把照亮了

---

[20] Heidegger, Martin. "Vom Wesen der Wahrheit." In *Wegmarken*, p.83.

[21] *Ibid.*, p.83.

[22] *Ibid.*, p.85.

黑暗，同時亦會照出了身後一大片陰影。所以，任其存有同時亦為一種遮蔽。人在自由中站立出來，開顯存有，但同時亦遮蔽了其它存有者。此種遮蔽之現象是十分原始、與存有的開顯同其古老的。因為存有要不開顯則已，若要開顯則必須走出自己，亦即必須在存有者中漂泊，甚至遺忘存有自己，遮蔽存有自己。可見，存有是透過開顯和遮蔽的雙重運作來辯證發展的。

　　海德格的真理觀是十分令人激賞的。正如同吾人為學略有所得，大徹大悟，亦可謂有一種開顯的經驗；但若因此便自以為是，私心自用，便亦又陷入遮蔽了。任何事物皆有此開顯和遮蔽、真理和錯誤的兩面。海德格操持這種即開顯即遮蔽的想法，來談論存有的真理與非真理，可謂十分深刻。但是更深刻的是他更追溯其源，指出開顯與遮蔽之源乃在於存有的律動。存有凡有所開顯，便有所遮蔽，存有乃透過此二者之對比而運行的。

　　由於回轉，返回存有的真理，因而發現存有本身之開顯與遮蔽，和由此必然產生的存有的遺忘，這些思想不但要放棄以人為主體的想法，而且要超越任何的形上學，重新使人與存有建立一種原始的、真純的嶄新關係。

## （三）對於存有之非形上學式的思想

　　海德格批評形上學忽略了存有與存有者彼此的差異，只探求存有者的存有（也就是存有者性），以便達到在思想上的最後統攝，因此基本上是由存有學和神學構成的。海德格認為必須走出形上學，不再思想存有者的存有，而是思想存有與存有者的差異，甚至思想差異本身。到底海氏要如何思考差異呢？海德格在《同一與差異》一書中說：

對黑格爾而言，思想的主旨在於存有，但他要從絕對思想的角度來思考存有者，使存有與絕對思想同一。對我們而言，思想的主旨與他相同，也是存有，但我們要從存有與存有者的差異來予以思考。更精確地說，對黑格爾而言，思想的主旨是全體思想（der Gedanke）作做為絕對理念；對我們而言，思想的主旨，用暫時的語詞稱之，是差異本身。[23]

為達此目的，海德格和黑格爾一樣訴諸思想史，但他不像黑格爾那樣對已經有的思想進行揚棄（Aufhebung），而是後退一步，質問未被思及的根源。此種溯源工作促使他設法為存有找尋另外的名字。在西方思想史上，存有是由形上學所探討並決定的。海德格不想再按形上學的方式來探討存有者的存有，甚至亦不思考存有如何不同於存有者，而是思考殊化的原始事件——海德格稱之為存有本身，或 Sein，頗有不落言詮，隨說隨掃之意。存有本身就是殊化的根源，由於它，纔有存有者的存有和存有者之分。可見，海氏所謂的差異本身，就是殊化的根源，也就是存有者的存有和存有者的原始和解（Austrag）——吾人稱之為「太和」——它正是同一與差異的共同隸屬。更好說海德格是從太和來思想存有，而不是把存有思想成太和。

對存有的非形上學式思想，便是以從太和來思想存有為要旨。海德格在《同一與差異》一書中，用「同現」（Ereignis）一詞來稱呼存有。巴爾曼尼德斯的名言：「同實際上是思想也是存有」（to gar auto noein estin te kai einai）。[24]對於海氏而言，這話表示思想和存有皆立根於同，且從同出發而為一同。「同現」正是同

---

[23] Heidegger, Martin. *Identität und Differenz*, p.42-43.

[24] *Ibid.*, p.18

一與差異之相互隸屬。對存有的非形上學式思考，必須一方面思考存有與存有者的差異之太和，另一方面亦須思考存有與（思想之）人的共隸（*Zusammengehörigkeit*）與同現（*Er-eignis*），總之，思想原始太和。人就其為「此有」（*Da-sein*）而言，正是擔任此一同現之所在。海德格說：

> 人之要諦，在於隸屬於存有，而且此種隸屬（Gehröen）原是傾聽（hort aut）存有，因為此種隸屬是由存有傳現給人的。至於存有呢？我們從最原初的意義來思考存有，亦即呈現。存有以一種自然而然的方式呈現給人。存有只有在向人表白，並因此走向人之時，始得以存在和綿延。因為人在向存有開放之時，任存有以呈現之方式向他走來。這類的接近、這類的呈現需要一個晴朗空曠的自由空間，並藉此需要而傳現於人的存有。但這絲毫不表示存有者首先是由人所設立，且只有人設立之。相反地，我們清楚地看出，人與存有者相互傳現。這種共同隸屬鮮為人所思考，但它實為人與存有之首要本質關係，其後哲學始能以形上學的方式來予以詮釋。[⑤]

海德格志在思想此一純粹關係，思想原始殊化之同。存有和人並非先行在己，然後建立關係；然而此種同又非混同、無殊化之同，而是異中有同，同中有異。存有與人同現；存有依賴人而得顯現，人唯有顯現存有始成其為人。海德格並沒有解決為何存有要在人身上顯現這個問題，他只是重新提出這個問題，引發我們注意。海氏在〈莫依拉〉（*Moira, Parmenides VIII, 34-41*）一文中提出開

---

⑤ *Ibid.*, pp.22-23.

展（*Entfaltung*）和疊現（*Zwiefalt*）的觀念。思想或精神可以說是一種疊現，而是走向重疊映現。這表示思想與存有是既同一又差異。存有之真理就在於開展，此種開展是一種召喚、要求、賞賜和分配；至於人則應以傾聽來相互回應。在此海德格所想的問題十分切近聖多瑪斯、康德、黑格爾所提出的存有和精神的關係之問題。海氏從開展和疊現來說真與善，使我們更深刻地體會到像聖多瑪斯哲學中超越屬性（一、真、善）所展示的存有與精神的關係。

海德格晚年把共現（*Ereignis*）詮釋為語言。存有彰顯為語言。語言並不只是判斷或命題，用以表達主體狀態，或以符號系統來指涉諸存有者所組成之世界。語言是存有之語（*Sage*）和人類之言的共用隸屬。最純粹狀態之語言為詩。因此，晚年的海德格往往透過對詩的詮釋來開展他對於存有的冥想，這種對於存有的非形上學式的思想所要指向的，是存有和思想的原始共現的境界，無法用概念來予以談論，蓋吾人就是生活在此原始共現所提供的光明之中，不可能另外採取一種外在的、客觀的觀點來對它進行分析。

以下我們分別列舉海德格對喬治‧特拉寇（Georg Trakl, 1987-1914）的詩〈冬天的傍晚〉和對斯德凡‧喬治（Stefan George, 1868-1833）的詩〈字〉所作之詮釋，來談論其存有思想。

〈冬天的傍晚〉　　　　　　　喬治‧特拉寇／作

　窗外雪花飄零
　晚鐘長敲不停
　多戶人家擺妥晚餐
　屋裡顯得充實溫暖
　　× × ×
　不只一人在外跋涉

白幽暗的路徑返抵家門
鍾愛的花樹盛開有如黃金
生自土地，汲取清新的活力
　　× × ×
跋涉者安詳地踏入家門
痛苦石化於門檻
屋中光明，純然燦爛
桌上儼然擺好麵包與酒筵

　　本詩計分三節。在第一節詩中顯示出由外入內的情形：由飄零之雪花到窗內觀雪之人（隱而未現）；由屋外之鐘聲傳入屋內之人的耳中。傍晚，就在「天」底下的人進入黑暗之際，晚鐘響起，提醒了人們「神」明的存在——晚鐘代表了向神明禱告的時刻到了。至於桌子和房舍則把「人」連結於「土地」之上。這節詩顯示出，天、地、人、神四者，形成了事物的基本結構。雪花和晚鐘對於海德格而言，正表現出事物在適當的時刻來拜訪了人類，而在拜訪之際，就形成了「世界」。這節詩說的是事物及其來臨。

　　第二節顯示出在外跋涉的人返回家門的過程。其實，人由生至死，不正是有如旅途嗎？基督宗教如此想，因此而有旅途之人（*homo viator*）的說法；李白亦如此想，因此亦謂「夫天地者，萬物之逆旅；光陰者，百代之過客」。不分中西，皆有此說。由旅途返抵家門，首先入目者，便是自己所鍾愛的花樹，盛開有如黃金，正表現出見到自己所鍾愛者之時心情多麼歡悅。然而，這花樹正是生自土地，指向天空，為人所鍾愛，而人亦因此指向超越的神明。這花樹就是人所鍾愛的世界，就在這抵家門的時刻，她綜合了天、地、人、神，乃浮現了一世界。這節詩可以說是返回世界，請世界來臨。

　　第三節請在外之人自黑暗中進入光明，其中可以享受日常生命的糧食。跋涉者須安詳地進入家門，海德格認為只有在安詳中可以聆聽存有，把握到存有與思想共現的親密關係。痛苦止於門檻，痛苦是由於世界與事物的差異所生之撕裂感，但世界又與事物在差異中相互隸屬。屋中光明，純然燦爛，正代表著呈現和光明，麵包和酒則代表了享受，而此種享受又是吾人任何活動所賴以支持者，此即存有的呈現，與人徜徉其中之歡悅。人只有呼應存有之呈現（為語言），始能真正地言說，蓋存有之顯現，乃最為原始之言說，亦即詩之本義。[36]

　　其次，海德格在詮釋斯德凡・喬治的詩作〈字〉之時，則提出了他所謂的「字賦予事物以存有」、「語言乃存有之安宅」的思想。茲譯列原詩並海德格的詮釋如下：

〈字〉　　　　　　　　　斯德凡・喬治／作

　　是遠方的奇景，抑或夢境
　　我且將它攜至我的國度邊界
　　直等到古老的娜恩神祇
　　在其聖池的中心發現了名字
　　為此，我才能緊緊地把握住它
　　在現前，它開花，照亮了整個行程……

　　　　× 　× 　×

---

[36] 參見 Heidegger, Martin. "Die Sprache." In *Unterwegs zur Sprache.* Pfullingen: Verlag Gunther Neske, 1959, pp17-33. 英文本參見 Heidegger, Martin. "Language" *Poetry, Language, Thought.* Trans. Albert Hofstadter. New York: Harper & Row, 1971, pp.194-210. 中文詩句為作者譯。

有一天我在遠行之後抵達
帶著豐盈溫柔的寶物
她尋覓了許久，然後告訴我：
「它的名字無法潛伏在深水之中。」
於是它就從我指隙溜去
我的國度再也不能擁有此一至寶
　　×　×　×
我於是悲戚地領受這個教訓
「字所短少之處，無物能是」。

　　此詩於一九一九年首刊。全詩一共包含七節，每節有兩句。前三節有別於其後三節，各表達兩段意思，但這兩段又有別於第七節，後者屬第三段。

　　簡言之，前兩段的六節談的是詩人對於語言的經驗。前三節說的是當有名字（語言）時，人與事物的關係。名字「照亮了整個行程……」，並以此為終結。這詩句的最後使用三點分開了第一段與第二段。第二段從「有一天……」開始，說的是詩人在得不到名字（語言）時，對於事物的經驗，這是在一段路的行程之後發生的，這段路引向詩的國度。娜恩神祇是古代的命運之神，她居住於詩的國度之邊界。娜恩神祇在其聖池的深水中尋找字，以便予以汲取。字和語言於是乃出自命運之泉，立於謎般的詩之國度之邊界。娜恩神祇為一切，即使是遠方的奇景或夢境，在其聖池中找到名字，這些名字便照亮了整個行程。然而，一個豐盈溫柔的寶物——詩人並未能指出其為何物——由於無法得到適切的名字，於是從詩人的指隙溜去，無法擁有，因為：

　　「字所短少之處，無物能是」。

　　此一詩句明白告訴我們，唯有字——語言——能賦予事物以存有。「語言是存有的安宅」，[27]這是海德格所嘗試要告訴我們的訊息。

　　存有彰顯為語言，為原始之詩，並不僅限於狹義的語言和詩。海德格最喜引述賀德齡（Johann Christian Friedrich Hölderlin, 1770-1843）之語：「人之居也，如詩。」藝術品、建築物，甚至整個居住環境，亦皆是語言，亦皆是詩。海德格曾指出，建築 Bauen 在古英文和高德方言中相關的字如 Buan, bhu, be o 皆與 ich bin（我是）、du bist（你是）有關，換言之，與某種在世「存有」有關。建築就是一種居存的方式，就是一種展現、維護、育養存有的方式。此層意思海德格在〈建築居存思想〉一文中言之甚詳，吾人不擬在此贅言。值得注意的是，海德格認為，居存就是在「護存大地，接受蒼天，引領人類，等待神明。」[28]天、地、人、神四相合一，成為海德格心目中的事物的結構，亦為人的居存空間之根本結構。四相的提出，並非為了證成存有學上的主要存有者領域之區分，而是為了顯豁人的存在空間中的境界與張度。詩意的居存，旨在凝聚四相，展現存有。海德格說：

　　　所謂『人之居也，如詩』一語之意，在於詩首先使居存成為居存。詩真正使吾人居存。但是，吾人透過什麼才可達致一居存

---

[27] 全詩之分析參見 Heidegger, Martin. "Das Wesen der Sprache" & "Das Wort." In *Unterwegs zur Sprache*, Pfullingen: Verlag Gunther Neske, 1959. pp.157-216, 217-238.「語言是存有的安宅」（*Die Sprache ist das Haus des Seins*）一語見 p.166.

[28] Heidegger, Martin. *Poetry, Language, Thought*, p.151.

場所呢？透過建築。使吾人居存的詩的創作亦爲一種建築。[29]
詩建立了居存的本質。詩和居存並不相互排斥；相反地，詩和
居存相互隸屬，彼此相互召喚。[30]

總之，海德格對於存有的非形上學式思想，旨在開放思想，彰
顯存有，凝聚四相，建立如詩之居存空間。

## 四、結語

海德格的思想並非典型的形上學，但由以上兩節的分析所顯
示，它仍含有極為豐富的形上學意涵，無論就消極和積極兩方面言
之，皆是如此。就消極言之，海德格的存有思想包含了不少難題。
就積極言之，它亦有許多值得吾人採納的優點。

首先，海德格的存有思想中包含了許多困難，茲分述如下：

（一）**存有既不明確且過度膨脹**：海德格注意存有與存有者的
差異，誠然是存有學的重要問題。但是，既然海德格認為此種差異
只能在無言之言中開示，則對於吾人的經驗與歷史而言，仍然十分
不明確。因此，海德格雖然認為吾人必須放棄形上學而步入對存有
的思想，但這思想的任務為何，仍然有待確定。海德格的存有在吾
人的經驗和歷史中難有明確的面貌，吾人對它的思想亦不明確，則
他如何能據此不明確之物來摧毀形上學的歷史，甚至把全體形上學
都不分青紅皂白地判為遺忘存有呢？何況巴爾曼尼德斯、柏拉圖、
亞里斯多德、聖多瑪斯、笛卡爾、康德、黑格爾、尼采以上各位哲
學家都各有其思想旨趣，各有其開顯與封閉，不可以絲毫不顧及其
彼此差異，一概以遺忘存有視之。

---

[29] *Ibid.*, p.215.

[30] *Ibid.*, p,227.

　　然而，海德格似乎又把這不明確的存有當作一種無限的動力，超越了有限性，擁有了實體性。一方面，海德格要超越存有者來思考存有，也就是設想存有超脫了存有者的有限性，擁有其無限性；另一方面，海德格又說是存有在投射、在存在，說存有利用人來彰顯自己，似乎存有又具有某種實體性。海德格似乎有以此實體化、無限化的存有來取代傳統的上帝之傾向，這點不但使他無法正確地看待存有者，而且亦無法恰當地討論宗教中的神的問題。

　　（二）**忽視存有者彼此的差異**：海德格把一切的呈現者皆稱之為存有者，殊不知非但存有與存有者有差異，存有者彼此亦有差異。自然存有者、社會存有者、數理存有者，各有其不同的呈現結構和演進規律，吾人若予以忽略，便無法建立自然哲學、社會哲學、數理哲學，甚至歷史哲學（而只能像海德格一般抽象地談論人的歷史性）。

　　（三）**忽略價值哲學尤其倫理學**：海德格的形上學無意於建立一套價值哲學，因為他認為價值仍然是在主體哲學的陰影籠罩之下，而且是屬於遺忘存有的傳統形上學。因為所謂有價值，是對於我——一個主體——有價值；至於有價值之物，則僅只是存有者，而非存有。所謂價值僅涉及了存有者對於主體的關係，卻不能開顯存有。可見價值哲學仍然屬於主體哲學和傳統形上學的範圍，仍然忽視了存有的開顯。尼采重視價值，認為價值是生命追求的目的，是對於權力意志的肯定。海德格認為尼采的哲學仍然脫離不了主體哲學和形上學。海德格既然輕忽價值，便無法成立道德哲學，因為若無價值以為支持，道德難以成立。相反地，海氏重視存有之開顯，以開顯為真理。對海德格而言，真理優於價值，這點對於價值重於真理的部分中國人而言，較難接受。

　　（四）**在海德格思想中，人與存有的關係亦不明朗**：他說存有利用人來彰顯自己，人只能為存有服務。但存有是什麼？只是混成

的有物（*Il y a*）。在海德格的《存有與時間》時期，人類尚有出路可尋，人是與別人共在的在世存有，人掛念的是自己的真實存在。但是自從回轉以後，海氏為了超越人類學層面，甚至形器層面，主張返回存有本身，但這存有本身卻又變成無關情理的有物，人必須無知地遵就之，儼如一種存有學的結構主義。存有為命運，為混合之有物。存有不明，人之地位亦難明。

（五）**宗教哲學上的後果**：海氏形上學喪失了基督宗教中對神的思考的傳統，甚至特別要批判聖經傳統中的形上學意涵。按照聖經，對於「為何只有存有者而沒有虛無？」的問題，是以「神以外的存有者是神所創造」來回答。此外，海氏思想亦失去了基督宗教傳統中對於歷史的具體感受，而返回希臘人非歷史的傾向，只重視抽象的歷史——歷史性。海德格過度抬高存有，使其變成無限化、實體化，存有變成無名無姓的新神明，但是人既無需向祂祭拜，亦無需向祂祈禱。存有利用人，人為存有服務，這種利用和服務的關係，遠不如聖經上用信、望、愛、忠實、盟約、預許……等來描述人與神的關係。後者更能道出實存的主體際關係。海德格的形上學雖然在宗教哲學上有許多缺陷，但是他又認為唯有明白存有的本質，始知神聖之本質，知神聖之本質，始知神的本質，這倒是宗教哲學上的一大洞見。

以上這些難題，可以說是海德格為其思想深度所付出的代價，但是那些被其深度所迷惑的人，往往跟著他掉入這些難題的陷阱中，還為海氏辯解。我想我們這個時代不但需要有深度模樣的思想，也要有平穩的形上學。

不過，話說回來，海德格對於形上學亦有積極的貢獻，茲略述數點如下：

（一）指陳西方形上學之弊端，未有如海德格如此徹底者。尤其是形上學和西方文化和西方科技的關係，經由海德格的解析，

吾人始得以最為基礎性的方式──亦即以存有學的方式──予以明白。

（二）海德格雖然極力擺脫人類學中心傾向和封閉的人文主義，但是他的思想仍然十分重視人的存在及其開放性。他的存有思想強調人的精神的自由空靈，自發地任憑存有本身於其中開顯，一如密契經驗中所強調的「被動性」（passivity）一般。他並且強調藉存有來轉化人性。由此可見，他雖然沒有一種價值論的倫理學，但仍然有一種存有論的倫理學。

（三）他的存有思想所包含的許多看法，例如對於存有本身、對真理、自由等等的看法，都為當代西方人展開了嶄新的領域。此種思想從傳統的形上學欲為萬物立本的想法中擺脫，無執於本，無住於本，擺脫基礎，探入深淵。他在〈詩人何用〉一文中說：

> 由於此一困乏而沒能出現為此一世界立本之基礎。深淵一詞（的德語）──*Abgründ*──原本意指物所傾奔的土地和基礎──因其至深至下。然而，在下文中，我們所想的 *ab-* 則是基礎的完全缺乏。[31]

此種想法不但為西方人展開了新領域，而且在某種意義上可以說銜接上的東方的──尤其禪宗的和道家的──思想趣味。就此而言，西方的形上學發展到海德格，可謂有一極重要之轉變。不過，此種涉及中西比較的問題，並非本文的範圍，不擬在此贅述。

（四）海德格的存有觀與藝術品、詩、建築、甚至人的居存環境連結起來，而顯得如此切近，卻又如此幽深，使人頓覺道不遠

---

[31] Heidegger, Martin. "Wozu Dichter." In *Holzwege*, p.248.

人，且又深邃而引人嚮往。這樣子的存有觀使得形上學和存有論變得十分具體，但具體之物亦再度浸漫於形上的氛圍之中，此亦海德格對於形上學之一大貢獻。

總之，海德格亦曾正面地思考過形上學，只不過他是從自己特有的存有觀來重新釐定了形上學。形上學當然不能化約為只是存有學，但是，在存有學方面的突破，自亦會帶來全體形上學的改革。

海德格心目中常針對形上學而思考，對於形上學亦常多妙論。例如：他在《形上學導論》一書中就曾指出，形上學的問題一如萊布尼茲所言，正是：「為什麼只有存有者而沒有虛無？」一般個人和團體會追問許多其它問題，但鮮有人追問及此，只有哲學家做此種最為徹底的探問。海德格並不滿意傳統形上學解決此一問題的方式，因為後者首先以矛盾律排除了虛無。因為「有虛無」這說法是矛盾的。其次，再以充足理由律探討存有者的根源，指出上帝為一切存有者的第一因。海氏認為這種以矛盾律和充足理由律來解決形上學問題，是用思想的合理性來規定存有，會墮入存有神學的窠臼之中。

海德格認為更重要的在於肯定虛無，體會虛無。因為虛無使科學對象成其為對象；人也因為虛無而能夠超越現實，開創歷史。因為唯有在呈現與不呈現的對照之下，始有任何對象之呈現；唯有在現實與可能的對照之下，人始能超越現實，邁向可能，開拓歷史。可見科學與歷史皆因虛靈的自由空間而使然。

虛無就是存有與存有者之差異，如果人能善體此意，便能夠保持人類自由的可能性，維繫人類的創造性。恆向存有開放，是人類精神之功。但若忽略此一差異，人只會一味追問存有者，甚至進而透過對於存有者的存有者性之思考，來奠立存有者全體，如此便把精神（spirit）的開放能力，變成理智（intellect）。理智只是一種妥當推理和組織的能力，能從理論上或實踐上考量和評價既與之

物，對這些既與之物的可能的修改，以及可以製造什麼來替代之。

人類精神墮落為理智，理智追逐各種特定的、淪為人實現目的之工具，人可透過學習和教育來操作此一工具，用理智來組織生產力，用來系統化、合理化地解釋已有的資料，用來組織社會，科技文明因而生焉。海德格的哲學之精義，就在於提醒吾人重視存有學差異。重視虛無，就是重視精神之靈虛。在科技文明中，只有使人的精神重為主宰，存有者全體始能睹現本來面目。哲學家思考形上學問題，旨在提振精神，恢復人的歷史性，藉以減除世界日萎的危機。

總之，海德格對於形上學的解構，涵蘊深意，能敦使西方人脫離科技和近代文明之危機；其存有思想，輕盈曼妙，空靈獨照，展向與東方智慧交會之機，但是吾人於心靈神會之際，終需返回形上學本身的建立。

第十二章

# 總結與展望

## 一、西方形上學發展之主要線索

從本書第五章到第十一章的申論，顯示出西方形上學的發展，有一辯證性之線索，茲簡略敘述如下：

西方的形上學，由古希臘的亞里斯多德正式且明確地提出，以為當時學術補偏救弊，提供學術整合之基礎，蓋當時各種特殊科學，諸如物理學、數學，皆僅割裂存有者的某一方面，有失全體之觀。亞氏形上學旨在研究存有者本身及其根本屬性。然而此種研究完全出自理論的興趣，不為了實用或行動的目的。形上學的研究本身乃一種淨化了的理論興趣。由理論始生哲學，哲學乃普遍之知，而存有者本身則為至普遍者，故有存有學的提出。不過，由於亞里斯多德的形上學志在為物理之後，亦受制於其物理思想，以致使其存有學無法由存有者本身上抵存有者的存有，反而由存有學轉成實體學，再由實體學變成神學，為西方形上學立下了存有實體神學構成之典範。

到了中世紀，聖多瑪斯為集大成之思想家，他用亞里斯多德的形上學觀念體系，來闡明猶太與基督宗教傳統對於神和存有本身的經驗。為此，他能超越亞里斯多德，把握存有學差異，認定存有是一種非實體性的滿盈和完美。聖多瑪斯更完整地發揮了以位格為主調的哲學人類學，使得希臘的實體思想被轉詮為人的個體，開始有某種主體的思想，並認為由主體到本質到存有，是每一個體實現其存有的途徑。聖多瑪斯更進而以價值為存有和人的接引，開展出超越屬性（transcendentalia）理論。並且用因果和類比來建立了萬物和神的關係，提出其有名的五路證明。但是，聖多瑪斯忽視了存有本身的自動分殊、自行協調的作用，以致無法真正地調和原始統會的存有本身與種類萬殊的存有者的關係。他亦未能探索主體性的結構及其限度，更未能據此來確立形上學的性質和範圍，這點使其哲學仍然缺乏批判的向度。

　　近代的德國大哲康德致力闡明人類主體性的結構和人類知識的有限性，並且以人類主體的有限性做為追問存有問題的起點。對於康德而言，所謂的整體（存有）的意義是依據人類的主體性來予以規定的。這點成為爾後形上學皆必須顧及的要點，甚至可謂一切形上學必經之關卡。但是，康德居然矯枉過正地以存有為吾人的判斷之客觀性，這使得原先直接而豐富的存在活動，反而變成抽象而貧乏的了。康德特別重視客觀性和主體性的關係，認為客觀性（存有）必須依賴主體性來開展，而主體性亦以開展客觀性為本務。康德重視把知識的基礎和道德、藝術的基礎連結起來，並皆立基於主體性之上，以之為先驗基礎。但如此就難免犯了人類學化約主義或主體化約主義之弊病。

　　黑格爾把近代所側重的主體性再度放進形上學所滋養的土地之中，把靜態有限的主體，放入歷史無限的開展歷程之中。對黑格爾而言，精神就是存有者的存有，亦為真實存有。精神發展的法則和步驟就是辯證法。辯證法既為一種方法論，復為一種存在方式。精神的辯證發展，連結了現象學和存有論，並貫串了自然、人和神。如此既能綜合亞里斯多德和聖多瑪斯的存有論，亦能兼顧康德和近代所崇尚的主體論，合主客，兼內外，皆在精神開展的歷程中辯證前進，以至融合無間。但是，由於黑格爾太強調辯證歷程的否定性，並且受制於表象思維，以致仍然無法突破康德以存有為客觀性所造成的貧乏之感，無法直接親近豐盈而積極的存在活動。此外黑格爾太過強調絕對精神的全知狀態，造成知識和權力的絕對化之傾向，因而在當代成為批判集權的思想家的眾矢之的。

　　當代大哲懷德海的形上學——亦即其所謂的默觀哲學——重新把我們帶回到亞里斯多德和聖多瑪斯對於豐富的存有之直接而積極的經驗。懷德海以創新力為存有者的存有，並且以之貫串了自然、社會、神的種種存在層面，成為整個宇宙的真實存有所在。懷德海

亦繼承了近代對於系統的重視：他所提出的範疇總綱再度恢復了形上學的地位，並且更為恢宏，涵蓋了全體存在、解釋與規範，並總攝之於究極範疇。但是問題在於他忽視了人的獨特地位，無論是康德的先驗批判，或是黑格爾的精神辯證。他的哲學缺乏批判的向度，亦缺乏歷史的趣味。與此不同的是海德格。海德格既恢復對豐富且能自行開顯的存有本身的重視，並由此來重新釐定人的存在。在他的存有思想中，人的開放性甚或被動性十分重要，雖然有時隱退為背景，但存有與人實焦不離孟，孟不離焦。他用存有學差異和存有遺忘來批判傳統西方形上學，並且致力於沉思存有本身，希冀透過存有本身的開顯，能夠轉化人性，使人類重獲自由與空靈，擺脫西方近代文化與科技之杜塞。然而，他雖以存有為光明，實則存有本身仍然隱微難明，存有者的地位不清，而西方的價值與宗教傳統盡失，形上學解構後的餘燼中，不知何時再能燃起新的愛火？且傳統西方形上學自有其價值，不可不分青紅皂白地一竿子全數打翻。

以上吾人所述，皆止於西方形上學的發展，形上學也只有在西方才是如此有自覺地、系統地、顯態地發展的。如此顯態而系統地明說出來的形上思想，及其有自覺地在歷史中的發展，有助於吾人明白自己的傳統──亦即中國的形上思想傳統，透過中西比較的對比情境，覺醒到自己的思想之特質與弊端。中國的形上思想乃一豐富而幽隱之整體，對它所做的任何自覺、系統、顯態的探討，將需要十分巨大的篇幅，始能克竟其功，因而並非本書的討論範圍。吾人在本章中僅企圖勾勒一個比較的梗概，藉以明其特質，顯其弊端，有助於吾人改善自家的哲學傳統。

## 二、中西形上思想之比較與展望

大略說來，中國傳統哲學一向只有隱態的形上學，而無顯態的

形上學；有深刻的形上思想，而無嚴整的形上體系。缺乏顯態而系統的形上學，使得中國哲學往往成為人生之智慧，而無法提攜全體學術的發展。然而，既然唯上智與下愚不移，缺乏系統之弊，亦使得中材之資無以下學上達，僅有少數的智者能深中道旨。由於缺乏顯態而系統的形上學，使得整個中國思想界一向弱於對學術、思想的基礎本身之反省與思索，以致各門科學無法以嚴整、徹底的方式明白地發展。藉著對西方形上學的研究，有助於吾人將傳統中國哲學中的形上思想化隱為顯，把深度張舉為體系，使中材之資得以下學上達，使科學得以有自覺地發展。

其次，西方形上學是自亞里斯多德開始，以物理之後的姿態提出的，其後一直成為西方形上學的主流，並在此主流的支持之下，兼及於倫理之後，美感之後。但是，中國的形上思想自始便以倫理之後（儒家）和意境之後（道家）為主要特質。此種特質的形上思想，其優點在於較易融入個人和社會的生活，其缺點則在於無法兼及物理，統納科學，難以成就一個具有普遍性、統一性、基礎性的後設言說。藉著與西方形上學的比較，振弊圖強，較能顯豁出原有中國形上思想的後設意趣，提升它做為具普遍性、統一性、基礎性言說之地位。以下我們分別就各家形上思想，對比出傳統中國形上思想的特質與缺陷。

（一）就亞里斯多德的形上學來說，吾人首須指出，其旨在於普遍的理論，但是中國哲學中的形上思想，大體皆立意於普遍的實踐。亞里斯多德嘗謂理論生於悠閒（*rastone*）和安逸（*diagoge*）的生活方式，起自一種驚奇（*thaumazein*）的態度，其旨在於把握普遍，因而產生哲學，而哲學又終須提出一研究存有者本身及其根本屬性的存有學，藉以統攝諸特殊科學。[1]至於中國哲學，大體說

---

[1] 參見 Aristotle. *Metaphysics*, 981b-982b, 1003a-1003b.

來皆生自憂患的生活方式。《易‧繫辭下傳》曰：「作易者，其有憂患乎」。中國人開始進行哲學思索，皆是起自在憂患之中對個人及群體命運之關懷，而非起自驚奇。由於此種關懷的態度，其所產生的是一種能引導普遍的實踐之智慧，一如《尚書‧洪範》所謂：「無偏無黨，王道蕩蕩；無黨無偏，王道平平」。《易‧繫辭下傳》所謂：「易之興也，其當殷之末世，周之盛德邪？當文王與紂之事邪？是故其辭危。危者使平，易者使傾。其道甚大，百物不廢。懼以終始，其要無咎，此之謂易之道也」。[2]可見，中國哲學的根源，《尚書》與《易經》，皆表現一種普遍的實踐智慧。此種普遍之實踐智慧較易結合日常生活與生命情調，但卻不易作為科學發展之張本，更談不上統攝學術，整合百學了。

其次，由亞里斯多德的存有學，一轉而為實體學，為不矛盾定律和三段論證奠下基礎，亦即為思想和科學法則奠下存有學基礎，此外，又倡言符應的真理觀，認為一個判斷之真理，在於其符合事實的存在或事物的本質。此兩者皆是爾後西方科學發展之兩大預設：科學須遵從邏輯規則，並以符應為真理。反觀中國哲學並不重視邏輯語法，更遑言為其奠立存有學基礎；中國哲學往往重視體驗，以開悟為真理，而不主張符應的真理觀。缺乏此兩點執著，其弊在於無法以物理之後的身分張舉科學的發展，其優則在於全無拘泥之跡，心胸空靈無滯。

（二）就聖多瑪斯的形上學來說，他的哲學主要是由存有的哲學、人的哲學和神的哲學構成。其整個哲學體系可以說是對存有的讚頌，對世界、對生命的讚頌，對人類的偉大的讚頌，對無限存有者——神——的讚頌。他的形上學藉由存有提供價值以無限的領

---

[2]《易‧繫辭下傳》，第十章。

域，使價值有了實現之基礎。他的哲學人類學，重視人為神之肖像，認為每個人皆為一個位格，並且對於人的才性和活動作逐層深入的探討，發掘人的理智能力和意志能力的底蘊，使人類由感性的活動開始，逐步下學上達，建構知識、道德、藝術、宗教諸文化領域，開展真、善、美、一的價值，層層逼近，以至抵達存有的頂峰，然後更從彼光明至境下來，回照各層存在，統攝成一個一以貫之的體系。信仰與理性調合，本性與超性並重，實堪稱為人類思想的一大成就。

比較起來，顯然傳統中國哲學亦同聖多瑪斯哲學一般，以價值哲學為其核心，但是中國哲學亦含有明顯的缺陷：(1) 沒有明顯的存有學基礎：傳統中國哲學以價值理想為中心，來對宇宙，對有無採取看法，卻不對存有本身作徹底的研究。其實，唯有率先致力於存有本身的探索，然後價值體系才不致於懸空，價值的創造亦才會有無限的客觀園地。(2) 中國哲學在哲學人類學方面，亦是透過價值理想來判定人類的才性和善惡，而未嘗首先對人的主體性的能力和活動作一探討。由此可見，傳統的中國價值哲學並不首先以存有學和哲學人類學為基礎，卻是反過來，使其宇宙觀與人性論皆以價值為基礎、為樞紐。所以，當此一價值體系本身發展至成熟的高峰以後，便無法再予以發展，只能去予以體會和實踐。一旦西方文化入侵，其所提供的物質環境不適合這種體會和實踐的型態之後，便面臨傳統價值崩潰的危機，以致原本早熟的中華文化，現在似乎踏上了創造力衰竭之途。

分別言之，中國哲學在各層價值方面亦自有其特色和缺陷。

就聖多瑪斯言，「一」為價值之總匯，其中可區分為形器之一、類比之一、與存有學之一（詳見本書第六章）。比較起來，中國哲學並不重視形器之一，因而缺乏對個體的尊重，而後者正為西方文化之基礎，並為科學、民主與法治之基石。中國哲學重視類比

之一，例如，「民吾同胞，物吾與也。」③「既知其母，復知其子；既知其子，復守其母」。④皆顯示萬物有某種由類比的關係所造成的統一性在，但其中仍缺乏對於類比的方法本身的思考。最後，中國哲學所重視的「一」，例如，所謂天人合一，所謂「昔之得一者，天得一以清，地得一以寧，神得一以靈，谷得一以盈，萬物得一以生，侯王得一以為天下貞」。⑤皆屬存有學之一，在這點上，中國哲學與聖多瑪斯哲學是一致的。

其次，就「真」而言，聖多瑪斯區分形器之真、邏輯之真、存有學之真。中國哲學根本不重視形器之真，亦不重視邏輯之真。中國哲學所講的真，或意指實情，例如，「乃若其情，則可以為善矣」⑥；或意指誠信；或意為誠之本體，例如，「誠則明矣，明則誠矣」⑦；或為內外相符，思想與行為一致的道德之真。中國哲學亦以心靈開悟、冥通大道為真，是以亦重視存有學之真。

再次，就「善」而言，聖多瑪斯區分形器之善、道德之善、存有學之善。中國哲學在此並不亞於聖多瑪斯的形上學，因為其中既重視「可欲之謂善」，亦重視由人的道德實踐所達成之善，更重視整個天地歷程為一善之流行 —— 因而特別重視存有學之善，只是並無聖多瑪斯在概念上清楚的區分罷了。

最後，就「美」而言，聖多瑪斯曾天才洋溢地以充實、均勻、和光輝為美之三要素，但他總是不敢以美為超越屬性之一。此為其

---

③ 宋·張載，〈西銘〉，《張子全書》卷一，《欽定四庫全書·子部》。頁 5。

④ 老子，《道德經》第五十二章。

⑤ 老子，《道德經》第三十九章。

⑥ 孟子，《孟子·告子章句上》。

⑦ 朱熹《中庸章句》第二十一章，《四書章句集註》，北京：中華書局，1983，頁 32。

缺陷。但在中國哲學，則全然無此種遲疑。儒家重視人格之美，亦重視天地之大美。道家的莊子甚至要援天地之美以達萬物之理。儒家之美在於創新、充實、和諧，重視生命、人格和宇宙各種歷程中的生趣與和諧，以得生命之充實歡愉。道家則重視心靈的空靈不滯，虛而不屈，動而愈出。讓開心靈空白，一任萬物，不塞其源，不禁其性，展開自性存有，而任宇宙充塞著一片詩情美意。

由此可見，在一和真兩方面，聖多瑪斯的形上學將有以教我中國哲學；然而在善和美兩方面，則中國哲學似乎自有勝場，甚至有以教示於西方形上學。

（三）康德的形上學以主體性為主題。康德對於主體性的結構、能力和活動做了極為詳盡之探討，可以增益聖多瑪斯之不足。中國哲學在這方面極為薄弱，大可在康德哲學中得到借鏡。但是，就中國哲學看來，主體性的探討雖屬重要，但是所謂的主體並不能像在康德哲學裡面那般無名無姓、純屬形式性的可能性條件，而是有其具體指涉，旨在成就偉大的人格。儒家的聖人，既可實現天命之性，亦可盡心知性，與人、自然、天，皆可以有內在感通，以為道德實踐的先驗基礎。道家的主體須滌除玄覽，致虛守靜，既以為人己愈有，既以與人己愈多，如母親之自然流露其慈，如嬰兒之自然精全無邪，如此方可陶醉於復歸的詩藝化境。佛家謀求人類內心佛性，靈明實智，藉以運大悲心，化為權智，渡盡眾生。大體說來，中國哲學不重視主體性的結構和能力的探討，而重視在實踐歷程中明其內在明德，觀見自性，及其實現為聖人、佛，便已超越一己的主體性，而實現其廓然大公之性矣。

康德哲學在現代中國哲學界，被用來當作融合中西哲學之橋梁，強調其為哥尼士堡的中國人，牟宗三的哲學為此中典型。牟宗三所著《認識心之批判》，模擬並變更康德的第一批判，藉以賦予數學與邏輯以先驗基礎，使不致落入實證主義之窠臼。在《智的直

覺與中國哲學》一書中又彰明智的直覺，打破康德的智性之限度，提出無執的存有論。在《現象與物自身》一書中更設法綜合康德與中國哲學，就本體義來詮釋康德的自由意志，藉以確立儒家的良知，道家的虛靜道心，佛家的如來藏、清淨心之存有學地位。牟宗三對康德的了解，雖然忽略了其物理之後的面向，但是就有自覺地結合康德與中國哲學而言，以他的成就最大。然而，康德所謂的有限性無論在經驗界和先驗界均為事實。有意超越於此或忽略於此，使得牟宗三哲學有主體化約主義之嫌與主體過度膨脹之嫌。[8]

（四）黑格爾的哲學重視首由意識的成長歷程開始，擴充而為歷史中的實踐，再綜合之以系統的冥想。前二者實與中國哲學的精神，遙相契合。但是系統的鋪陳則非中國哲學之所擅長。然而，在黑格爾所謂意識成長和歷史實踐之中，皆已含有系統的結構，而且步向此一系統結構之開展與完成。此亦為中國人所謂的修德與實踐所缺乏者。不過，黑格爾此種系統觀包含了對絕對精神的絕對之知之肯定，因而有全面反省和全知的可能，此點在今日已備受批評。中國哲學無論儒、釋、道皆重視整全之觀，但是並不包含徹頭徹尾的全面反省。中國哲學不重視全知，卻重視當下的體悟。黑格爾哲學強調兼主客，合內外，但此種綜合狀態之達成，須先經歷分立與否定的接引。中國哲學並不刻意追求此種先分後合的歷程，而直接把握原始整全的統一，此點使中國哲學對生生不息的存在動力無時或忘，但缺點在於缺乏由於對立所帶來的張力。黑格爾的哲學雖然用對立和否定來維持此種張度的生命力，但是卻由於太過強調否定性而失去直接、豐盈的積極性。

---

[8]　參見牟宗三：《認識心之批判》，香港：友聯出版社，1965 年。《現象與物自身》，臺北：學生書局，1975 年。

關於黑格爾哲學與中國哲學的比較與綜合，並沒有一位當代中國哲學家專門從事之。方東美所著〈黑格爾哲學之當前難題與歷史背景〉[9]對黑格爾哲學有極深刻的討論，但僅偏於西洋哲學之評述，並非融合之作。唐君毅的晚年巨著《生命存在與心靈境界》在結構與內容上十分類似黑格爾的《精神現象學》，切近黑格爾以意識之成長、精神的發展來綜合人性論、形上學和知識論的進路，但其目的則在鋪陳唐氏自己的哲學看法，而非融合黑格爾與中國哲學之作。[10]

（五）當代的西方形上學家，無論懷德海或海德格，都返回了對於積極的存在活動之肯定。這點和中國哲學的基本精神較為接近。懷德海所言的創新，與儒家所言的乾元之創造精神，和道家所言生生不息之道十分切近。不過，懷德海所倡言之創新是全體範疇總綱之首，因而稱為究極範疇。如此的一個普遍觀念之體系，並非傳統中國哲學所擅長。但是，為了發揮理性之功能，擬構全體經驗與科學之典範，此種體系性的努力似亦不可或缺。此外，現代科學之發展，日新月異，現代人的經驗型態繁雜豐富，中國哲學如果不能設法提供一個解釋和規範的觀念體系，亦將無法趕上時代，更遑論領導時代矣！但是懷德海那種對人類的獨特性的忽視，予人以一種冷漠之感，實不足取。懷德海由對比所構成的有機哲學與中國哲學的精神十分相契。不過，懷德海的對比僅限於結構性的對比，因

----

⑨ 參見方東美，〈黑格爾哲學之當前難題與歷史背景〉，《生生之德》，臺北：黎明，民國六十八年。

⑩ 參見唐君毅，《生命存在與心靈境界》上、下冊，臺北：學生書局，1977 年。
又見沈清松，〈哲學在臺灣之發展──一九四九──一九八五〉，《中國論壇》第 21 卷 1 期（1985）。

此其有機性亦屬結構的有機性。但是，中國哲學不但重視結構的對比，而且更重視動態的對比。因此，中國哲學的有機性，有其結構面，亦有其動態面。

海德格重視精神的空靈，因而認為虛無就是存有與存有者之差異，人若能善體虛無，才能夠保持人類自由的可能性，維繫人類的創造性。這點和道家「致虛極、守靜篤」的說法十分相近，亦合老子「為道日損，損之又損，以至於無為」之意。在此種虛靈之境，人向存有開放，成為存有顯現在彼的機緣。但是，存有即使顯現，亦不能因此著染名相。為此海德格在〈存有問題〉（"*Zur Seinfrage*"）一文中主張一說存有，隨即劃去，因而有 **Sein** 記號的提出。此意十分接近莊子「得魚忘筌，得意忘言」、「言無言，終身言，未嘗言；終身不言，未嘗不言」之旨，而有隨說隨掃之妙。海德格言「離本」（*Abgründ*）亦與佛學無住之說切近。不過，海德格這些思想雖與道家、禪學親近，畢竟還是針對西方文化的困境而發，脈絡有別，不可以禪道直呼之。

海德格雖然批判西方傳統形上學，突顯存有本身昭顯之意境，然而吾人不可因此就輕信形上學本身可以輕易拋棄，而折返於上述近似禪語的論調。自覺的、顯態的、系統的形上學仍是我們所需要的；普遍性、統一性、基礎性的形上言說亦是我們所需要的。海德格對於傳統西方形上學所做的解構，並不足以說服我們放棄那些足以補偏救弊的良藥，亦不值得讓我們自我陶醉於傳統中國哲學意境的情結之中，劃地自圍而不得轉進。

## 三、結語

在以上吾人所討論的西洋諸家形上學之中，康德、黑格爾、懷德海、海德格等人，皆已有人取來與中國哲學進行比較和融通之工

作，但其融通的程度有別，成就互異。[11]今後吾人必須揚優補弊，加廣拓深，以進行更為全面的比較和融通。尤其對於亞里斯多德和聖多瑪斯，比較與融通的工作更是有待進行。然而此二者所形成的哲學傳統，正是西方哲學中的永恆哲學之主流，且在精神上、在深度和廣度上，更相稱於與中國哲學成為融通之對手。這方面的比較和融通的工作更值得吾人去進行。如此才能達到全面吸收西方思想根源，予以綜合，產生新的中國哲學。在這一方面，形上學可謂扮演了極為基礎性、究極性的角色。

本書的工作，僅滿足於對作為物理之後的西方形上學的發展予以正本清源，爬梳整理，至於進一步將中國形上思想化隱為顯，並進而取之與西方形上學形構對比之工作，則有待識者共同的努力。此類歷史進展的探討僅作為系統綜合之前奏。是「走向體系」而非「走到體系」。當然，我們亦企求有一天能走到體系，綜合中西之形上學問題與觀念，作一系統之闡述。然而目前這種體系成果仍然遠遠超過吾人的能力之外。原來體系的完成亦是需要一段足夠的時間的。但並不表示吾人可以歷史發展的陳述為滿足。在沒有走到體系之前，每一段路都不是自足的。走到體系之時，每一段走過的路亦皆各有意義，有其定位。吾人深切希望本書所引領的這段路程，終能導向體系之產生。

---

[11] 除了前述關於康德與黑格爾與中國哲學之作以外，亦有海德格、懷德海與中國哲學比較之作。例如，關於海德格與中國哲學之比較融通，有陳榮灼（Wing-cheuk Chan）的英文著作，*Heidegger and Chinese Philosophy*（《海德格與中國哲學》臺北：雙葉，1986 年）。關於懷德海與中國哲學之比較融通，則有唐力權 1986 年於《哲學與文化月刊》陸續發表的《周易與懷特海之間》系列文章。

# 人名索引

（正文未出現，只於注腳出現的人名不加中譯）

# A

# B

# C

## 11畫

## 12畫

## 14畫

1B2M
# 物理之後——形上學的發展

作　　　者 —— 沈清松

審　　　校 —— 劉千美

校　　　訂 —— 周明泉、蔡秀卿

發　行　人 —— 楊榮川

總　經　理 —— 楊士清

總　編　輯 —— 楊秀麗

主　　　編 —— 蔡宗沂

封 面 設 計 —— 陳亭瑋

出　版　者 —— 五南圖書出版股份有限公司

地　　　址 —— 106 臺北市大安區和平東路二段 339 號 4 樓

電　　　話 —— 02-27055066（代表號）

傳　　　眞 —— 02-27066100

劃 撥 帳 號 —— 01068953

戶　　　名 —— 五南圖書出版股份有限公司

網　　　址 —— https://www.wunan.com.tw

電 子 郵 件 —— wunan@wunan.com.tw

法 律 顧 問 —— 林勝安律師

出 版 日 期 —— 2023 年 7 月初版一刷

定　　　價 —— 500 元

**國家圖書館出版品預行編目資料**

物理之後：形上學的發展 / 沈清松著 . -- 初版 . -- 臺北市：五
南圖書出版股份有限公司, 2023.07
　　面；　公分
　　ISBN 978-626-343-803-3（平裝）

　　CST: 形上學

160　　　　　　　　　　　　　　　　　　112001299

# 經典永恆・名著常在

## 五十週年的獻禮——經典名著文庫

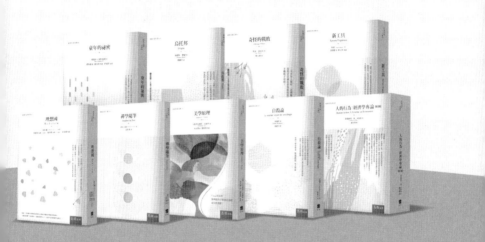

五南，五十年了，半個世紀，人生旅程的一大半，走過來了。

思索著，邁向百年的未來歷程，能為知識界、文化學術界作些什麼？

在速食文化的生態下，有什麼值得讓人雋永品味的？

歷代經典・當今名著，經過時間的洗禮，千錘百鍊，流傳至今，光芒耀人；

不僅使我們能領悟前人的智慧，同時也增深加廣我們思考的深度與視野。

我們決心投入巨資，有計畫的系統梳選，成立「經典名著文庫」，

希望收入古今中外思想性的、充滿睿智與獨見的經典、名著。

這是一項理想性的、永續性的巨大出版工程。

不在意讀者的眾寡，只考慮它的學術價值，力求完整展現先哲思想的軌跡；

為知識界開啟一片智慧之窗，營造一座百花綻放的世界文明公園，

任君遨遊、取菁吸蜜、嘉惠學子！